Georg Wolfgang Panzer

Deutschlands Insektenfauna oder Entomologisches Taschenbuch

für das Jahr 1795

Georg Wolfgang Panzer

Deutschlands Insektenfauna oder Entomologisches Taschenbuch für das Jahr 1795

ISBN/EAN: 9783741166556

Hergestellt in Europa, USA, Kanada, Australien, Japan

Cover: Foto ©Andreas Hilbeck / pixelio.de

Manufactured and distributed by brebook publishing software (www.brebook.com)

Georg Wolfgang Panzer

Deutschlands Insektenfauna oder Entomologisches Taschenbuch

für das Jahr 1795

DEUTSCHLANDS INSECTENFAUNE ODER ENTOMOLOGISCHES TASCHENBUCH FÜR DAS IAHR 1795.

VON

GEORG WOLFGANG FRANZ PANZER.

NÜRNBERG,

IN DER FELSECKERSCHEN BUCHHANDLUNG.

Vorbericht.

Sie ist schon zu alt, — die alte Parce, um Sie zu bewegen, den Faden unsers Lebens, wärs auch nur um einige Spannen länger weben zu lassen; und gleich grämlich, wie alte Matronen pflegen, ist Sie, um Ihr die Scheere aus der Hand zu bitten, mit der Sie nicht selten, so behende, das in einem Augenblike, uns entwendet, was wir doch noch länger, und wie gerne? — zu besizen, wünschen! Dieser Gedanke war mir auch *da* am nächsten, als ich mich prüfte, ob ich es wagen dürffe, schon heute, ein Inventarium über die in unserm deutschen Vaterlande entdeckten Insekten zu entwerffen? aber er war es auch, der über meine Schüchternheit, dies nicht zu unternehmen, siegte, und iede auch — ziemliche Bedenklichkeit überwandt! Denn gerade so lange, die schöne Summe zu sparen, bis auch kein Theilchen mehr angehäuft werden könne, — bis sie rein und complet dargelegt werden könne, wer mögte dies sich selbst rathen, wer sich dazu

)(

alleine verstehn: Ich — fand weit minder übermüthiges darinn, schon izt zu geben, was ich hätte, als anmassend so lange zu harren, bis ich alles erschöpft. Darum traf ich auf weit mehr Ertrag für die Cultur dieser Wissenschaft, wenn ich getreu vorlegte, was ich gefunden, und dem kommenden glücklichern schönern und hellsehendern Genius derselben, willig mich unterwürffe, hinwegzunehmen was Täuschung, und hinzulegen, was Wahrheit, was reinerer geläuterterer Gewinn. — Hier die Gründe, die mir bey meinem gewagten Unternehmen zur innigsten Beruhigung gedeihten, und zugleich in denselben, die wie ich fühle, für mich so nothwendige Apologie derselben. —

Liegt Beschluss und Vollzug gleich nun aufgedeckt, und unverheimlicht vor den Blicken aller, sey es mir darum doch unabbittliche Pflicht, gerade und offen anzuzeigen, nach welchen Grundsätzen, ich das vorliegende Inventarium deutscher Eleuteraten entworffen, und ausgeführt habe.

Es ist dieses reiner *Auszug* aus der neuesten Schrift (*Entom. syst. emend. et auct. etc.*) des unsterblichen *Fabrizius*, und fässt alle dieienigen Eleuteraten in sich, die Derselbe, mit Einschluss der um *Kiel* entdeckten, in unser Deutsches Vaterland gesezt hat. Gleichwohl würde dieser Auszug sehr dürftig ausgefallen seyn, würde meine entomologische Bekanntschaft mit diesen Geschöpfen, sich einzig an dieselben begränzt haben. Nicht unbeträchtlich ist die Anzahl derer, die in entfernten Gegenden, in dem südlichen und nördlichen Europa, zu wohnen, daselbst angegeben sind, und demohngeachtet beglaubte Staatsbürger unsers Vaterlandes sind. — Ich habe sie angezeigt, aber auch nur dann, wenn eigene Ueberzeugung, oder die Zulässigkeit schon gebildeter Entomologen mich hiezu authorisirte. So kam es nun, dass die Summe der eigentlichen Fabrizischen Arten, als eben so viele deutsche betrachtet, beträchtlicher ausfallen muste, als vielleicht möglich schien!

Als *Zugabe* zu dieser, muss ich diejenigen Arten anzusehen bitten, welcher *Fabrizius* in seinen Schriften *gar nicht* gedacht. Diese zerfällt in *solche*, deren wahre Entomologen in ihren Schriften entweder schon gedacht, *oder* die ich noch von keinem erwähnt — hinzugefügt habe.

Bey den erstern glaubte ich das, was man Vorsichtigkeit nennt, nicht übertreiben zu können, und es glückt mir vielleicht, dass man es bemerkt, wie ich nur unter solchen, genau diejenigen ausgewählt habe, die das Siegel der Zuverläſsigkeit ſchon an ihrem Gewande tragen. Mit ſo manchen hätte ich dieſes Inventarium leicht vermehren können, wäre mir die Summe der aufzuzählenden neuen Arten, mehr, als ihr Gehalt und ihre Zuläſsigkeit am Herzen gelegen. Auch geſtehe ich gerne, daſs ich noch manche mit Stillſchweigen hätte übergehen können, hätte ich ſie nicht *darum* genannt, um ihre Prüfung — geradezu abzuzwingen, und gebildete Entomologen in die Nothwendigkeit zu verſezen, gerade *dieſe* in die Wage — der alleine entſcheidenden Wahrheit zu legen. So hätte ich denn zum mindſten das Verdienſt, ſie der Vergeſſenheit entriſſen zu haben, und eine Würdigung ihrer Charakteriſtik zu veranlaſſen, die ſtets mit ihrer Schweſter Wahrheit, gleichen Schritt zu halten pflegt! Aber weder ein geheimer noch offener Vorwurf falle auf mich, daſs ich iene vagen nur nomenclatoriſchen, nicht in der ſo treffenden Sprache der Wiſſenſchaft, oder zum mindſten, nicht in dem Geiſte derſelben vorgelegte Arten, mit einem Stillſchweigen, das, wie mir wenigſtens dünkt, hier der guten Sache ganz angemeſſen war, gerügt habe. So kam es mir denn vor, als ob ich nur dieienigen deutſchen Eleuteraten — von Entomologen bereits angeführt, gedacht hätte, denen wenigstens das Zeichen der höchsten Wahrscheinlichkeit zu statten käme.

Nicht minder war Vorsichtigkeit auch da mein Gesetz, wenn ich noch von keinem Entomologen gedachte, Arten nannte. Hier musste ich mich alleine *meinem* Auge als Führer überlassen. Aber auch da liess ich Gewisheit, über das, was man höhere Wahrscheinlichkeit nennt, — entscheiden, Und darum halten sich *noch* so manche Arten vor der Hand entfernt, die ich leicht aus den Gattungen der Lauf- und Rüsselkäfer hätte herbeylocken können. Die deutsche Insecktenfaune soll sie nicht allzuverspätet figürlich, und mit noch inniger Ueberzeugung darstellen.

Die neuen vom Herrn Prof. *Fabrizius* nicht aufgenommenen *Gattungen*, die ich aufnehmen *musste*, mögen sich selbst als legitime Nachbarn ihrer Genossen verbürgen. Ich entlehnte nach der Methode dieses grossen Mannes, ihren Charakter, aber ich gab solchen, ienen, gewissenhaft wieder. Hier können nur Entomologen entscheiden, die sich ähnlichen mühsamen Untersuchungen unterzogen haben. Doch wird man mir's nicht verargen, dass ich stiefmütterlich genug die Adoption, derienigen *neuen* Gattungen, von mir ablehnte, denen, zum mindsten nach meinem Gefühle, das abgieng, was erforderlich seyn muss, um unter der Fahne des Systems legitimirt werden zu können! —

Die Oekonomie dieses Inventariums deutscher Eleuteraten, legte es mir zur Verbindlichkeit auf, bey weitem es nicht mit einem Nachtrab von Synonymen-Prunk zu belasten, aber erlauben durfte ich es mir, jede *abgebildete* Art, mit dem Namen desjenigen zu beehren, der sie am — nach meinem Dünken, getreuesten der Natur, abgeborgt hatte. An diese Verbindlichkeit wand sich auch iene unzertrennlich, *keinen* zu nennen, den ich nicht zuvor untersucht und bewährt gefunden hätte. So liess ich darum manche Art, die vielleicht in den *Schäfferschen Werken*, unter der Reihe, so mancher unglüklichen entomologischen Conterfeyte, stehen mag, wie gleichsam noch nicht beurkundet, auftreten, um geschiktere Künstler zu veranlassen, ihr Heil an diesen aufs neue zu versuchen.

Diesem allen aber ohngeachtet, bin ich nicht ganz unvorbereitet, ein Urtheil zu erwarten, das wie man sagt, nach dem Feste, kommen dürfte, und nach welchem ich noch weit mehrere, schon entdekte Arten hätte aufnehmen sollen. Sehr angenehm wär mirs nun wohl nicht, aber gewis auch nicht niederschlagend! Ein ansehnlicher Zeitraum schwand seit der Ankündigung dieses entomologischen Taschenbuches, und zwischen jenem, da mit dem Druck desselben angefangen werden musste! Und doch war nur ein *Einziger* würdiger Entomologe so gefällig, und so freundschaftlich, mir seine neuen Entdekungen mitzutheilen. Die schöne, grosse, zur Ehre Deutschlands bestehende Reihe, deutscher Entomologen — stand von Ferne, und scheuete meine Plage! Ists Verdienst bey solchen trüben Aussichten den Muth nicht sinken zu lassen, so bleibe mir zum mindesten das, mich alleine aufgeopfert zu haben, und mit festem deutschen Muthe, und willigem ungetheiltem Herzen, das nun hingegeben zu haben, was ich eben deswegen, mit so vollem Rechte — *mein* nennen darf! —

Um wo möglich ganz dem Zwecke zu entsprechen, den ich bey der Ankündigung dieses entomologischen Taschenbuches beabsichtigte, eben das zu einem eigentlichen *Taschenbuche* zu bilden, um auf entomologischen Excursionen, es bequem, bey auf der Stelle vorzunehmenden Bestimmungen, der aufgefundenen Arten, zu benuzen; und angehende Entomologen anzuleiten, sich mit dem

Genie der Fabriziuschen Methode, vertrauter zu machen, habe ich auf den *zwölf Monatskupfern*, eben so viele reine Fabriziusche Gattungen, in einer möglichst vollständigen und anschaulichen Analyse gestellt, und solche auf den gegenüberstehenden Blättern, in der Sprache der Wissenschaft entziffert.

Vielleicht wird es manchem nicht unangenehm seyn, statt der gewöhnlichen Calendernamen, die bedeutendern der Entomologen zu lesen, um sich zugleich mit denselben in nöthige literarische Bekanntschaft zu sezen. Vielleicht wird dieser *Beytrag*, zu einer noch zu erwartenden entomologischen Bibliographie, Veranlassung, diese so wünschenswerthe Idee, bey einem mehr hiezu geeignetem gelehrten Entomologen zu erwecken, um sie dereinst mit mehr Reichthum und Sachkenntniss realisirt zu sehen.

Auch mit dieser Beschäftigung suchte ich *Dem* zu ehren, der *Alles*, und auch diese kleinen, doch schönen Geschöpfe, erschaffen hat — und wäre möglich! — auch zu nüzen!

Geschrieben den 19. Decemb.
1794.

G. W. F. Panzer.

GEORG. WOLFG. FRANC. PANZERI

ENTOMOLOGIA GERMANICA

EXHIBENS INSECTA PER GERMANIAM INDIGENA

SECVNDVM

CLASSES, ORDINES, GENERA, SPECIES

ADIECTIS

SYNONYMIS, LOCIS, OBSERVATIONIBVS.

I. ELEVTERATA.

CVM TABVLIS AENEIS.

NORIMBERGAE,

APVD FELSECKERI HAEREDES.

Januarius. Wintermonat hat 31 Tage.

		Verb. Januar.	Die Tage nehmen zu 1 St. 14. M.
D	1	*Neujahr*	
F	2	Abildgaard	Havnienfis.
S	3	Acharius E.	K. Vetensk. Handling.
S	4	*S. n. Neuj.*	
M	5	Adanfon	Hift. nat. de Senegall. 4. Paris 757
D	6	*H. 3. König*	
M	7	Admiraal I.	Naaw'k. Waarnem. fol. Amft. 774
D	8	Afzelius	K. Vetensk. Handling.
F	9	Albin E.	Infect. angl. n. hift. 4. Lond. 731
S	10	Aldrovand.	De anim. inf. fol. Bonon. 692
S	11	*1 Epiphan.*	
M	12	Allioni C.	Inf. taurin. Mel. del. S. d. Turin 762
D	13	Amftein	Fuesl. Magaz.
M	14	Aubenton	Planches enlum. 4. Paris 764
D	15	Baader I.	Mannhemenfis.
F	16	Badier	Gallus.
S	17	Baker H.	Hift. n. d. pol. et inf. 8. Par. 744
S	18	*2 Epiphan.*	
M	19	Banifter I.	Obf. con. Inf. m. i. Virg. Phil. trans.
D	20	Banks I.	P. Reg. Soc. Lond.
M	21	Barbot I.	Gen. Inf. Linn. fuppl. fol. Lond.
D	22	Barrelier I.	Plant. p. Gall. obf. fol. Paris 714
F	23	Bafter I.	Opufc. fubfeciv. 4. Harlem. 759
S	24	Bauhin I.	Hift. font. baln. Bol. 4. Montis. 660
S	25	*3 Epiphan.*	
M	26	Beckmann	Faun. oecon. Landwirthfch. 790
D	27	Bergmann I	Claffes larvar. N. A. Vpf. I.
M	28	Bergfträf. I.	Nomencl. d. han. Inf. 4. Han. 778
D	29	Berniz	De cocco polonico.
F	30	Bierkander	Calend. Inf. K. Vetensk. N. Handl.
S	31	Blackburn.	

SCARABAEUS LUNARIS.

OS maxillis palpisque quatuor.

Palpi 1. 2. 3. 5. subaequales filiformes: *anteriores*, 1. 5. vix longiores, quadriarticulati, articulo primo brevissimo, adhaerentes maxillae 5. dorso: *posteriores* triarticulati, articulis aequalibus labii 6. apicibus prominentibus inserti. *Mandibula* 4. porrecta, cornea, arcuata, apice inaequaliter dentata, obtusa bifariam ciliata. *Maxilla* 5. elongata, membranacea, ad insertionem palporum unidentata, extrorsum pilosa. *Labium* 6. porrectum, corneum, subcylindricum, apice emarginatum, hispidum. *Antennae* 7. 8. 9. 10. clavatae, lamellatae, articulis inaequalibus undecim: ultimis tribus lamellis porrectis, obtusis, griseis. *Clypeus* 11. bipartitus 12. 13. semicircularis, circumferentia 14. inaequaliter sinuata, ciliata, margine retuso: *cornu* 14. 15. erecto, subulato, obtuso, apice subrecurvo: *oculis* a* b* c* lateralibus subrotundis. *Thorax* 16. inaequalis, tricornis, cornubus lateralibus basi excavatis, apice patulis, medio bifido obtuso: dorso linea longitudinali impressa. *Scutellum* 17. sub elytris reconditum, hinc nisi his sublatis manifestum, triangulare. *Elytra* 18. 19. subfornicata, opaca, laevia 7. 8. sulcis minus profundis exarata, abdomen tegentia, apicem versus elevata, hinc minus sulcata. *Alae* 18* 19* venis reticulatis nervosae, aquosae, margine antico crassiore. *Femora antica* 20. 21. *media* 26. 27. *postica* 28. 29. compressa, clavata, *squamulis articuliformibus* 28* 29* adhaerentia. *Tibiae anticae* 22. 23. quadridentatae. *Tarsi* 24. 25. breves, quinquearticulati, unguilis duabus. *Abdomen* 30 glabrum, annulis novem imbricatis. *Scarabaeus lunaris*, 31. magnitudine naturali.

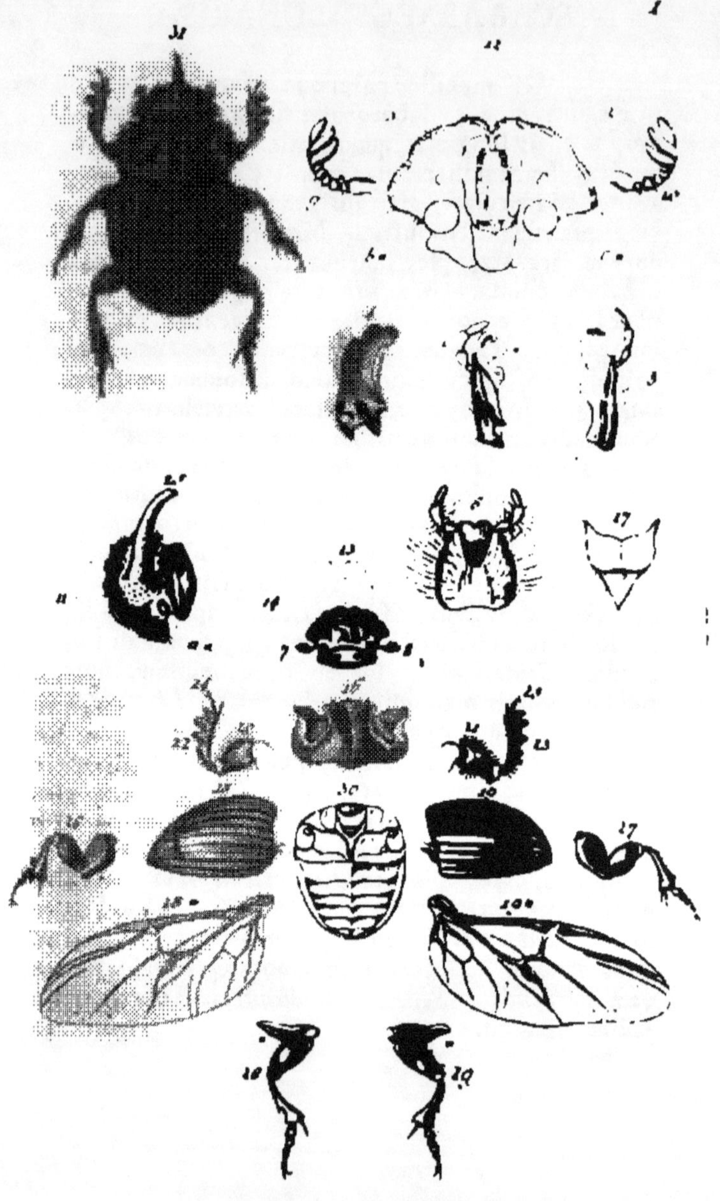

Scarabaeus lunaris Fabric. n. 130.

Februarius. Hornung hat 28 Tage.

Verb.	Februar.	Die Tage nehmen zu 1 St. 42. M.
S	1 *Septuag.*	
M	2 *Mar. Rein.*	
D	3 Blancaart S	Schou-Burg der Rups. 8. Amst. 688
M	4 Blasius G.	Anat. anim. 4. Amst. 681
D	5 Bloock L. B.	Dresdensis.
F	6 Blumenb. I.	Handb. d. Naturg. 8. Gött. 791
S	7 Bochart S.	Hierozoicon fol. 602
S	8 *Sexagesim.*	
M	9 Boddaert P.	Dierk. Mengelw. 4. Utrecht. 770
D	10 Boeber	Germanus.
M	11 Bohadsch I.	Animal. marin. 4. Dresd. 761
D	12 Bonani P.	Ricreat. dell'Occhio. 4. Rom. 681
F	13 Bonnet C.	Traitè d'Insectol. 8. Paris 745
S	14 Bonsdorf G.	Curcul. suec. 4. Ups. 785
S	15 *Esto mihi.*	
M	16 Borkhausen	Europ. Schmetterl. 8. Frcft. 788
D	17 Borlace W.	Nat. hist. of Cornw. fol. Lond. 769
M	18 Bosc I.	Act. soc. h. n. paris. fol. Paris.
D	19 Bowles G.	Introd. a la hist. n. d'Esp. 4. Madr. (775
F	20 Brahm N. I.	Insect. Calend. 8. Frft. 790
S	21 Brandis I.	Beytr. z. alt. Ins. Gesch. Gött. M. IV.
S	22 *Invocavit.*	
M	23 Breyn I. P.	Cocc. rad. tinct. hist. Ged. 4. 731
D	24 *Matthias*	
M	25 Breyn B.	Of Insect. in Spain. Ph. Tr. V. 24
D	26 Broussonet	Gallus.
F	27 Brown P.	Nat. hist. of Iamaica. fol. Lond. 756
S	28 Brown P.	New. Illustr. of Zool. 4. Lond. 776

CARABUS AURONITENS.

OS maxillis palpisque.

Palpi 1. 2. 3 sex inaequales: articulo ultimo obtuso 2. 3. 4. truncato: *anteriores* 1. breviores, filiformes, biarticulati, obtusi, truncati, adhaerentes maxillae 1* dorso: *medii* 2. longiores, quadriarticulati, articulo primo brevissimo, reliquis obconicis basi anterorum 1. adnati: *posteriores* 3. 4. triarticulati, basi connati: articulo primo brevissimo, secundo cylindrico longiori, tertio obconico sub labii 7. apice inserti. *Mandibula* 5. cornea, arcuata, introrsum subdentata, integra. *Maxilla* 1* integerrima, cornea, cylindrica, intus ciliata, apice arcuata, acutissima. *Labium* 7. porrectum, membranaceum, cylindricum, truncatum, integerrimum. *Antennae* 8. filiformes: articulis elongatis, aequalibus, obconicis, ultimo cylindrico obtuso. *Clypeus* 6. transversus apice emarginatus, pubescens. *Caput* 9. elongatum, porrectum, emarginatum, oculis marginalibus rotundatis. *Thorax* 10. cordatus, lineola media impressa, apice utrinque producto. *Elytra* 11. scabra, porcata, nitentia, sulcis tribus elevatis, interiori longiori, abdomen tegentia. *Alae* nullae. *Femora* antica 13. squamulae articuliformi 12. adhaerentia, clavata. Tibiae *anticae* 14, mediae 17, posticae 18. subclavatae, elongatae, apice spinulosae. *Tarsi* 15 quinquearticulati pilosi, unguiis 16 duabus. *Abdomen* ovatum annulis 7 imbricatis. *Carabus auronitens* 20. magnitudine naturali.

2

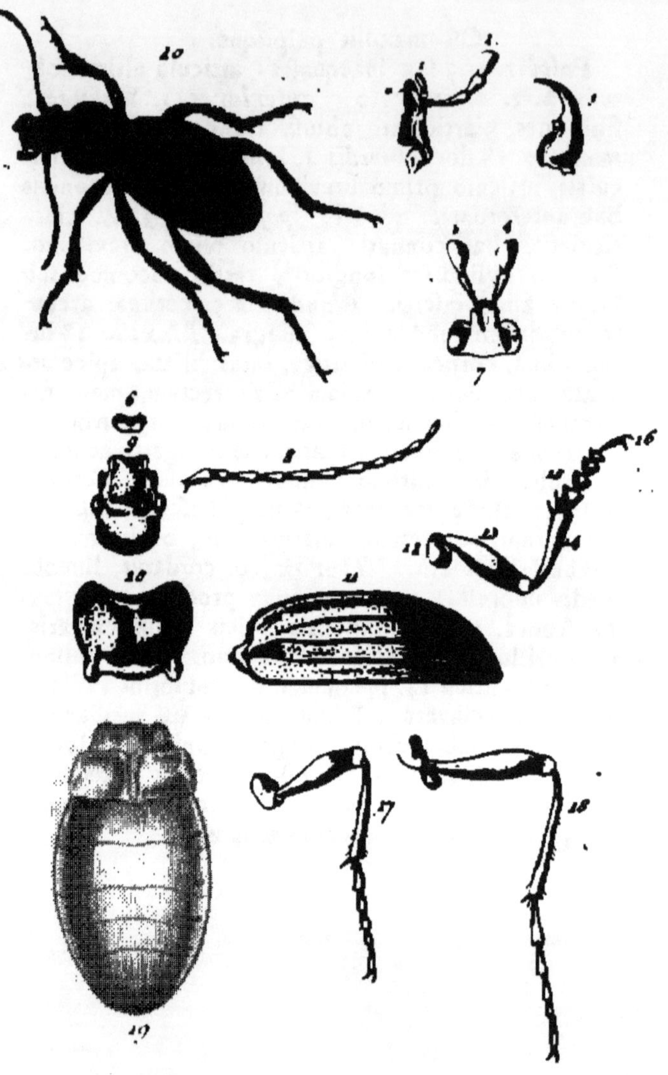

Carabus auronitens Fabric. n. 24.

I. S. fec.

Martius. Lenzmonat hat 31 Tag.

Verb.	*Martius.*	Die Tage nehmen zu M. u. Ab. 1 S.
S	1 *Reminisc.*	
M	2 Brunniche	Entomolog. 8. Hafn. 764
D	3 Buchwald	Insect. danica. 4. Hafn. 764
M	4 Buol I. B.	Vindobon.
D	5 Camelli G. I.	De aran. et scar. Philipp. Ph. T. 27.
F	6 Capieux I. S	Naturforsch. XII.
S	7 Catesby M.	Nat. hist. of Carol. fol. Lond. 731
S	8 *Oculi.*	
M	9 Clerk C.	Icon. Inf. rar. 4. Holm. 759
D	10 Clusius C.	Exot. fol. Antv. 6.
M	11 Columna F.	Ecphras. 4. Rom. 616
D	12 Conway	Anglus.
F	13 Cramer P.	Vitl. Kapp. 4. Amst. 775
S	14 Creutzer C.	Vindobonensis.
S	15 *Laetare.*	
M	16 Curtis W.	Fundam. Entom. 8. Lond. 772
D	17 Cyrillo D.	Entom. neapolit. fol. Neap. 787
M	18 Czenpinsky	Genera. anim. 8. Vien. 778
D	19 Daldorf	Kiloensis.
F	20 Dahl A.	Big. ins. 4. Ups. 775
S	21 Degeer C.	Mem. p. s. a. l. hist. d. Ins. 4. Stockh. 752
S	22 *Iudica.*	
M	23 Denis M.	Syst. V. d. W. Schm. 4. Wien. 776
D	24 Derham G.	Annot. ad Albin. ins. hist. 4. Lond. (731
M	25 Desfontain.	Gallus.
D	26 Devillers C.	Entomolog. 8. Lugd. 789
F	27 Dorcy	Gallus.
S	28 Drury D.	Illustr. of ins. exot. 4. Lond. 770
S	29 *Palmarum*	
M	30 Dubois	Gallus.
D	31 Duclos	Magaz. f. d. Ent. Fuesl.

CICINDELA HYBRIDA.

OS maxillis palpisque.

Palpi ſex 1. 2. 3. 4. 5. 6. ſubaequales filiformes: *anteriores* 1. 2. 7. paullo breviores biarticulati: articulis aequalibus, longiſſimis, adhaerentes maxillae dorſo: *medii* 3. 4. 8. quadriarticulati: articulo primo tertioque breviſſimis, adnati anteriorum baſi: *poſteriores* 5. 6. 9. multiarticulati, articulis breviſſimis, rotundatis, piloſis, ultimo longiori obconico, nudo, labii medio interiori inſerti. *Mandibula* 10. 11. elongata, exſerta, cornea, arcuata, acuta, multidentata. *Maxilla* 12. 13. recta, cornea, rigida, ciliata, apice incurva, acuta. *Labium* 14. 15. breve corneum, apice tridentatum, dentibus elongatis, rigidis, acutis. *Antennae* 19. 20. elongatae ſetaceae, ſub oculis inſertae: articulis cylindricis ſubaequalibus, excepto ſecundo breviſſimo. *Clypeus* 16. transverſus, corneus, albidus, os tegens. *Caput* 17. transverſum, inaequale: *oculi* 18 laterales, prominuli, globoſi, *Thorax* 21. brevis cylindricus, tuberculatus, canaliculatus. *Scutellum* 22 minutum, rotundatum aut cordatum. *Elytra* 23. 24. rigida, haud deflexa, longitudine abdominis, glabra, laevia, punctis ſub lente ſparſis, faſcia lunulisque duabus albis. *Alae* 25. 26. hyalinae, ſubreticulatae, venoſae, margine antico incraſſato. *Abdomen* 27. oblongum, ſegmentis novem imbricatis. *Femora antica* 30. 31. ſquamulae articuliformi 28. 29. iuncta, clavata: *media* 38. 39. ſubclavata: *poſtica* fere teretia. *Tibiae* anticae 32. 33. breves, *mediae* longiuſculae, *poſticae* 40. 41. elongatae, utrinque ſpinuloſae. *Tarſi* 34. 35 quinquearticulati, ungulis 36. 37. duabus. *Cicindela hybrida* 42. magnitudine naturali.

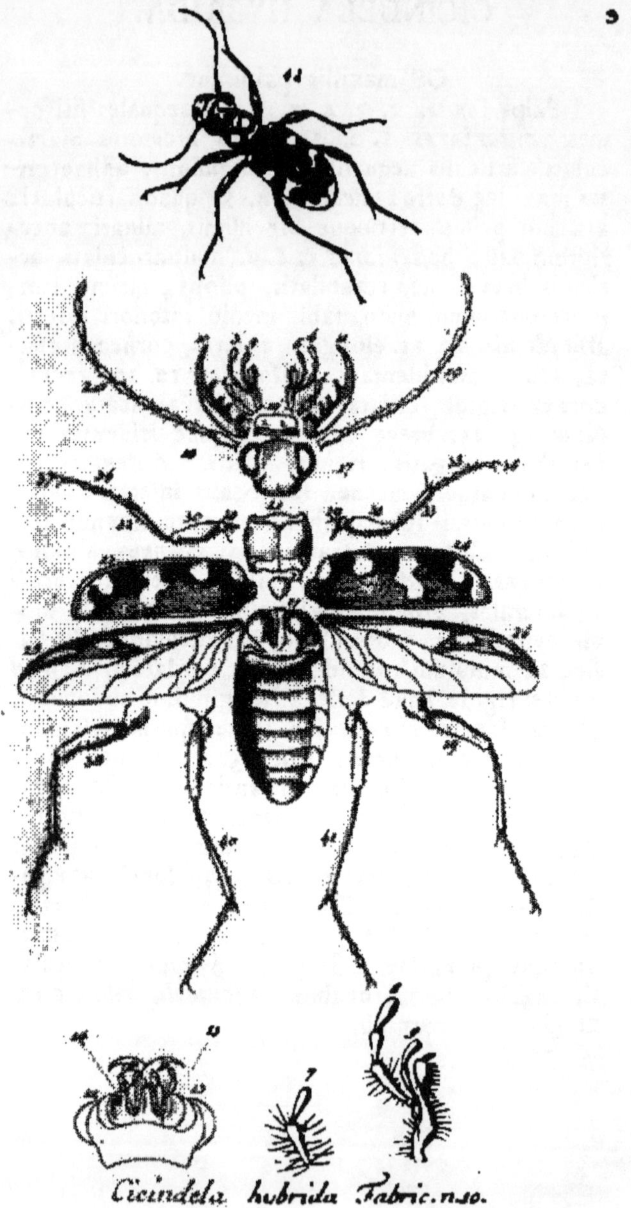

Cicindela hybrida Fabric. n. 10.
Iac. Sturm del. et sc.

Aprilis. Ostermonat hat 30 Tage,

	Verb. April.	Die Tage nehmen zu 1 S. 50 M.
M	1 Duhamel	De Tineis.
D	2 *Gründon.*	
F	3 *Charfreyt.*	
S	4 Edward G.	Gleanings of nat.hist. 4. Lond.758
S	5 *Ostern.*	
M	6 *Ostermont.*	
D	7 Ehret G.	Pl. et Pap. rar. fol. Lond. 748
M	8 Eichhorn I.	Beyt.z.Nat.d.Wasserth.4Berl.781
D	9 Engramelle	Insect. d'Europ. 4. Paris 779.
F	10 Ernst	Insect. d'Europ. 4. Paris 779.
S	11 Erxleben I.	Anfangsgr.d. Naturg. 8. Gött. 791
S	12 *Quasimod.*	
M	13 Esper E.I.C.	Europ. Schmett. 4. Erl. 776
D	14 Fabricius I.	Systema Entom. 8. Flensb. 775
M	15 Fabricius O.	Fauna groenland. 8. Hafn. 780
D	16 Fischer I. L.	Observ. de Oestro ovino 4. Lips. 787
F	17 Forskohl P.	Descript. anim. 4. Havn. 775
S	18 Forsten R.	Cantharid. hist. nat. 4. Lugdb. 775.
S	19 *Misc. Dom.*	
M	20 Forster I. R.	Nov.spec.ins. Cent. I.8. Lond. 772
D	21 Fortis A.	Saggio supra isol. di Chorso.4.Ve-
M	22 Francillon	Anglus. (nez. 771
D	23 Frisch I. L.	Beschr.d.Ins.Teutschl. 4. Berl. 770
F	24 Fothergill	Anglus.
S	25 Fourcroy A.	Entom. paris. 12. Paris. 785
S	26 *Iubilate*	
M	27 Fuesly I. C.	Schweizer Ins. 4. Zürch. 775
D	28 Geoffroy	Histoire des Ins. 4. Paris 762
M	29 Gerning I.C	Moeno - Francof.
D	30 Gesenius W.	Lepidopt. Encyclop. 8. Erf. 786

CHRYSOMELA TENEBRICOSA.

OS maxillis palpisque.

Palpi ſex 1. 2. 3. 4. 5. 6. inaequales: *anteriores* 1. 2. longitudine maxillae, filiformes, biarticulati: articulis aequalibus adhaerentes maxillae dorſo: *intermedii* 3. 4. longiores: articulo primo breviſſimo, ſecundo longiori, ultimo craſſiori, truncato, ad baſin anteriorum adnati: *poſteriores* 5. 6. triarticulati: articulo ſecundo longiori, ultimo craſſiori, truncato, labii medio inſerti. *Mandibula* 7. 8. porrecta, cornea, arcuata, acuta, edentula. *Maxilla* 1* 2* brevis, recta, membranacea, conica, acuta, integra. *Labium* 11. breve, corneum, rotundatum, ſubcompreſſum, integerrimum. *Antennae* 12. 13. moniliformes, articulis undecim ſubaequalibus: ultimo ovato. *Clypeus* 9. 10. transverſus emarginatus, corneus, piloſus. *Caput* 14. ſubangulatum, inſertum, oculis marginalibus reniformibus, *Thorax* 15. transverſus, ſubcordatus, angulis anticis rotundatis, poſticis acutis, margine ſaepe incraſſato. *Elytra* 16. rigida, fornicata, convexa, clauſa. laevia, opaca, longitudine abdominis, margine deflexo, punctis ſub lente ſparſis. *Scutellum* parvum rotundatum. *Alae* nullae. *Femora antica* 18. 23. valida, clavata, ſquamulae articuliformi 17. 22 adhaerentia. *Tibiae anticae* 19. 24. *mediae* 27. 28. *poſticae* 29. 30. ſubteretiuſculae. *Tarſi* 20. 25. quadriarticulati, ungulis. 21. 26. duabus terminati. *Chryſomela tenebricoſa* 31. magnitudine naturali.

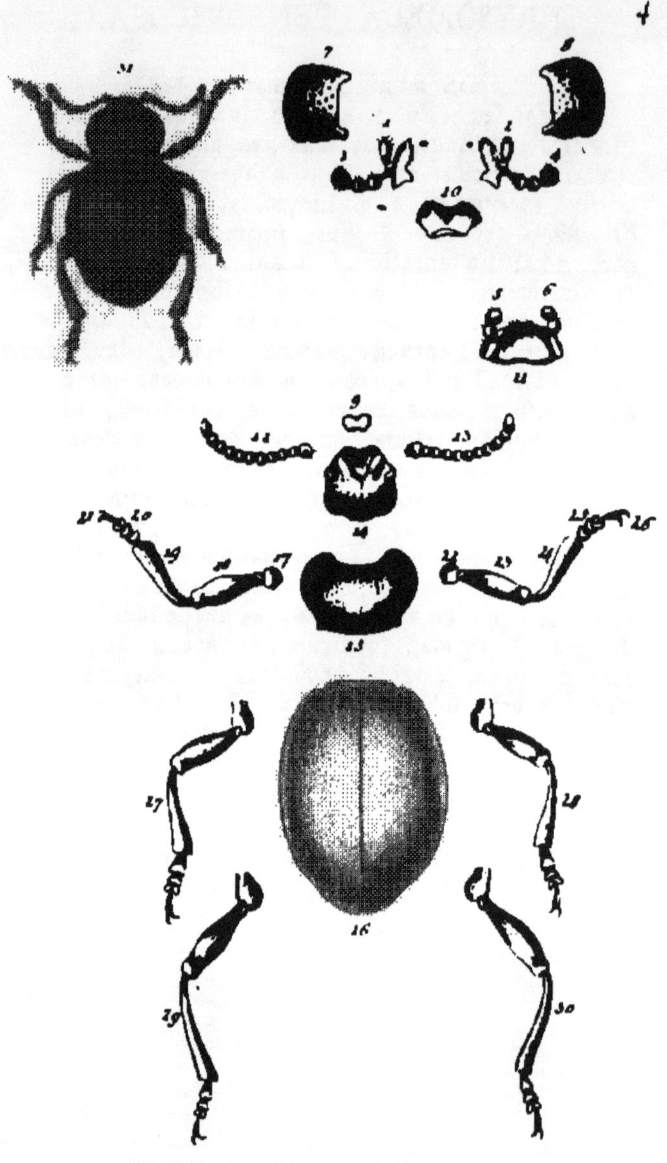

Chrysomela Tenebricosa Fabric.n.s.

J.St. fec.

Maius. Wonnemonat hat 31 Tage.

	Verb. May.	Die Tage nehmen zu 1: S. 23 M.
F	1 *Phil. Iacob.*	
S	2 Ginanni F.	Istoria delle Pinete Ravenat. 4. (Rom. 774
S	3 *Cantate*	
M	4 Glaser I. F.	Phys. Abh. d. schädl. Raup. 8 Frft. 74
D	5 Gieditsch I.	Hist. Abhandl. 8. Hall. 765
M	6 Gleichen F.	Gesch. d. Blattläuse. 4. Nurnb. 770
D	7 Gmelin I. F.	Uber d. Wurmtrokn. 8. Leipz. 787
F	8 Gödart I.	Metamorph. Inf. 8. Mediob. 662
S	9 Göz	Naturforscher XIX.
S	10 *Rogate.*	
M	11 Göze I. A. E.	Entom. Beytr. 8. Leipz. 777
D	12 Grew N.	Mus. reg. Soc. fol. Lond. 681
M	13 Griselini F.	Naturgs. d. Temesw. Ban. 4. Wien.
D	14 *Him. Christ*	
F	15 Gronov. L.	Zoophyl. II. fol. Lugd. 764 (778
S	16 Harrer G.	Beschr. d. Schäff. Ins. 4. Regens. 791
S	17 *Exaudi.*	
M	18 Harris M.	The Aurelian. fol. Lond. 766
D	19 Hasselquist	Resa til h. Land. 8. Stockh. 757
M	20 Hattorf	Germanus.
D	21 Hebenstreit	Inst. h. n. insect. 4. Lips. 745
F	22 Heisse	Dresdensis.
S	23 Hellenius	Kon. Vetens. Handling.
S	24 *Pfingsttag*	
M	25 *Pfingstmon*	
D	26 Hellwig I.	Faun. etrusc. edit. II. 8. Brunsv. 794
M	27 Herbst I. F.	Nat. G. d. Ins. 8. Berl. 789
D	28 Hermann I.	Argentoratensis.
F	29 Hill I.	Hist. of Anim. fol. Lond. 752
S	30 Hoefnagel I	Diversae ins. icon. 4. Francof. 630
S	31 *Trinitatis.*	

LYTTA VESICATORIA.

OS maxillis palpisque.

Palpi quatuor 1. 2. 3. 4. 5. 6. inaequales: *anteriores* 1. 2. 3. 4. longiores triarticulati: articulis aequalibus, ultimo setaceo, adhaerentes maxillae 3.* 4* dorso: *posteriores* 5. 6. triarticulati: articulis aequalibus, ultimo obtuso truncato, clavato, labii medio 13. inserti. *Mandibula* 7. 8. 9. 10. crassa, cornea, acuta, medio dente excisa, inermis. *Maxilla* 3.* 4* recta, porrecta, membranacea, apice dilatata, rotundata, bifida: laciniis conniventibus inaequalibus, exteriore maiore. *Labium* 13. elongatum, subcorneum, cylindricum, ad insertionem palporum coarctatum, apice truncatum, integrum. *Antennae* 14. 15. filiformes: articulis aequalibus, subcylindricis; primo crassiori, secundo brevissimo, ultimo setaceo. *Clypeus* 11. 12. os superne tegens, transversus, superne rotundatus, medio emarginatus. *Caput* 16. exsertum, ovatum, thorace latius canalicatum, oculis lateralibus rotundatis. *Thorax* 17. subcylindricus, laevis, tuberculatus, immarginatus. *Scutellum* 18. minutum. *Elytra* 19. 20. molliuscula, fornicata, linearia, obtusa, glabra, nitida, vix striata, longitudine abdominis. *Alae* 21. 22. hyalinae, venosae, margine antico incrassato. *Abdomen* 37. oblongum, glabriusculum, annulis novem imbricatis. *Femora antica* 24. 29. valida teretiuscula, squamulae articuliformi 23. 28. iuncta: *Tibiae anticae* 25. 30. *mediae* 33. 34. *posticae* 35. 36. tenues, longiusculi. *Tarsi antici* 26. 31. quinquearticulati, unguibus 27. 32. duabus, terminalibus. *Lytta vesicatoria* 38. magnitudine naturali.

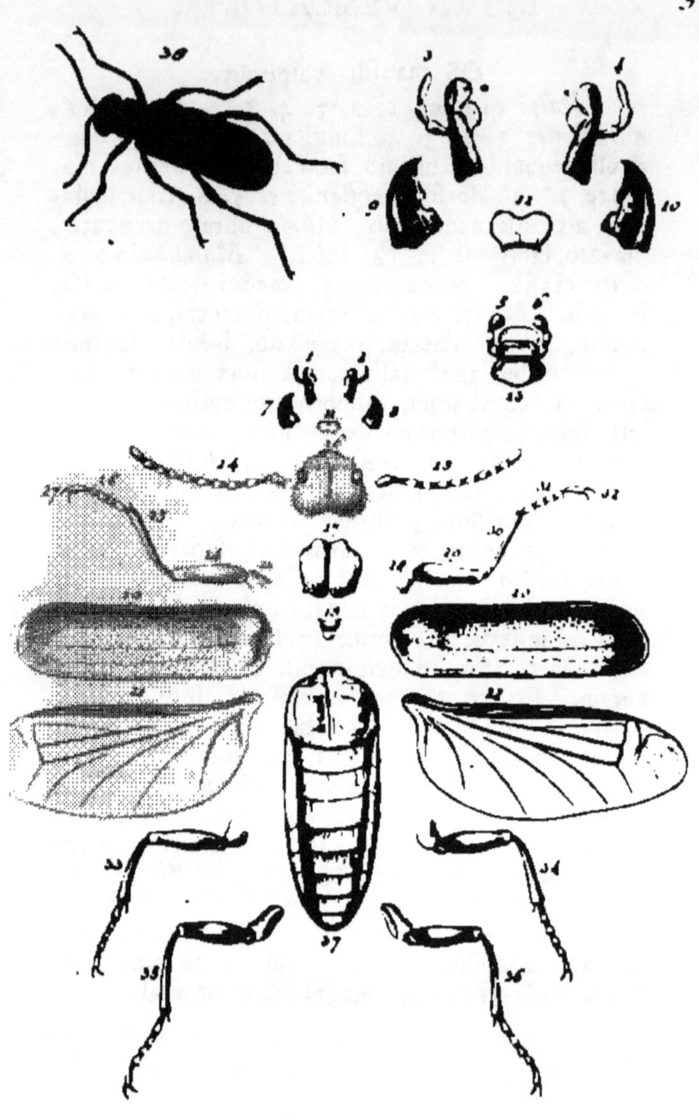

Lytta vesicatoria Fabric. n. 1.

Iunius. Brachmonat hat 30 Tage.

	Verb. Junius.	Die Tage nehmen zu bis den 22 28 Min. und ab 4 Min.
M	1 Hogström	Suecus.
D	2 Hohenwart	Botan. Reise. 8. Klagenf. 792
M	3 Hollar W.	Musc. Scarab. fig. 4. Antw. 646
D	4 Holthuysen	Batavus.
F	5 Hooke R.	Micrographia rest. fol. Lond. 665
S	6 Hughes G.	Nat.hist.of.Barbados fol.Lond.776
S	7 1. *Trinit.*	
M	8 Hübner I.	Europ. Schmett. 8. Augsb. 791
D	9 HübnerI.G.	Archiv. d. Insekt.
M	10 Hunter I.	Anglus.
D	11 IablonskyC	N. d. Ins. 8. Berl. 785
F	12 Iacquin I.N.	Vindobonensis
S	13 Illger ICW.	Brunsvicensis.
S	14 2. *Trinit*	
M	15 Imperati F.	Hist. natur. fol. Venez. 672
D	16 Ioblot	Observ. d'Hist.nat. 4. Paris 754
M	17 Iones	Fig pict.
D	18 Ionston E.	Hist. nat. de Insect. fol. Frcft. 653
F	19 Isert P. I.	Reise nach Guinea 8.Kopenh.788
S	20 Iung C. C.	Alph. Verz. d. Schmett. 8. Markbreit. 791
S	21 3. *Trinit.*	
M	22 Iungius I.	Hist. verm. Hamb. 691
D	23 Kämpfer E.	Hist. of Iapan. fol. Lond. 727
M	24 *Iohannis*	
D	25 Keer I.	Phil. Transact. Vol. 71. 781
F	26 KleemannC	Beytr.z.Insektgesch. 4.Nürnb.792
S	27 Klinger F.	Wunsiedelensis,
S	28 4 *Trinitat.*	
M	29 *Petri Paul*	
D	30 Knoch A.	Beytr. z. Ins.Gesch. 8. Brunsv. 781

TRICHIUS EREMITA.

OS maxillis palpisque quatuor.

Palpi 1. 2. 3. 4. aequales filiformes, articulo ultimo longiori: *anteriores* 1. 2. triarticulati, adhaerentes maxillae dorso **: *posteriores* 3. 4. biarticulati, medio laterali labii 7. inserti. *Mandibula* 5. 6. cornea, crassa, obtusa, ciliata, edentula. *Maxilla* 1* 2* cylindrica superne bifida, laciniis subaequalibus acutis. *Labium* 7. dilatatum, elongatum, corneum, bifidum, setosum. *Antennae* 8. 9. breves, clavato lamellatae sub oculis insertae, lamellis tribus ovatis, articulo primo crassiori piloso. *Caput* 10. ovatum, insertum, antice angustatum, deflexum, clypeo continuo, reflexo: oculi laterales ovati, vix prominuli. *Thorax* 11. antice angustatus, inaequalis, laevis, punctatus, medio tuberculis longitudinalibus obtusis. *Scutellum* 12. triangulare, sulco longitudinali. *Elytra* 14. rigida, includentia, basi apiceque gibba, punctis inordinatis sparsa. *Alae* 15. hyalinae venosae, venis rectis, margine antico incrassato. *Abdomen* 13. ovatum, segmentis dorsalibus et marginalibus septem imbricatis. *Femora antica* 17. squamulae articuliformi adnata, clavata. *Tibiae anticae* 18. *mediae* 21. et *posticae* 22. extrorsum denticulatae. *Tarsi* quinquearticulati 19. unguibus 20. duobus. *Trichius hemipterus* 23. magnitudine naturali.

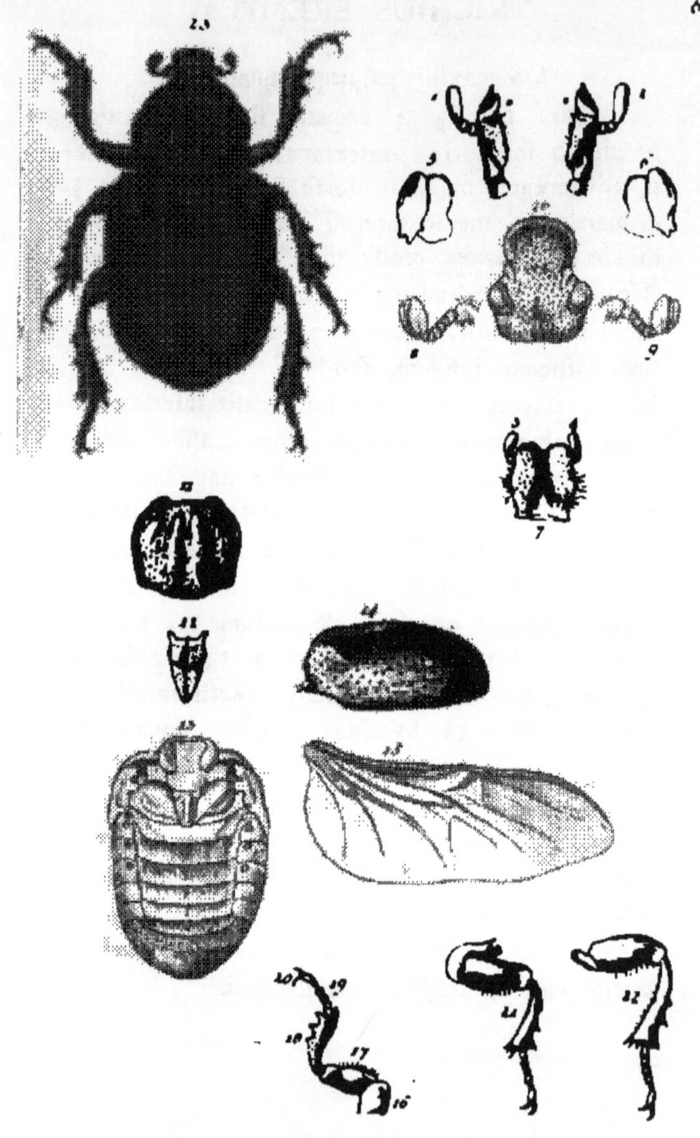

Trichius Eremita Fabricius.

I. St. fe.

Iulius. Heumonat hat 31 Tage.

	Verb. Julius.	Die Tage nehmen ab um 56 M.
M	1 Knorr G. W	Delic. nat. sel. fol. Norimb. 778
D	2 Kob I.	Forlphalaene. 4. Norimb. 786
F	3 Kölreuter I.	Inf. musc. petrop. rar. Comment. A.
S	4 König	Germanus. (Petr. II.
S	5 *5. Trinitat.*	
M	6 Kramer GH	Elench. veget. et anim. 8. Vien. 756
D	7 Kugelann I.	Insect. borussic. in Schneid. Mag.
M	8 Kühn	Naturforscher.
D	9 Laicharding	Tyrol. Inf. 8. Zürch. 781
F	10 Lang H. G.	Augsb. Schmetr. 8. Augsb. 789
S	11 Laxmann E.	Nov. spec. Inf. Act. Petr. XIV.
S	12 *6. Trinitat.*	
M	13 Ledermüller	Microscop. Aug. Er. 4. Nürnb. 750
D	14 Lee	Anglus.
M	15 Leems K.	Beskriv. ov. Finmark. 8. Kiob. 767
D	16 Lepechin I.	Tagebuch. 4. Altenb. 774
F	17 Leske N. G.	Allgem. N. u. Th. Gesch. 8. Lpz. 784
S	18 Lesser F. C.	Theol. des Inf. 8. à la Haye 747
S	19 *7. Trinitat.*	
M	20 Leuwenhök	Arcana nat. 4. Lugd. 702
D	21 Leuwenski.	Suecus.
M	22 Lewis	Generat. insector.
D	23 Linné C.	Syst. Nat. 8. Holm. 766
F	24 Lister M.	Hist. Anim. Angl. 4. Lond. 678
S	25 *Iacobi*	
S	26 *8. Trinitat.*	
M	27 Loefling P.	Resa til. span. 8. Stockh. 758
D	28 Ludolf I.	De locustis. fol. Frcft. 694
M	29 Lund	Norwagus.
D	30 Lyonet P.	Tr. anat. d. l. chen. à la Haye. 4.
F	31 Maii I.	Batavus. (762

BUPRESTIS MARIANA.

OS maxillis palpisque.

Palpi quatuor 1. 2. 3. 4. inaequales filiformes, articulo ultimo obtuso truncato: *anteriores* 5. 6. longiores quadriarticulati: articulis subaequalibus adhaerentes maxillae** dorso: *posteriores* 7. 8. triarticulati, labii apice laterali 15. inserti. *Mandibula* 9. 10. 11. 12. brevis, cornea, arcuata, acuta, introrsum denticulo marginali. *Maxilla* 5* 6* brevis, cylindrica, membranacea, medio unidentata, apice rotundata, obtusissima. *Labium* 13. 15. porrectum, membranaceum, transversum, apice emarginatum, integrum. *Antennae* 16. 16* breves filiformes, serratae: articulis aequalibus, primo crassiori, ultimo ovato obtuso. *Clypeus* 13. 14 transversus, subquadratus, emarginatus, medio punctis duobus elevatis. *Caput* 18. 19. rotundatum inferum obtusum, rugis inter oculos duabus, interiecto sulco profundo, antice 19. acute- postice 22. obtuse emarginatum. Oculi 20. 21. magni, laterales, oblongi vix prominuli. *Thorax* 23. subquadratus, rugis quinis obsoletis longitudinalibus. *Scutellum* 24. parvum rotundatum, appendiculo collariformi insertum. *Elytra* 25. 26. rigida concava margine apicem versum serrata, rugis obsoletis longitudinaliter confluentibus, inter quas areolae magis minusve cupreo - scabrae. *Alae* 27. 28. hyalinae, venosae, margine antico incrassato. *Femora antica* 30. 35. clavata, squamulae articuliformi 29. 34. adhaerentia. *Tibiae anticae* 31. 36. *mediae* 39. 40. *posticae* 41. 42. breves sublineares, compressiusculae. *Tarsi* 32. 37. quinquearticulati, unguiis 33. 38. terminati. *Abdomen* 43. conicum, depressum segmentis novem imbricatis. *Buprestis mariana* 44 magnitudine naturali.

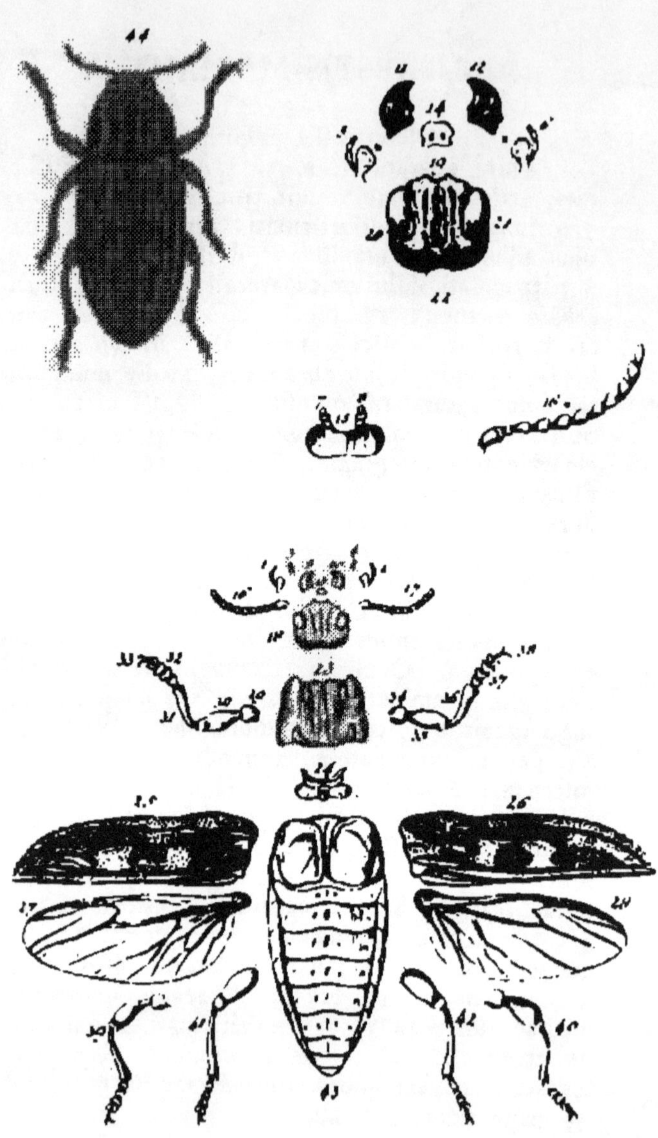

Buprestis mariana Fabricii. 41.

Iac. Sturm del. et sc.

Augustus. Erndtemonat hat 31 Tage.

	Verb. August.	Die Tage nehmen ab 1 St. 49 M.
S	1 Malpighi M.	Opera. fol. Lond. 686
S	2 *9. Trinitat.*	
M	3 Marcgrav.	Hist. rer. nat. Brasil. fol. Lugd. 648
D	5 Marsigli A.	Danub. fol. Hag. Com. 726
M	4 Martinet	Katechism. d. Nat. 8. Leipz. 780
D	6 Meerburgh	Afbeeld. v. Zelds. Gew. fol. Leyd.
F	7 Meinike I.	Beschäft. d. Berl. II. (775
S	8 Merianin M	Metam. Insect. fol. Amst. 705
S	9 *10. Trinit.*	
M	10 Merret C.	Pinax rer. n. Britt. 8. Lond. 667
D	11 Meulen	Batavus.
M	12 Meyer F.A.	Monogr. Meloes. 8. Gött. 793
D	13 Mikan	Pragensis.
F	14 Millhauser	Monogr. Bomb. Millh. 4. Dresd. 793
S	15 *Mar. Heim.*	
S	16 *11. Trinit.*	
M	17 Mitterbach.	Iter per Poseg. 4. Bud. 783
D	18 Modeer A.	De Oestro. Kon. Vetensk. N. Handl.
M	19 Molina I.	Saggio d'una stor. n. d. Chili. 8. Bol.
D	20 Moll C. E.	Ins. Salisb. Magaz. f. d. L. d. Entom.
F	21 Mouffet T.	Theatr. Ins. fol. Lond. 634
S	22 Mous. Pousk.	Petropolitan.
S	23 *12. Trinit.*	
M	24 *Bartholom*	
D	25 Müller O.F.	Zool. dan. prod. 8. Hafn. 776
M	26 Muralto I.	Diss. de Insect. 8. Tigur. 718
D	27 Mygind I.	Danus.
F	28 Olearius A.	Mus. gottorp. 4. Slesv. 674
S	29 Oligeri I.	De ran. et lac. 8. Hafn. 686
S	30 *13. Trinit.*	
M	31 Olivier	Entomol. 4. à Paris 784

ELATER SANGUINEUS.

OS maxillis palpisque.

Palpi quatuor 1. 2. 3. 4, inaequales securiformes: *anteriores* 5. quadriarticulati: articulis subaequalibus: ultimo clava dilatata, acuminata, adhaerentes maxillae dorso 1. a. 2. a. 5. b. *posteriores* 6. breviores, triarticulati: articulis aequalibus: ultimo clava dilatata, acuta, labii medio inserti. *Mandibula* 7. 8. 9. cornea, arcuata, inermis, apice fissa. *Maxilla* 1. a. 5. b. cylindrica membranacea, in medio unidentata, apice obtusa setosa. Labium 11. porrectum, membranaceum, apice subdilatatum, bifidum, laciniis aequalibus truncatis. *Antennae* 12. 14. filiformes, longitudine thoracis, distantes, sub oculis insertae: articulis brevibus, saepius serratis; primo crassiori. *Clypeus* 10. truncatus, setosus. *Caput* 14. rotundatum, parvum, oculis globosis, lateralibus, haud prominulis. *Thorax* 15. planus subquadratus, angulo postico utrinque prominulo, acuto, pectorisque 22. dente 23. e fovea 24. abdominis 25. resiliente. *Scutellum* 16. parvum rotundatum. *Elytra* 17. 18. rigida, fornicata, striata, margine pubescentia. *Alae* 19. 20. hyolinae venosae, venis utplurimum rectis, margine antico crassiori. *Abdomen* 21. supra 27. planum segmentis septem imbricatis, subtus 26. convexum, laeve, utplurimum glabrum. *Femora antica* 28. 28. valida brevia subclavata, media 32. 32. *crassiora postica* 33. graciliora. *Tibiae* anticae 29. 29. *mediae* 32. 32. et *posticae* 33. 33. breves sublineares. *Tarsi* 30. 30. ungulis 31. 31. binis terminati. *Elater sanguineus* 34. magnitudine naturali.

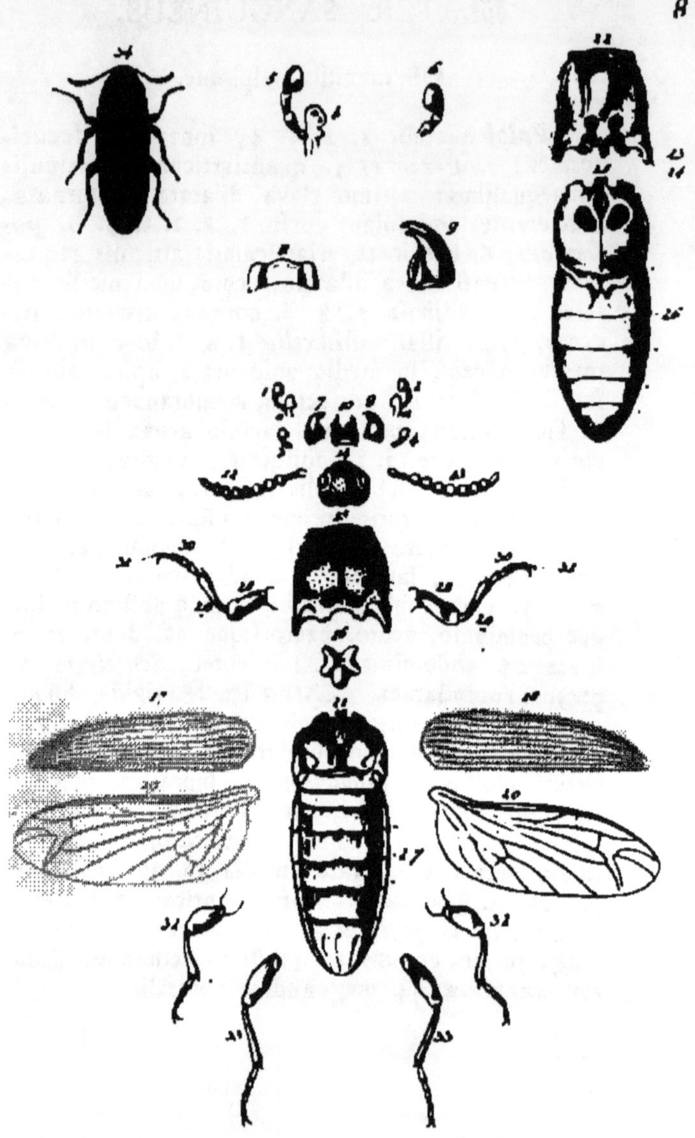

Elater sanguineus Fabric. n. 28.

Iac. Sturm del. et sc.

September. Herbſtmonat hat 30 Tage.

Verb.	*September.*	Die Tage nehmen ab 1 St. 34 M.
D	1 Osbeck P.	Dagbok ölwer en oſtind. Reſa. 8.
M	2 Pallas P. S.	Ic. Inſ. Roſſ. 4. Erl. 781. (Stock.
D	3 Paykull G.	Monogr. Staph. 8. Upſ. 789
F	4 Pennant T.	Anglus.
S	5 Perſoon L.	Africanus.
S	6 14. *Trinit.*	
M	7 Petagna V.	Spec. Inſ. Calabr. 4. Frcft. 787.
D	8 Petiver I.	Gazophylac. fol. Lond. 702
M	9 Pflug	Germanus.
D	10 Piller	Iter per Poſeg. 4. Bud. 778.
F	11 Piſo	De Ind. utriusque re nat. fol. Amſt.
S	12 Planc I.	De conch. min. not. 4. Rom. 760
S	13 15. *Trinit.*	
M	14 Piuche	Spect. de la Nat. 8. Utr. 745
D	15 Poda N.	Inſ. muſ. graec. 8. Graec. 761
M	16 Pollich I. A.	Inſ. Churpf. oek. Geſellſch. 779
D	17 Pontopidan	Den Danske Atlas. 4. Kiob. 763
F	18 Prè	De millepedis.
S	19 Preysler	Cent. inſ. bohem. 4. Prag. 790
S	20 16. *Trinit.*	
M	21 *Matthäus*	
D	22 Prunner	Delle Larve d'Europ. 4. Tor. 793
M	23 Quenſel	Suecus.
D	24 Rai I.	Hiſt. Inſ. 4. Lond 710
F	25 Reaumur R.	Mem. p. ſerv à l'hiſt. d. Inſ. 4. Paris
S	26 Redi F.	Eſper. intorno alla Gen d. Inſ. 4. Fir. 674
S	27 17. *Trinit.*	
M	28 Rehn S. C.	Inſ. rar. Schneid. Magaz. II.
D	29 Reyger	De gener. aphid.
M	30 Retz A. I.	Suecus.

SAPERDA TREMULA.

OS maxillis palpisque.

Palpi quatuor, 1. 2. 3. 4. 5. 6. ſubaequales, filiformes: *anteriores* 3. 4. quadriarticulati, articulis rotundatis; ſecundo quartoque longioribus, adhaerentes maxillae dorſo **: *poſteriores* 5.6. triarticulati: articulis ſubaequalibus, labii medio exteriori inſerti. *Mandibula* 7. 8. 9. 10. arcuata, cornea, acuta, edentula. *Maxilla* 3* 4* membranacea, cylindrica, bifida: laciniis inaequalibus; exteriore paullo breviore craſſiore. *Labium* 13. membranaceum, cordatum, ad inſertionem palporum paullo coarctatum, apice rotundatum, dilatatum, truncatum. *Antennae* 14. 15. elongatae, ſetaceae, in oculorum ſinu inſertae: articulis cylindricis; primo clavato, craſſiore. *Clypeus* 11. 12. os tegens, transverſus, emarginatus. *Caput* 16. rotundatum, tranſverſum, inſertum, verticale, obtuſum: *oculi* laterales, lunati. *Thorax* 17. brevis, cylindricus, inermis, punctis nigris duobus. *Scutellum* 18. parvum, rotundatum. *Elytra* 19. 20. rigida, fornicata, incumbentia, linearia, obtuſa, immarginata, longitudine abdominis, punctis quatuor nigris. *Alae* 21. 22. hyalinae venoſae, coſta marginali antica incraſſata, nervo medium decurrente. *Abdomen* 37. elongatum, cylindricum, glabrum, ſegmentis ſeptem imbricatis. *Femora antica* 24. 29. clavata, ſquamulae articuliformi 23. 28. iuncta; *tibiae anticae* 25 .30. ſubcylindricae, apice ſpinuloſae: *mediae* 35. 36. *poſticae* 33. 34. *Tarſi* 31. 26. quadriarticulati, *ungulis* 27. 32. binis terminati. *Saperda tremula* 38 magnitudine naturali.

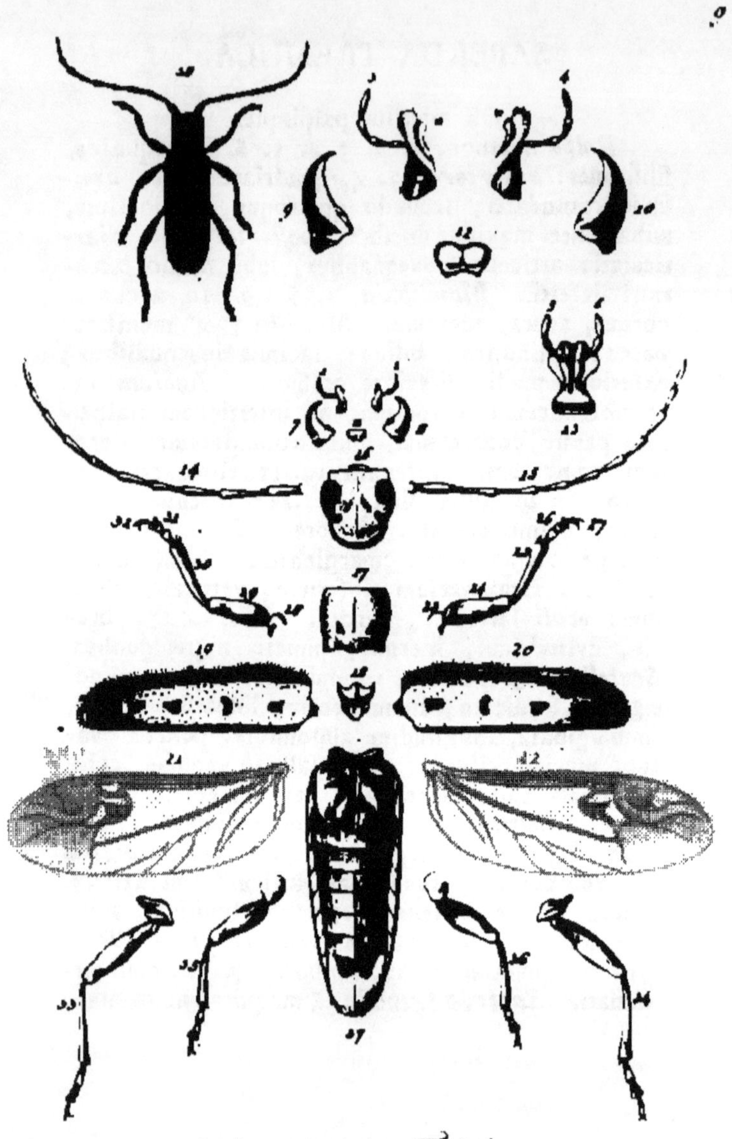

Saperda tremula Fabric. n. 38. I. St. fec.

October. Weinmonat hat 31 Tage.

	Verb October.	Die Tage nehmen ab 1 St. 54 M.
D	1 Robinson T	Miscell. Observ. Ph. Tr. V. 29.
F	2 Roberg	De Astaco.
S	3 Römer I. I.	Sulz. hist. ins. ed. II. auct.
S	4 18. *Trinit.*	
M	5 Rösel I. A.	Insectr. Bel. 4. Nürnb. 746
D	6 Rohr	Danus.
M	7 Rolander	Kon. Vetensk. Handl.
D	8 Rossi P.	Faun. Etrusc. 4. Liburn. 790
F	9 Rotemburg	Naturforscher.
S	10 Rudolph I.	Germanus.
S	11 19 *Trinit.*	
M	12 Ruysch H.	Theatr. univ. anim. fol. Amst. 718
D	13 Saldoner	Hungarus.
M	14 Schäffer I. C	Inf. Ratisb. 4. Regensp. 766
D	15 Schaller I.	Act. soc. nat. cur. hal. I.
F	16 Schellenb. I	Vitoduranus. Pictor.
S	17 Scheuchzer	Itin. alpin. 4. Lugdb. 723
S	18 20. *Trinit.*	
M	19 Scheven v.	Naturforscher.
D	20 Schiffermül.	Syst. Verz. d. W. Schm. 4. Wien.
M	21 Schirach A.	Melittotheol. 8. Dresd. 767
D	22 Schlanbusch	Italus.
F	23 Schluga B.	Prim. lin. Insect. 8, Vien. 767
S	24 Schneider D	Neuestes Magaz. 8. Stralf. 791
S	25 21. *Trinit.*	
M	26 Schöpf I. D.	Entom. ing. Prompt.
D	27 Schrank F.	Enum. inf. austr. 8. Augsb. 781
M	28 *Sim. Iud.*	
D	29 Schreber I.	Nov. spec. inf. 4. Halae, 759
F	30 Schulz	Naturforscher VI. IX.
S	31 Schumacher	Danus.

LEPTURA QUADRIMACULATA.

OS maxillis palpisque.

Palpi quatuor 1. 2. 3. 4. 5. 6. aequales, filiformes: *anteriores* 1. 2. 3. 4. quadriarticulati: articulis aequalibus adhaerentes maxillae dorso: *posteriores* 5. 6. triarticulati: articulis aequalibus labii medio laterali inserti. *Mandibula* 7. 8. 9. 10. brevis, fornicata, cornea, integra, acuta, edentula. *Maxilla* 3* 4* cylindrica, recta, in medio unidentata apice setosa *Labium* 13. elongatum, membranaceum, cylindricum, apice truncatum, bifidum. *Antennae* 14. 15. porrectae setaceae, thorace longiores, approximatae, inter oculos insertae: articulis cylindricis, subaequalibus; primo crassiore, secundo brevissimo. *Clypeus* 11. 12. os tegens semiovatus, integer. *Caput* 16. exsertum, inaequale, elongatum, apice obtuse laciniatum: oculi globosi, prominuli, marginales. *Thorax* 17. rotundatus, angustus, antice angustior, tuberculosus, margine subdenticulatus, angulo postico saepius prominulo. *Scutellum* 18. parvum, triangulum. *Elytra* 19. 20. rigida, fornicata, saepe emarginata, apice attenuata, truncata, maculis duabus tetragonis atris. *Alae* 21. 22. hyalinae, venosae, nervis duabus validis basi coeuntibus. *Abdomen* 37. conicum, tomentosum, segmentis septem imbricatis. *Femora antica* 24. 29. media 35. 36. *postica* 33. 34. clavata, *squamulae articuliformi* 23. 28. iuncta. *Tibiae* anticae 25. 30. longiusculae subteretes: *Tarsi* 26. 31. quadriarticulati, *unguibus duabus* 27. 32. terminati. *Leptura quadrimaculata* 38. magnitudine naturali.

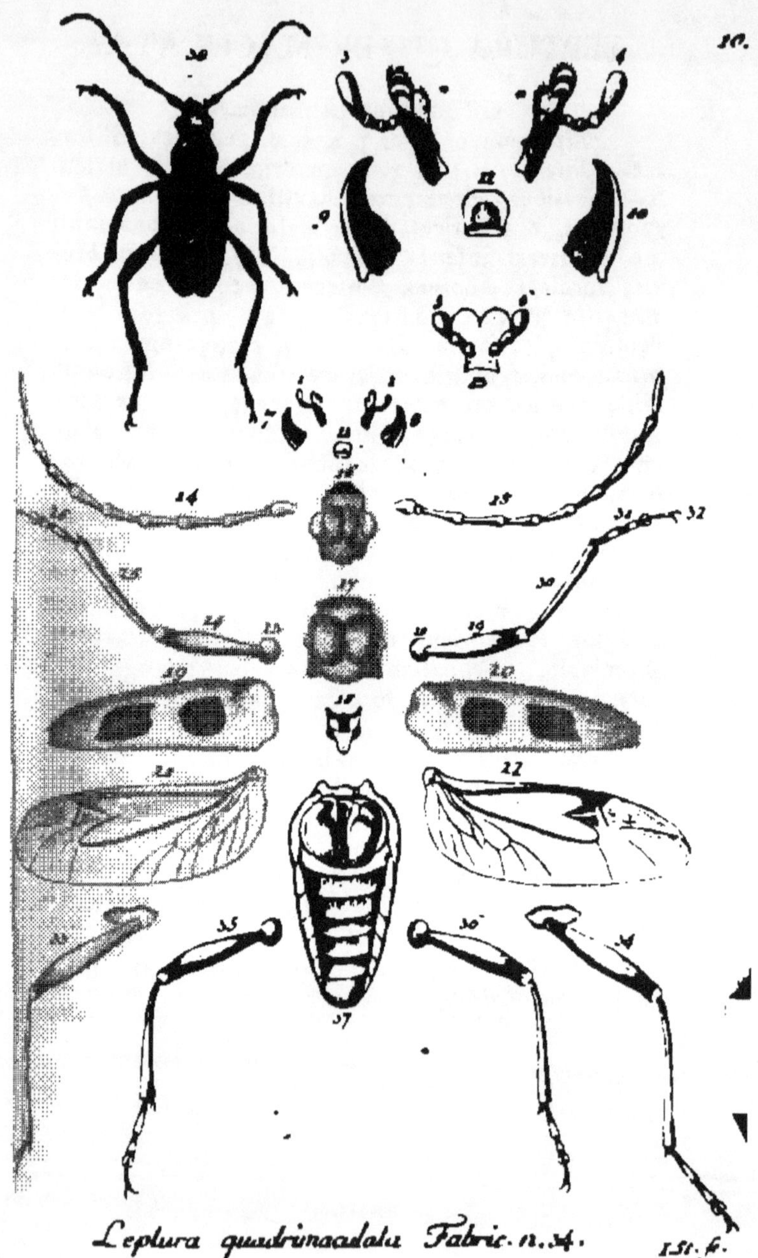

Leptura quadrimaculata Fabric. n. 34. I. 51. f.

November. Wintermonat hat 30 Tage.

	Verb. Novemb.	Die Tage nehmen ab 1 St. 27 M.
S	1 22. *Trinit.*	
M	2 Schwarz C.	Raupenkalender, 8. Nürnb. 788
D	3 Schwenkf.	Theriotroph. Sil. 4. Lign. 603
M	4 Scopoli I. A.	Entom. carn. 8. Vien. 763
D	5 Scriba L. G.	Beytr. zur Inf. Gesch. 4. Frfr. 790
F	6 *Seba* A.	Thesaur. fol. Amst. 734
S	7 Schestedt	Norwagus.
S	8 23. *Trinit.*	
M	9 Semler I. S.	Nachlese z. Bonn. Inf. 8. Halle 783
D	10 Smeathman	Anglus.
M	11 Senguerdi	De Tarantula. 8. Roterd. 715
D	12 Sepp C.	Beschouw. d. Wond. Gods. 4. Amst
F	13 Sloane H.	Voyage to the Isl. Mad. fol. Lond.
S	14 Smidt	Germanus.
S	15 24 *Trinit.*	
M	16 Solander	Suecus.
D	17 Sommer	De lapid. cancror.
M	18 Souza	Danus.
D	19 Spalanzani	Italus.
F	20 Sparrmann	N. Kon. Vetensk. Handling.
S	21 Spengler S.	Danus.
S	22 25. *Trinit.*	
M	23 Steinkelner	Germanus.
D	24 Stephanelli	Italus.
M	25 Stoll C.	Afbeeld. d. Cicad. 4. Amst. 780
D	26 Stroem H.	Phys. Beskriv. öfwer Sundm. 4.
F	27 Sturm I.	Germanus. Pictor. (Soroe 762.
S	28 Swammerd.	Hist. inf. gen. 4. Ultraj. 669
S	29 1. *Advent.*	
M	30 *Andreas*	

SPONDYLIS BUPRESTOIDES.

OS maxillis palpisque.

Palpi quatuor 1. 2. 3. 4. 5. subaequales, filiformes: *anteriores* 1. 2. 3. quinquearticulati: articulis aequalibus, adhaerentes maxillae 3* dorso: *posteriores* 4. 5. subclavati, triarticulati: articulis aequalibus, ultimo subcrassiori, labii basi exteriori inserti. *Mandibula* 6. 7. 8. porrecta, exserta, forcipata, cornea, acuta, marigine interno obtuse denticulata. *Maxilla* 3* brevis, crassa, conica, integra, setosa. *Labium* 10. porrectum, corneum, bifidum: laciniis aequalibus distantibus, obtusis cum mucrone; vel potius cordato emarginatum cum mucrone. *Antennae* 11. 12. moniliformes: articulis subaequalibus, apice obtusissimis et fere truncatis. *Clypeus* 9. os tegens, transversus, subemarginatus. *Caput* 13. insertum, suborbiculatum, obsolete angulatum: oculi remoti, vix prominuli, oblongi. *Thorax* 14. globosus, antice truncatus, margine integro, postice ciliatus. *Elytra* 16. 17. rigida, fornicata, includentia, integra, linearia, obtusa, substriata, punctis vagis impressa. *Alae* 28. 29. hyalinae, venosae, nervo antico marginali incrassato. *Scutellum* 15. minutum subcordatum. *Abdomen* 34. oblongo-ovatum, segmentis septem imbricatis. *Femora antica* 21. 26. *media* 30. 31. *postica* 32. 33. brevia, valida, clavata, *squamulae articuli-formi* 20. 25. adhaerentia: *tibiae anticae* 22. 27. breves spinulosae: *Tarsi* 23. 28. quadriarticulati, *ungulis duabus* 24. 19. terminati: *Spondylis buprestoides* 35. magnitudine naturali.

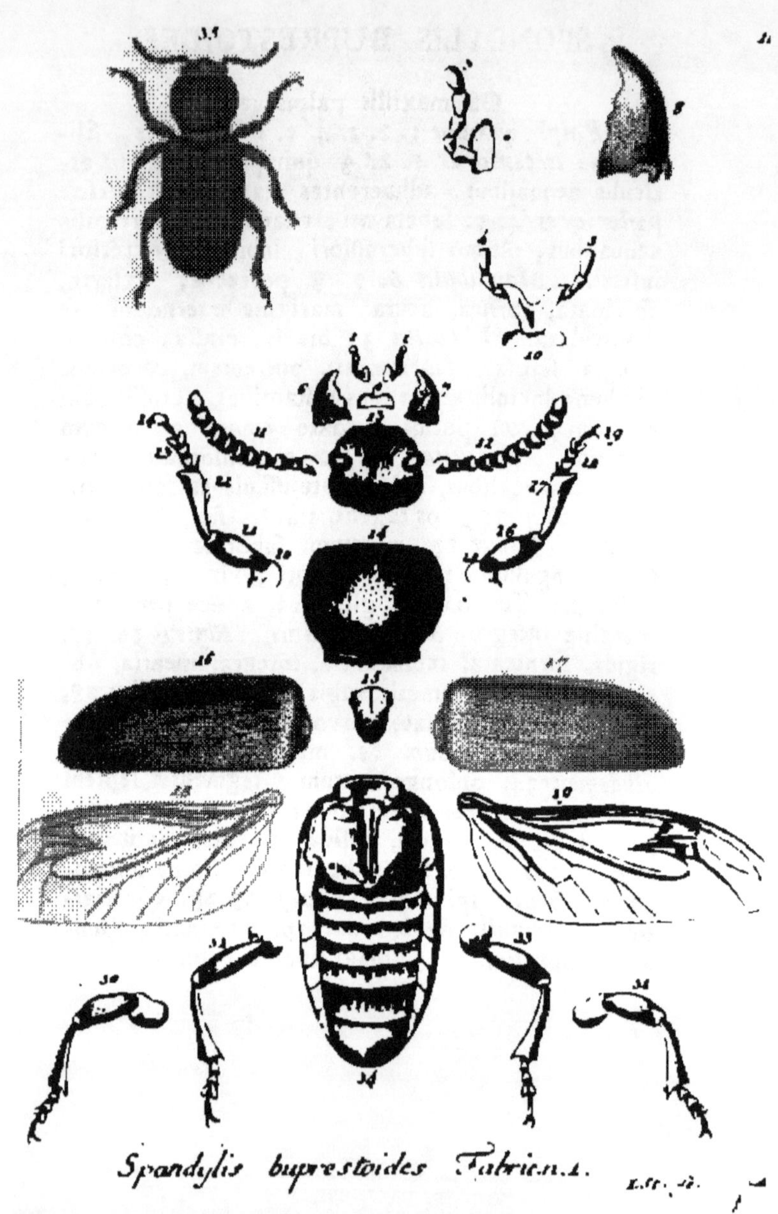

Spandylis buprestoides Fabric.n.1.

December. Christmonat hat 31 Tage.

	Verb. December.	Die Tage nehmen ab bis zum 22 um 24M. darauf wieder zu um 6M.
D	1 Swederus	Suecus.
M	2 Sulzer I.	Abgek. Gesch. d. Ins. 4. Wintert.
D	3 Sund P.	Surin. Grill. 4. Ups. 748
F	4 Swartz O.	Suecus.
S	5 Thunberg C	Nov. ins. spec. 4. Ups. 781
S	6 2. *Advent.*	
M	7 Torstensonj	Anglus.
D	8 Uddmann	Nov. ins. spec. 4. Aboe 753
M	9 Vahl M.	Danus.
D	10 Valentyn F.	Oud en Nieuw OostInd. fol. Amst.
F	11 Vallisneri A.	Esper. ed obs. int. all Ins. 8. Pad.
S	12 Vieweg	Tabell. Verz. d. brand. Sch. 4. Berl.
S	13 3. *Advent.*	
M	14 Voet I. E.	Cat. des Ins. qu'on app. Coleoptr.
D	15 Volcmar I.	Germanus. (4. à la Haye 766
M	16 Walch I. C.	Naturforscher.
D	17 Wallis I.	Nat. hist. of Northumb. 4. Lond. 69
F	18 Ward S.	Syst. mod. d'Hist. nat. 12. Lond. 77
S	19 Wedel	De cantharid. in Amm. mat. med.
S	20 4. *Advent.*	
M	21 *Thomas*	
D	22 Well I.	Ins. rar. in Iacqu. Misc. II.
M	23 Wilkes	Insect. berolin.
D	24 Wilks B.	Nat. hist. of English Moths. 4. Lond. 747
F	25 *H. Christt.*	
S	26 *Stephan*	
S	27 *S. n. Christ.*	
M	28 Worm O.	Museum. fol. Lugdbat. 655
D	29 Wulfen X.	Ins. capens. 4. Erl. 786.
M	30 Yeats	Anglus.
D	31 Zinnani	Dissert. sopra var. spec. de Caval.

STAPHYLINUS ERYTROPTERUS.

OS maxillis palpisque.

Palpi quatuor 1. 2. 3. 4. 5. 6. aequales filiformes: *anteriores* 1. 2. 3. 4. quadriarticulati, articulis aequalibus, adhaerentes maxillae dorso: *posteriores* 5. 6. vix breviores, triarticulati: articulis aequalibus, labii basi exteriori inserti. *Mandibula* 7. 8. 9. 10. porrecta, exserta, cornea, arcuata, acuta, in medio dentibus validis armata. *Maxilla* 3* 4* membranacea, recta, cylindrica, in medio obtuse unidentata. *Labium* 13. membranaceum, sub palpis elongatum, trifidum: laciniis subaequalibus; intermedia latiore, apice rotundata, subemarginata, lateribus paullo longioribus, distantibus, acutis. *Antennae* 14. 15. moniliformes, breves, approximatae, in articulatione labii superioris insertae: articulis subaequalibus, brevibus, apice truncatis, ultimo ovato, obtuso. *Clypeus* os tegens, 11. 12. transversus, late cordatus, emarginatus, verrucis binis setosis. *Caput* 16. ovatum, magnum, exsertum: *oculi* globosi, laterales, vix prominuli. *Thorax* 17. planus, postice rotundatus, marginibus deflexis. *Elytra* 19. 20. dimidiata, rigida, margine deflexa, alas tegentia. *Scutellum* 18. maiusculum, triangulare. *Alae* 21. 22. hyalinae, parum venosae. *Abdomen* 37. nudum acutum, flexile, apice saepius setosum, segmentis septem imbricatis. *Femora antica* 24. 29. valida, clavata, *squamulae articuliformi* 23. 28. iuncta: *tibiae anticae* 25. 30. *mediae* 35. 36. *posticae* 33. 34. tenues, cursoriae, spinulosae: *tarsi* 26. 31. quinquearticulati, *ungulis* duabus 27. 32. terminati. *Staphylinus erythropterus* 38. magnitudine naturali.

12

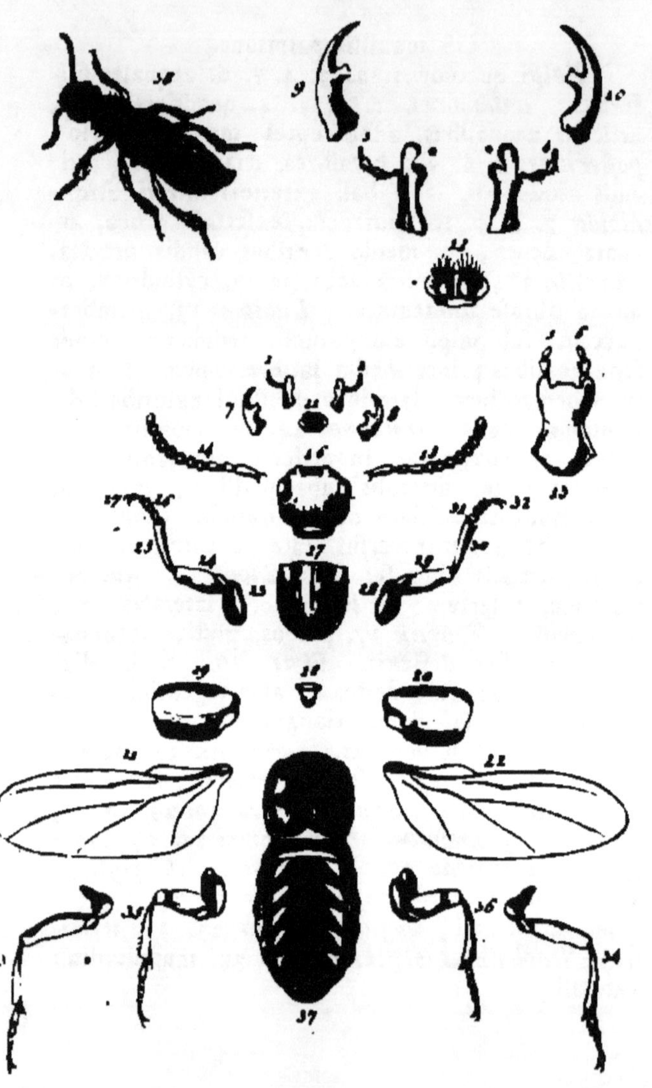

Staphylinus erythropterus Fabric. n. 24.

I. St. fec.

CLASSIS I.

ELEUTERATA.

I. Scarabaeus. (*Dungkäfer*) *Fabric.* Gen. Inſ. p. 5.

Palpi quatuor filiformes. Labium emarginatum apicibus elongatis palpigeris. Antennae clavato lamellatae.

* Scutellati thorace cornuto.

1. S. *Typhoeus*, ſcutellatus thorace tricorni: intermedio minori, lateralibus porrectis longitudine capitis mutici. *Fabric.* Ent. ſyſt. T. I. n. 34. *Panzer* faun. germ. II. 23.

   Habitat in ſtercore bovino et humano, cuniculos in terra profundos fodiens nidulansque.

2. S. *naſicornis*, ſcutellatus thorace prominentia triplici, capitis cornu recurvo, elytris laevibus. *Fabric.* E. S. I. n. 38. *Roeſel* Inſ. 2. tab. 6. 7.

Habitat in fimetis, in ligno putrido et vaporariis hortulanorum. (Var. magnitudine, colore, et thoracis prominentia.)

3. S. *quadridens*, scutellatus thorace quadridentato, capitis cornu elevato simplici, corpore ferrugineo. *Fabric.* E. S. I. n. 42. *Panzer* symb. ent. tab. 4. faun. germ. XII. 1.

Habitat in Austriae Bavariae stercorosis.

4. S. *mobilicornis*, scutellatus thorace quadridentato, capitis cornu recurvo mobili. *Fabric.* E. S. I. n. 43. *Panzer* faun. germ. XII. 2.

Habitat in stercore bovino.

** Scutellati thorace inermi capite cornuto.

5. S. *subterraneus*, scutellatus thorace inermi, capite tuberculis tribus, elytris striis crenatis. *Fabric.* E. S. I. n. 70. *Preysler* inf. bohem. 16. tab. 1. fig. 3.

Habitat in stercore bovino, humano, locis sabulosis.

6. S. *fossor*, scutellatus thorace inermi retuso, capite tuberculis tribus: medio subcornuto. *Fabric.* E. S. I. n. 72. *Voet* Coleopt. I. tab. 21. fig. 141. 142.

Habi-

Habitat in ſtercore bovino, primo vere. (Variat elytris rufis.)

7. S. *ſcrutator*, ſcutellatus thorace inermi, capite tuberculis tribus, elytris abdomineque rufis. *Fabric.* E. S. I. n. 73. *Herbſt* N. d. K. n. 100. tab. 16. fig. 6.

Habitat in ſtercore.

8. S. *ſulcatus*, ſcutellatus ater nitidus thorace inermi, capite tuberculis tribus validis, elytris ſulcatis: ſulcis rugoſis. *Fabric.* E. S. I. n. 74.

Habitat in ſtercore. (*Sc. ſubterranei* varietas videtur.)

9. S. *foetens*, ſcutellatus thorace inermi, capite tuberculis tribus: medio acuto, elytrorum limbo ferrugineo. *Fabric.* E. S. I. n. 75. *Herbſt* N. d. K. II. n. 90. tab. 12. fig. 5.

Habitat in ſtercore bovino. (*Sc. fimetarii* varietas.)

10. S. *ſcybalarius*, ſcutellatus thorace inermi, capite tuberculis tribus: medio acuto, elytris teſtaceis ſtriatis. *Fabric.* E. S. I. n. 77. *Herbſt* Nat. d. K. II. n. 87. tab. 12. fig. 2. 7.

Habitat in ſtercore bovino, equino, humano paſſim.

11. S. *terrestris*, scutellatus thorace inermi, capite tuberculis tribus aequalibus, elytris striatis obscurioribus. *Fabric.* E. S. I. n. 78.

Habitat in stercore.

12. S. *ater*, scutellatus thorace inermi, capite tuberculis tribus: medio subcornuto, elytris striatis laevissimis. *Fabric.* E. S. I. n. 80.

Habitat in stercore. (Omnino ab antecedenti distinctus.)

13. S. *obscurus*, scutellatus niger obscurus, thorace inermi, capite tuberculis tribus obsoletis, elytris striatis. *Fabric.* E. S. I. n. 79.

Habitat in stercore.

14. S. *porcus*, scutellatus thorace inermi, capite tuberculis tribus: medio subcornuto, elytris substriatis rufis. *Fabric.* E. S. I. n. 81.

Habitat in stercore.

15. S. *bimaculatus*, scutellatus thorace inermi, capite subrituberculato, elytris striatis: macula baseos rufa. *Fabric.* E. S. I. n. 82. *Naturforsch.* XXIV. tab. 1. fig. 2.

Habitat in stercore bovino. (Varietas S. *terrestris*.)

16. S. *putridus*, scutellatus niger, thorace inermi, capite subtrituberculato, elytris striatis pedibusque castaneis. *Herbst* Nat. d. K. II. n. 99. tab. 12. fig. 15.

Habitat in stercore.

17. S. *testaceus*, scutellatus testaceus, capite subtrituberculato, elytris punctato striatis. *Fabric.* E. S. I. n. 83. *Panzer* symb. ent. tab. 8. fig. 1—7.

Habitat in stercore bovino, equino. (Omnino distinctus atque *a S. mobilicorni* diversus, cuius *varietas testacea* olim credebatur, quod fusius in symb. ent. l. c. exposui.)

18. S. *fimetarius*, scutellatus ater, thorace inermi, capite tuberculato, elytris rubris. *Fabric.* E. S. I. n. 84. *Voet* Coleopt. I. tab. 21. fig. 147.

Habitat in stercore bovino, equino.

19. S. *depressus*, scutellatus ater, thorace inermi, capite tuberculato, elytris fuscis, corpore depresso. *Kugelann* in *Schneid.* promptuar. n. II. p. 262.

Habitat in stercore bovino.

20. S. *conflagratus*, fcutellatus ater, thorace inermi immaculato, elytris ftriatis grifeis: macula nigra. *Fabric.* E. S. I. n. 85. *Herbft* N. d. K. I. tab. 12. fig. 7.

Habitat in ftercore bovino. (Var. fexus *S. foetid.*)

21. S. *erraticus*, fcutellatus thorace inermi laevi, capite tuberculo unico, elytris fufcis. *Fabric.* E. S. I. n. 86. *Herbft* Archiv 4. tab. 19. f. 2.

Habitat in ftercore.

22. S. *confpurcatus*, fcutellatus thorace inermi: marginibus lateralibus albidis, capite tuberculato, elytris ftriatis grifeis fufco maculatis. *Fabric.* E. S. I. n. 87. *Herbft* N. d. K. II. n. 92. tab. 12. fig. 8?

Habitat in ftercore bovino, equino. (Adhuc irretita nondumque fatis foluta fpecies. S. *variegat.* et *contaminat Herbft.* (Archiv. 27. 28. fig. 12. 13. tab 19.) accedunt propius S. *confpurc.* ex mente *Fabric.* — S. *confpurcatus Herbft.* nil nifi mera varietas S. *inquinati* videtur.)

23.

23. S. *inquinatus*, scutellatus, capite trituberculato, elytris griseis fusco maculatis. *Fabric.* E. S. n. 88. *Herbst* Archiv. 4. n. 16. tab. 19. fig. 5.

Habitat in stercore.

24. S. *sordidus*, scutellatus capite tuberculato, thorace nigro: margine pallido, puncto nigro, elytris griseis. *Fabric.* E. S. I. n. 90. *Herbst* Archiv. 4. n. 13. tab. 19. fig. 3.

Habitat in stercore bovino, equino. (S. 4*punct.* *Naturf.* XXIV. tab. 1. f. 4. mera varietas est.)

25. S. *luridus*, scutellatus capite tuberculato ater, elytris griseis nigro striatis. *Fabric.* E. S. I. n. 91. *Herbst* N. d. K. II. n. 160. tab. 18. fig. 3.

Habitat in stercore. (Species polymorpha. Varietatum huius onerosam molem succincte adumbravit *Hellwig* in *Ross. faun. etrusc.* n. 14.

26. S. *granarius*, scutellatus niger, thorace mutico, clypeo tuberculo solitario, elytris postice testaceis. *Fabric.* E. S. I. n. 92. *Herbst* Nat. d. K. II. n. 94. tab. 12. fig. 10.

Habitat in ligno putrido, locis suffocatis. (Magnitud. variat et numero tubercul. trino.)

27. S. *haemorrhoidalis*, ſcutellatus niger, thorace mutico punctato, capite tuberculato, elytris ſtriatis apice rufis. *Fabric.* E. S. I. n. 93. *Herbſt* Nat. d. K. II. n. 95. tab. 12. fig. 11.

Habitat in ſtercore.

28. S. *puſillus*, ſcutellatus niger elytris pictis punctato-ſtriatis. *Herbſt* Nat. d. K. II. n. 56. tab. 18. fig. 6. *Preysl.* inſ. bohem. n. 100. tab. 1. fig. 8. a.

Habitat in ſtercore bovino.

29. S. *nitidulus*, ſcutellatus ferrugineus, capite quadrituberculato, elytris pallidis. *Fabric.* E. S. I. n. 94.

Habitat in ſtercore.

*** Scutellati mutici, capite thoraceque inermi.

30. S. *ſtercorarius*, ſcutellatus muticus ater, clypeo rhombeo vertice prominulo, elytris ſulcatis. *Fabric.* E. S. I. n. 97. *Schäffer* inſ. ratisb. tab. 5. fig. 1. et tab. 13. fig. 1.

In et ſub ſtercore equino.

31. S. *ſylvaticus*, ſcutellatus muticus ater, clypeo rhombeo vertice prominulo, elytris ſulcatis, ſulcis transverſim ſtriatis, thorace punctato.

In ſylvaticis ſtercoroſis. (Nimis affinis S. ſter-

stercorar. ast tamen distinctus. Vid. *Hellwig* in Ross. faun. etrusc. n. 17. et *Scriba* in ephemerid. entom. III. p. 250. Raro variat elytris rufotestaceis.)

32. S. *vernalis*, scutellatus muticus, elytris glabris laevissimis, clypeo rhombeo, vertice prominulo. *Fabric.* E. S. I. n. 98. *Herbst* Nat. d. K. II. n. 158. tab. 18. fig. 1.

Habitat in stercore.

33. S. *bipunctatus*, scutellatus muticus thorace nigro rubro marginato, elytris rubris: puncto nigro. *Fabric.* E. S. I. n. 109. *Herbst* Nat. d. K. II. n. 189. tab. 16. fig. 10.

Habitat in stercore equino viis sabulosis.

34. S. *rufipes*, scutellatus muticus ater thorace glabro nitido, elytris striatis pedibus rufis. *Fabric.* E. S. I. n. 110. *Herbst* Nat. d. K. II. n. 159. tab. 18. fig. 2.

Habitat in stercore. (Var. *S. luridi.*)

35. S. *nigripes*, scutellatus muticus niger thorace subpunctato, elytris striatis pedibus nigris. *Fabric.* E. S. I. n. 111. *Herbst.* Nat. d. K. II. n. 174. tab. 19. fig. 3.

Habitat in stercore. (Var. *S. luridi.*)

36. S. *lutarius*, fcutellatus muticus niger, elytris ftriatis piceis. *Fabric.* E. S. I. n. 112.

Habitat in ftercore.

37. S. *contaminatus*, fcutellatus muticus ater, elytris ftriatis grifeis: fignaturis fufcis. *Fabric.* E. S. I. n. 114. *Herbft* Archiv. 4. n. 28. tab. 29. fig. 13.

Habitat in ftercore bovino ovino equino humano, primo vere. (Variat rarius elytris immaculatis thoracisque margine ciliato F.)

38. S. *quadrimaculatus*, fcutellatus muticus oblongus niger, thorace elytrorum maculis duabus pedibusque rufis. *Fabric.* E. S. I. n. 115. *Naturf.* XXIV. tab. 1. fig. 3.

Habitat in ftercore.

39. S. *quadripuftulatus*, fcutellatus muticus oblongus niger, thorace immaculato, elytris maculis duabus rubris, pedibus nigris. *Fabric.* E. S. I. n. 116. *Herbft* Nat. d. K. II. n. 166. tab. 18. fig. 10. *Sc. quadrimacul.*

Habitat in ftercore.

40. S. *minutus*, fcutellatus muticus ater, elytris fufcis punctato fulcatis, fulcis carinatis. *Herbft* Archiv. 4. n. 32. *Preysl.* inf. bohem. n. 23. tab. 1. fig. 4. a.

Habi-

Habitat in ſtercore bovino arido primo vere. (An idem cum *S. minuto Herbſt Nat. d. K.* II. n. 163. tab. 18. fig. 1?)

41. S. *ſus*, ſcutellatus muticus oblongus obſcure rufus, elytris teſtaceis nigro maculatis. *Fabric.* E. S. I. n. 117. *Herbſt.* Archiv. 4. n. 29. tab. 19. fig. 14.

Habitat in ſtercore humano ad vias.

42. S. *plagiatus*, ſcutellatus muticus niger elytris plaga rufeſcente. *Fabric.* E. S. I. n. 119.

Habitat in ſtercore. (Variat elytris immaculatis. *Hellwig.*)

43. S. *teſtudinarius*, ſcutellatus muticus niger, elytris ſulcatis piceis ferrugineo punctatis. *Fabric.* E. S. I. n. 122. *Herbſt* Archiv. 4. n. 24. tab. 19. fig. 9.

Habitat in ſtercore bovino primo vere.

44. S. *ſcrofa*, ſcutellatus muticus oblongus niger, elytris fuſcis ſubſtriatis. *Fabric.* E. S. I. n. 123.

Habitat in ſtercore.

45. S. *quisquilius*, ſcutellatus muticus ater, elytris lividis: ſutura nigra. *Fabric.* E. S. I. n. 124. *Herbſt* Archiv 4. n. 23. tab. 19. fig. 18.

Habitat

Habitat in stercore animalium recenti. (Controversa et dubia adhuc species. Pro *mare Sphaerid. unipunct.* habent *Hellwig* apud *Rossi* n. 23. et *Schneider* in promtuarii sui P. III. p. 343. — *Sc. merdarius* olim *species*, nunc *varietas* huius censetur.)

7. S. *Pecari*, scutellatus muticus ater nitidus elytris striatis rufis: futura nigra pedibus rufis. *Fabric.* E. S. I. n. 125. *Herbst* Naturg. d. K. II. n. 172. tab. 19. f. 1. *Sc. satellitius*.

Habitat in stercore.

47. S. *porcatus*, scutellatus muticus fuscus elytris porcatis. *Fabric.* E. S. I. n. 126. *Herbst* Archiv. 4. n. 24. tab. 19. fig. 9.

Habitat in sterquiliniis, sub plantis putridis primovere.

48. S. *cruciatosulcatus*, scutellatus muticus ater, elytris piceis sulcatis, sulco quarto quintum decussante. *Preysl.* ins. bohem. n. 11. tab. 1. fig. 2. 3.

Habitat in stercore bovino subarido, primo vere.

49. S. *asper*, scutellatus muticus, capite thoraceque

que transversim sulcatis, elytris striatis. *Fabric.* E. S. I. n. 128. *Herbst* Archiv 4. n. 25. tab. 19. fig. 10. a. b.

Habitat in quisquiliis.

50. S. *foetidus*, scutellatus muticus ater elytris crenato striatis rufis. *Fabric.* E. S. I. n. 131.

Habitat in stercore.

**** Exscutellati thorace cornuto.

51. S. *lunaris*, exscutellatus thorace tricorni: medio obtuso bifido, capitis cornu erecto, clypeo emarginato. *Fabric.* E. S. I. n. 150. *Voet* Coleopt. II. tab. 25. fig. 24. 25.

Habitat in stercore equino et bovino. (Variat elytris testaceis.)

52. S. *emarginatus*, exscutellatus thorace inaequali subtricorni, capitis cornu erecto emarginato. *Fabric.* E. S. I. n. 151. *Pod.* mus. graec. n. 3. tab. 1. fig. 1.

Habitat in stercore. (Mera varietas sexus *S. lunaris*, dictitante sic natura.)

53. S. *Lemur*, exscutellatus thorace quadridentato cupreo, clypeo postice transverso carinato, elytris testaceis. *Fabric.* E. S. I. n. 158. *Naturf.* XXIV. n. 6. tab. 1. fig. 6.

Habitat

Habitat in ſtercore bovino et humano.

54. S. *Camelus*, exſcutellatus thorace quadridentato, clypeo poſtice ſubbicorni, corpore atro. *Fabric.* E. S. I. n. 159. *Naturf.* XXIV. n. 7. tab. 1. fig. 7.

Habitat in ſtercore bovino.

***** Exſcutellati thorace inermi capite cornuto.

55. S. *Taurus*, exſcutellatus, thorace mutico, occipite cornubus binis reclinatis arcuatis. *Fabric.* E. S. I. n. 178. *Panzer* faun. germ. XII. 3.

Habitat in ſtercore bovino equino in paſcuis. (Var. elytris ſpadiceis.)

56. S. *capra*, exſcutellatus thorace mutico, occipite cornubus duobus ſubarcuatis, corpore nigro obſcuro. *Fabric.* E. S. I. n. 180. *Scriba* ſymb. ent. 1. tab. 4. fig. 2.

Habitat in ſtercore. (Var. *Sc. Tauri eſt*, et *Sc. recticorn.* *Leske* It. p. 45. tab. A. fig. 8. 9.)

57. S. *Vacca*, exſcutellatus thorace mutico acuminato, occipite ſpina erecta gemina. *Fabric.* E. S. I. n. 179. *Panzer* faun. germ. XII. 4. Symb. ent. tab. 11.

Habitat in ſtercore bovino, ovino. (Occipite

pite ſpina ſolitaria mas: gemina, femina dignoſcitur; variat haud raro defectu ſpinarum femina, qui tunc abit in lineam elevatiorem.)

58. S. *Alces*, exſcutellatus thorace mutico biretuſo, capitis clypeo linea elevata transverſa ſubbicorni, corpore laevi atro. *Fabric*. E. S. I. n. 182. *Scrib*. ſymb. ent. I. p. 30. tab. 4. fig. 1. *Sc*. *iuvencus*.

Habitat in ſtercore.

59. S. *coenobita*, exſcutellatus thorace mutico retuſo viridi, capitis cornu baſi dilatato apice nutante. *Fabric* E. S. I. n. 191. *Voet* Coleopt. II. tab. 25. fig. 20.

Habitat in hortis ſub plantis putridis. (*S. tenuicorn*. *Preysl*. inſ. bohem. n. 47. tab. 3. fig. 1. huc referendus.)

60. S. *fracticornis*, exſcutellatus, thorace rotundato fuſco aeneo, antice impreſſo, occipite ſpina infracta armato. *Preysl*. inſ. bohem. n. 96. tab. 1. fig. 6.

Habitat in ſtercore ovino et bovino.

61. S. *auſtriacus*, exſcutellatus, thorace rotundato obſcure aeneo, occipite lamina ſpinoſa. *Panzer* faun. germ. XII. 6.

Habi-

Habitat in ſtercore bovino.

62. S. *nuchicornis*, exſcutellatus thorace rotundato mutico, occipite ſpina erecta armato, clypeo emarginato. *Fabric.* E. S. I. n. 192. *Panzer* faun. germ. IV. 1.

Habitat in ſtercore bovino. (*Sc. planicorn. Herbſt* N. d. K. II. n. 126. t. 14. fig. 13. variet. huius, ſtatura minori videtur. Vid. *Scriba in ephemerid. ent.* I. p. 93. *Schneider in promptuarii* ſui P. III. p. 278. et *Hellwig ap. Roſſi* n. 25.)

36. S. *Xiphias*, exſcutellatus thorace mutico antice ſubacuminato, occipite ſpina erecta, clypeo integro. *Fabric.* E. S. I. n. 193.

Habitat in ſtercore. (*Copris media Kugelann.* in *Schneid. prompt.* III. n. 3. varietas huius mihi videtur.)

64. S. *nutans*, exſcutellatus thorace antice impreſſo, occipite ſpina erecta apice nutante, corpore nigro. *Fabric.* E. S. I. n. 194. *Naturf.* XXIV. n. 8. tab. 1. fig. 8.

Habitat in ſtercore. (An mas *S. Camel?*)

56. S. *furcatus*, exſcutellatus, thorace inermi rotundato, capite cornubus tribus erectis approximatis;

ximatis: medio breviori. *Fabric.* E. S. I. n. 198. *Panzer* faun. germ. XII. 5.

Habitat in ſtercore bovino.

66. S. *Hybneri*, exſcutellatus ater, thorace inermi, clypeo tuberculis tribus: intermedio ſubcornuto. *Fabric.* E. S. I. n. 203.

Habitat in ſtercore. (Sub *S. tuberculoſi* nomine in ſymb. ent. meis hunc haud delineavi; diſtinctus vero maneat a *Coprid. gibboſo Scrib.* Vid. *Schneid. in prompt.* ſuo p. 345.)

****** Exſcutellati mutici.

67. S. *ſacer*, exſcutellatus clypeo ſexdentato thorace inermi crenulato, tibiis poſticis ciliatis, elytris laevibus. *Fabric.* E. S. I. n. 205. *Panzer* ſymb. ent. tab. VI. fig. 3. 4. 5.

Habitat in ſtercore bovino.

68. S. *laticollis*, exſcutellatus muticus niger, clypeo ſexdentato elytris ſulcatis. *Fabric.* E. S. I. n. 206. *Panzer* ſymb. ent. tab. VI. fig. 6. 7.

Habitat in ſtercore.

69. *S. morbilloſus*, exſcutellatus muticus clypeo ſexdentato, thorace punctato, elytris ſtriatis punctatisque, tibiis poſticis hirſutis. *Fabric.* E. S. I. n. 210.

Habitat in ſtercore. (Quadruplo minor *Sc. Sacer. F.*)

70. S. *Schäfferi*, exſcutellatus muticus thorace rotundato, clypeo emarginato, elytris triangulis, femoribus poſticis elongatis dentatis. *Fabric.* E. S. I. n. 220. *Voet* Coleopt. II. tab. 25. fig. 17.

Habitat in collibus apricis globulos e ſtercore ovino confectos volvens.

71. S. *Geoffroyae*, exſcutellatus muticus niger opacus laevis thorace poſtice rotundato, clypeo emarginato, elytris margine antico ſinuatis. *Panzer*, ſymb. ent. tab. V. fig. 5. 6. 7. 8.

Habitat in ſtercore bovino. (Affinis *S. Mopſo Pallas* inſ. roſſ. tab. I. fig. 3. aſt diſtinctus, neque cum *Sc. pilul. Linn.* confundendus. Vid. *Hellwig ap. Roſſ.* n. 35. *et Scrib. in ephem.* ent. I. n. 35.)

72. S. *Schreberi*, exſcutellatus muticus ater glaber, elytris maculis duabus rubris. *Fabric.* E. S. I. n. 225. *Voet.* Coleopt. II. tab. 28. fig. 49.

Habitat in ſtercore bovino.

73. S. *flavipes*, exſcutellatus muticus nigricans

thethoracis marginibus elytris pedibusque flavescentibus. *Fabric.* E. S. I. n. 233. *Herbst* Archiv. IV. n. 46. tab. 19. fig. 19.

Habitat in stercore bovino.

*74. S. *quadrum*, exscutellatus muticus, capitis clypeo prominentia transversa duplici. *Kugelann* in *Schneider.* promptuario III. n. 7.

Habitat in pascuis humidis. (Cf. *Copris similis*, *Scrib.* symb. ent. I. n. 5. tab. 4. fig. 5. monitu *Schneid.* in promptuario III. p. 277.)

75. S. *ovatus*, exscutellatus muticus niger, thorace rotundato subaeneo, elytris abbreviatis. *Fabric.* E. S. I. n. 237. *Herbst* Archiv. IV. n. 45. tab. 19. fig. 18.

Habitat in stercore bovino.

II. Hister (*Stutzkäfer*) *Fabric.* Gen. Inf. p. 10.

Maxilla unidentata. Labium corneum cylindricum integrum. Antennae clava solida.

1. H. *maior*, ater elytris substriatis, thoracis marginibus ciliatis. *Fabric*. S. E. I. n. 1. *Voet*, Coleopt. II. p. 48. tab. 31. fig. 6?
Habitat in Austria.

2. H. *unicolor*, ater elytris oblique striatis. *Fabric*. E. S. I. n. 2. *Panzer* faun. germ. IV. 2.
Habitat in stercore bovino.

3. H. *glabratus*, ater nitidus, elytris punctato substriatis longitudine abdominis. *Fabric*. E. S. I. n. 3.
Habitat in stercore.

3. H. *obscurus*, ater coleoptris striis tribus lateralibus utrinque impressis. *Kugelann* in *Schneid*. prompt. III. n. 3.
Habitat in stercore.

4. H. *semipunctatus*, ater aeneo nitidus, elytris basi striis obliquis apice obsolete punctatis. *Fabric*. E. S. I. n. 4. *Herbst* Nat. d. K. IV. n. 6. tab. 35. fig. 6. F.
Habitat in stercore (*H. detritus* Fabr. huic affinis videtur.)

5. H. *duodecimstriatus*, niger nitidus elytris duodecimstriatis. *Schrank*. inf. austr. n. 70. *Herbst* Nat. d. K. IV. n. 4. tab. 35. fig. 4. D.
Habitat

Habitat in stercore. (*H. abbreviatus Fabr.* omnino huic simillimus.)

6. H. *planus*, planus opacus ater elytris laevissimis. *Fabric.* E. S. I. n. 7. *Sulzer* abgek. Gesch. d. Ins. p. 23. Tab. II. fig. 9.

Habitat sub corticibus Populi, Betulae.

7. H. *brunneus*, ferrugineus elytris substriatis. *Fabric.* E. S. I. n. 8. *Herbst.* Nat. d. K. IV. n. 10. tab. 35. a. b. K.

Habitat in stercore, et sub lapidibus. An vera atque propria species? Vid. *Schneid.* in prompt. III. p. 303.)

8. H. *pygmaeus*, ater elytris laevissimis. *Fabric.* E. S. I. n. 9. *Herbst* N. d. K. IV. n. 16. tab. 36. fig. 5. a. b. *H. punctatus.*

Habitat in stercore (*H. unicol. F.* varietas videtur. *H. nanus Scriba* in ephem. ent. I. 73. huc referendus).

9. H. *depressus*, depressus ater nitidissimus elytris substriatis. *Fabric.* E. S. I. n. 10. *Herbst* Nat. d. K. IV. n. 9. tab. 35. fig. 9. a. b. I.

Habitat sub Betulae corticibus.

10. H. *sulcatus*, ater thorace lineis elevatis quinque, elytris tribus: interstitiis punctatis. *Fabric.*

ric. E. S. I. n. 12. *Herbst.*. N. d. K. IV. n. 12. tab. 36. fig. 1. a. b. A. *Hister striatus.*

Habitat in stercore equino et bovino subarido, et in Bolet. salic. putrescent.

11. H. *oblongus*, depressus ater nitidus elytris striatis, corpore oblongo. *Fabric.* E. S. I. n. 13.

Habitat in radicibus Fagi sub cortice.

12. H. *parallelepipedus*, linearis ater, antennis pedibusque piceis. *Herbst.* N. d. K. IV. n. 11. tab. 35. fig. 11. a. b. L.

Habitat in stercore. (An satis diversus ab antecedenti? *H. pusill. Kugelann* in *Schneid.* prompt. III. p. 305. huc spectat.)

13. H. *picipes*, ater glaber, punctatus, elytris margine exteriori rufo, pedibus piceis. *Fabric.* E. S. I. n. 21. *Herbst.* N. d. K. IV. n. 23. tab. 36. fig. 13. a. b.

Habitat in stercore. (Varietas antecedent. videtur.)

14. H. *flavicornis*, ater, glaber, antennis flavis, pedibus piceis. *Herbst.* N. d. K. IV. n. 13. tab. 36. fig. 2. a. b.

Habitat sub cortice Pini et Quercus. (Varietas *H. oblongi F.* s. *H. parallelip. Herbst.* videtur.)

15.

15. H. *rufipes*, nigro-aeneus, corpore subgloboso, pedibus rufis. *Kugelann.* in *Schneid.* prompt. III. p. 304. n. 13.

Habitat in sabulosis. (Varietas *H. picip. Fabric.* et *H. oblongi Fabric.* videtur.)

16. H. *sinuatus*, ater elytris macula media sinnata rufa. *Fabric.* E. S. I. n. 15. *Voet* Coleopt. II. tab. 31. fig. 3.

Habitat in stercore.

17. H. *bimaculatus*, ater elytris striatis: macula postica rubra. *Fabric.* E. S. I. n. 17. *Herbst* N. d. K. IV. n. 19. tab. 36. fig. 8. a. b. *H. bimacul.* Linn. S. N. n. 5.

Habitat in stercore.

18. H. *purpurascens*, ater, elytris disco purpurascente. *Herbst.* N. d. K. IV. n. 17. tab. 36. fig. 6. a. b.

Habitat in stercore. (Affinis anteced. an Var. *H.* 12. *striat*?)

19. H. *bipustulatus*, ater, elytro singulo macula disci rubra. *Schrank.* inf. austr. n. 67. *Herbst* N. d. K. IV. n. 3. tab. 35. fig. 3. *C. Hist. fimetarius.*

Habitat in ſtercore. (Pro varietate ſequentis habetur, aſt perperam.)

20. H. *quadrimaculatus*, ater elytris bimaculatis. *Fabric.* E. S. I. n. 18. *Herbſt* N. d. K. IV. n. 2. tab. 35. fig. 2. B.

Habitat in ſtercore.

21. H. *aeneus*, aeneus, elytris baſi ſtriatis, apice punctatis. *Fabric.* E. S. I. n. 19. *Herbſt* N. d. K. n. 5. tab. 35. fig. 5. E.

Habitat in ſtercore. (Var. *H. ſemipunctat.* F. et H. videtur.)

22. H. *metallicus*, obſcure metallicus, elytris baſi quinque ſtriatis, apice punctatis. *Herbſt*, N. d. K. IV. n. 7. tab. 35. fig. 7. a. b. G.

Habitat in ſtercore. (*H. ſemipunct. F. et H.* varietas videtur. — *H. rotundat. Kugelann* in *Schneid.* prompt. III. p. 304. huc ſpectat.)

23. H. *caeſus*, niger, thorace ſulco tranſverſo impreſſo, antennis ferrugineis. *Fabric.* E. S. I. n. 22. *Herbſt.* N. d. K. IV. n. 14. tab. 36. fig. 3. a. b.

Habitat ſub cortice arbor. conifer. et Popul.

24. H. *quadratus*, ferrugineus, thorace marginato, elytris ſtriatis. *Kugelann* in *Schneid.* prompt. V. n. 21.
Habitat ſub cortice Betulae.

III. Sphaeridium (*Kugelkäfer*) *Fabric.* Gen. Inſ. p. 21.

Palpi quatuor filiformes. Labium quadratum emarginatum. Antennae clava perfoliata.

1. S. *Scarabaeoides*, ovatum atrum elytris maculis duabus ferrugineis. *Fabric.* E. S. I. n. 1. *Voet* Coleopt. T. II. n. 1. tab. 32. fig. 1.
Habitat in ſtercore bovino et equino. (Varietatum plena et fertilis ſpecies. Vid. *Hellwig* apud. Roſſi n. 114.)

2. S. *lunatum*, ovatum atrum elytris apice macula lunata lutea. *Fabric.* E. S. I. n. 2. *Herbſt* N. d. K. IV. n. 2. tab. 37. fig. 2. E. *S. bipuſtulat.*
Habitat in ſtercore bovino et equino cum praeced. (Varietas ſexus *S. ſcarab.*)

3. S. *bipustulatum*, atrum nitidum elytris macula apicis rubra, pedibus piceis. *Fabric.* E. S. I. n. 3.
Habitat cum praecedent. (Varietas S. *scarab.* videtur. Vix differt a *S. bipustul. Herbst.*)

4. S. *Colon*, luteum thorace punctis elytris macula marginali nigris. *Fabric.* E. S. I. n. 4. *Herbst* N. d. K. IV. p. 184. tab. 43. fig. 4. D. et fig. 5. E. *Strongylus variegatus et quadripunctatus.*
Habitat in floribus, in fimo et fungis putridis. (Varietas sequent. videtur.)

5. S. *luteum*, luteum elytris pubescentibus laevibus. *Fabric.* E. S. I. n. 6. *Herbst* N. d. K. IV. p. 183. tab. 43. fig. 3. C. *Strongylus luteus.*
Habitat cum anteced. (Vix huius generis!)

6. S. *glabratum*, atrum antennis pedibusque rufis, elytris laevibus. *Fabric.* E. S. I. n. 8. *Herbst* N. d. K. IV. p. 91. n. 10. tab. 38. fig. 10. *Tetratoma orbicularis.*
Habitat inter cortices arborum.

7. S. *humerale*, atrum nitidum elytris macula baseos rubra. *Fabric.* E. S. I. n. 9. *Panzer* faun.

faun. germ. XXIII. 1. *Herbst* N. d. K. IV. n. 6. tab. 37. fig. 6. F. *Sphaerid. bimacul.*

Habitat in fungis putrescentibus, et sub cortice arborum.

8. S. *marginatum*, laeve atrum clytrorum margine pedibusque ferrugineis. *Fabric.* E. S. I. n. 11. *Herbst* N. d. K. IV. n. 3. tab. 37. fig. 3. C.

Habitat in stercore. (Var. *S. scarabaeoid.* esse videtur.)

9. S. *ferrugineum*, ferrugineum clytris striatis. *Fabric.* E. S. I. n. 12. *Herbst.* N. d. K. IV. n. 9. tab. 38. fig. 9? *Tetratoma ferruginea.*

Habitat sub arborum corticibus. (*Tetrat. ferrug. Herbst.* l. c. cum *Trit. dubia Fabric.* n. 5. vix eadem. Vid. *Kugelann.* in *Schneid.* prompt. V. n. 9. p. 540.)

10. S. *armatum*, ferrugineum, clytris striato-punctatis, pedibus spinosis. *Herbst* N. d. K. IV. n. 1. tab. 39. fig. 1. *Tetratoma armata.*

Habitat in cadaveribus, et in fungis putrescentibus. (*Tetratoma cinnamom. Panzer* faun. germ. XII. 15. distincta et a *Tetr. arm. Herbst.* omnino diversa species est, ideoque haud cum hac confundenda.)

11. S.

11. S. *globosum*, ferrugineum, elytris glabris fusco-variegatis. *Herbst* N. d. K. IV. n. 2. tab. 38. fig. 2. *Tetrat globosa.*

Habitat in truncis putrid. arborum.

12. S. *castaneum*, castaneum, thorace margine ferrugineo, antennis apice griseis, elytris punctatis. *Herbst.* N. d. K. IV. n. 3. tab. 38. fig. 3. C. *Tetratoma castanea.*

Habitat in fungis putrescentib.

13. S. *clavipes*, globosum glabrum, femoribus posticis clavatis dentatis. *Herbst* N. d. K. IV. n. 6. tab. 38. fig. 6. F. *Tetratoma clavipes.*

Habitat in fungis putridis.

14. S. *atomarium*, laeve atrum elytris crenato striatis, pedibus pallidis. *Fabric.* E. S. I. n. 13. *Herbst* N. d. K. IV. n. 16.

Habitat in stercore bovino.

15. S. *crenatum*, atrum, elytris crenato-striatis, apice punctis duobus rubris. *Panzer* faun. germ. XXIII. 3.

Habitat in floribus, in stercore.

16. S. *melanocephalum*, atrum glabrum, elytris griseis: macula communi baseos nigra. *Fabric.* E. S.

E. S. I. n. 14. *Herbst.* N. d. K. IV. n. 10. tab. 37. fig. 10.

Habitat in stercore. (Deest saepius macula communis baseos. Vid. *Hellwig* apud. *Ross.* n. 115.)

17. S. *stercoreum*, ferrugineum elytris laevibus griseis. *Fabric.* E. S. I. n. 16.

Habitat in stercore.

18. S. *fasciculare*, atrum elytris punctis fasciculatis ferrugineis. *Fabric.* E. S. I. n. 17.

Habitat in floribus. (Vid. *Byrrhus fascicul Panzer* faun. germ. XXIV. 2.)

19. S. *haemorrhoidale*, atrum elytris apice rufis, pedibus nigris. *Fabric.* N. d. K. IV. n. 18. tab. 37. fig. 9. I.

Habitat in stercore bovino. (Variet. *S. melanoceph* videtur.. Vid. *Hellwig* apud Rossi n. 115.)

20. S. *unipunctatum*, atrum, coleoptris flavescentibus: puncto communi atro. *Fabric.* E. S. I. n. 20. *Panzer* faun. germ. III. 1.

Habitat in floribus; per aera volitans plerumque observatur. (Variat elytris immaculatis. Vid. *A. L. Z.* 1792. n. 78. et *Schneid. prompt.* III. p. 334.)

21. S.

21. S. *limbatum*, atrum nitidum thoracis limbo rufo, elytris laevissimis. *Fabric.* E. S. I. n. 21.

Habitat in Germania.

22. S. *rufficolle*, atrum nitidum thorace pedibusque anticis rufis. *Fabric.* E. S. I. n. 22. *Herbst* N. d. K. IV. n. 7. tab. 37. fig. 7. G.

Habitat Halae Saxonum.

23. S. *nigripenne*, rufum nitidum, elytris atris, antennis fuscis. *Fabric.* E. S. I. n. 23.

Habitat in truncis arborum.

24. S. *bicolor*, supra atrum subtus ferrugineum, elytris glaberrimis: puncto ferrugineo. *Fabric.* E. S. I. n. 24.

Habitat Halae Saxonum.

25. S. *fimetarium*, atrum immaculatum, elytris laevissimis. *Fabric.* E. S. I. n. 25.

Habitat in stercore.

26. S. *aeneum*, aeneum nitidulum elytris laevissimis, pedibus nigris. *Fabric.* E. S. I. n. 27.

Habitat in boletis arboreis, et in fungis putrescentibus. (Variet. sequent. videtur.)

27. S. *Seminulum*, atrum abdomine pedibusque rufis. *Fabric.* E. S. I. n. 28. *Panzer* faun. germ. XXIII. 2.

Habi-

Habitat in floribus, in boletis arboreis, et in ſtercore. (Dubia adhuc ſpecies. Vid. *Schneider in prompt. III.* p. 353. — *Hiſter minutus Herbſt* N. d. K. IV. n. 15. huc ſpectat.

IV. Byrrhus (*Fugenkäfer*) *Fabric.* Gen. Inſ. p. 15.

Palpi aequales ſubclavati. Maxilla bifida. Labium bifidum. Antennae clava perſoliata.

1. B. *Gigas*, niger elytris punctatis ferrugineis. *Fabric.* E. S. I. n. 1. *Voet* Coleopt. II. p. 57. tab. 32. fig. III?

Habitat in Auſtria.

2. B. *Pilula*, fuſcus elytris ſtriis atris interruptis. *Fabric.* E. S. I. n. 2. *Panzer* faun. germ. VI. 3.

Habitat in quisquiliis, in viis ſabuloſis.

3. B. *albopunctatus*, thorace cinereo nigroque vario, elytris nigris: ſtriis duabus punctorum alborum. *Fabric.* E. S. I. n. 3.

Habitat in Germaniae quisquiliis.

4. B.

4. B. *fasciculatis*, ater elytris punctis fasciculatis ferrugineis. *Panzer* faun. germ. XXIV. 2.
Habitat in floribus. (An idem cum *Sphaerid. fascicul. Fabric?*)

5. B. *fasciatus*, nigricans elytris fascia undata obsoleta rufa. *Fabric.* E. S. I. n. 4. *Voet.* Coleopt. II. p. 57. tab. 32. fig. II.
Habitat in quisquiliis.

6. B. *ornatus*, ater elytris lituris duabus transversis semilunaribus extus confluentibus griseis. *Panzer* faun. germ. XXIV. 1.
Habitat Mannhemii.

7. B. *cinctus*, nigricans, coleoptris fascia transversa argentea. *Kugelann* in *Schneid.* prompt. IV. n. 11.
Habitat Osterodae.

8. B. *Dianae*, supra fuscus, subtus ferrugineus; coleoptris lineis transversis albidis extus cohaerentibus. *Kugelann* in *Schneid.* prompt. IV. n. 12.
Habitat Osterodae. (Similis B. *ornato*, ast subtus ferrugineus.)

9. B. *semistriatus*, ater nitidus, elytris substriatis apice laevissimis, antennis pedibusque rufo piceis.

piceis. *Hellwig* in *Schneid.* prompt. V. pag. 594. n. 2. *Panzer* faun. germ. XXV. 2.

Habitat Brunsvigiae.

10. B. *ater*, niger immaculatus. *Fabric.* E. S. I. n. 5. *Schäffer* Jc. Inf. Ratisb. tab. 238. fig. 6.

Habitat ad radices arborum.

11. B. *niger*, niger nitidiſſimus, elytris ſubpunctatis. *Kugelann* in *Schneid.* prompt. IV. n. 9.

Habitat Regiomontii.

12. B. *murinus*, cinereo ater, thorace concolore, vittis longitudinalibus tomentoſis nigris. *Hellwig* in *Schneid.* prompt. V. n. 1. *Panzer* faun. germ. XXV. 1.

Habitat Brunsvigiae.

13. B. *dorſalis*, nigricans coleoptris macula transverſa ferruginea. *Fabric.* E. S. I. n. 6.

Habitat in Germaniae quisquiliis. (Anceps ſpecies, nondum rite delineata.)

14. B. *varius*, niger thorace aeneo, elytris ſtriatis viridibus. *Fabric.* E. S. I. n. 7. *Voet.* Coleopt. II. p. 57. tab. 32. fig. IV.

Habitat in ſylvaticis.

15. B. *ſtoicus*, niger thorace aeneo, abdomine ferrugineo. *Kugelann* in *Schneid.* prompt. IV. n. 5.

Habitat Regiomontii in ſylvaticis.

16. B. *undulatus*, fuſcus elytris faſciis duabus transverſis undulatis albidis. *Kugelann* in *Schneid.* prompt. IV. n. 6.

Habitat Oſterodae. (An idem cum *Schäffer* Ic. Inſ. Ratisb. tab. 158. fig. 3. a. b ?)

17. B. *rubidus*, fuſcus, elytris ſtriis obſcurioribus interruptis longitndinalibus. *Kugelann* in *Schneider* prompt. IV. n. 7.

Habitat Regiomontii.

18. B. *aeneus*, totus aeneus. *Fabric.* E. S. I. n. 5.

Habitat ſub lapidibus.

19. B. *minutus*, niger nitidus, elytris non ſtriatis. *Hellwig* in *Schneid.* prompt. V. n. 3. *Panzer* faun. germ. XXV. 3.

Habitat Brunsvigiae.

20. B. *nitens*, totus aureo - nitens. *Panzer* faun. germ. XXV. 4.

Habitat Mannhemii.

V. Trox (*Erdſtaubkäfer*) *Fabric.* Gen. Inſ. p. 6.

Palpi quatuor capitati. Maxilla bifida. Antennae clavato lamellatae.

1. T. *sabulosus*, thorace elytrisque rugosis, thorace integerrimo. *Fabric.* E. S. I. n. 2. *Panzer* faun. germ. VII. 1.

Habitat ad vias in sabulosis.

2. T. *arenarius*, thorace subcanalicalato, elytris striatis, corpore obscuro. *Fabric.* E. S. I. n. 2. *Herbst* N. d. K. III. n. 2. tab. 21. fig. 2.

Hubitat Halae Saxonum, volitat per aera sub crepusculo.

VI. Opatrum. (*Erdstaubkäfer*) *Fabric.* Gen. Inf. p. 27.

Palpi antici clavati: clava oblique truncata postici filiformes. Labium subemarginatum. Antennae moniliformes, extrorsum crassiores.

1. O. *sabulosum*, fuscum elytris lineis elevatis tribus dentatis, thorace emarginato. *Fabric.* E. S. I. n. 3. *Panzer* faun. germ. III. 2.

Habitat in sabulosis.

2. O. *gibbum*, nigrum elytris elevatis plurimis obsoletis. *Fabric.* E. S. I. n. 4. *Naturf.* XXIV. n. 19. tab. 1. fig. 19.

Habitat in arenosis.

3. O. *crenatum*, atrum thoracis margine crena-

to: angulo antico porrecto, postico spinoso elytris crenato-striatis. *Fabric.* E. S. I. n. 6.

Habitat in arenosis.

4. O. *tibiale*, nigrum elytris punctatis subrugosis, tibiis anticis compresso triangularibus. *Fabric.* E. S. I. n. 13. *Herbst* N. d. K. V. n. 13. tab. 52. fig. 8.

Habitat sub lapidibus.

5. O. *Agaricola*, nigrum thorace laevi, elytris striatis. *Fabric.* E. S. I. n. 14. *Herbst* N. d. K. V. n. 14. tab. 52. fig. 9.

Habitat in boletis arboreis. (An huius generis?)

6. O. *minutum*, cinereum thorace rugoso, elytris lineis elevatis quatuor laevibus. *Fabric.* E. S. I. n. 15.

Habitat in fungis putrescentibus.

7. O. *rufipes*, atrum, elytris striatis, pedibus rufis. *Herbst* N. d. K. V. n. 18. tab. 52. fig. 13.

Habitat in Germaniae sabulosis.

VII. SCARITES (*Schlupfkäfer*) *Fabric.* Gen. Ins. p. 71.

Palpi sex filiformes. Labium corneum. Antennae moniliformes.

1. S.

1. S. *arenarius*, piceus tibiis anticis palmato digitatis. *Fabric.* E. S. I. n. 9. *Degeer* Inf. IV. tab. 30. fig. 12.

Habitat in arenosis.

2. S. *gibbus*, ater thorace orbiculato canaliculato, elytris substriatis. *Fabric.* E. S. I. n. 10. *Panzer* faun. germ. V. 1.

Habitat sub lapidibus, primo vere.

3. S. *cursor*, testaceus thorace oblongo: angulis quinque denticulatis. *Fabric.* E. S. I. n. 11.

Habitat sub lapidibus, et in arenosis.

4. S. *collaris*, ater depressus, thorace subquadrato canaliculato, elytris punctato-striatis, antennis pedibusque ferrugineis. *Herbst* Archiv. 5. n. 56. tab. 29. fig. 15.

Habitat in suffocatis, et sub lapidibus. (Variat elytris ferrugineis.)

5. S. *cephalotes*, alatus ater laevissimus, thorace convexo. *Fabric.* E. S. I. n. 85. *Carab. cephalotes.* *Schäffer* Ic. Inf. Ratisb. tab. 18. fig. 1.

Habitat in suffocatis.

6. S. *gagates*, thorace subcordato, ater elytris convexis striatis, striis laevibus. *Panzer* faun. germ. XI. 1.

Habitat in Harcynia sub lapidibus.

7. S. *piceus*, ater laevis nitens elytris striatis, abdomine antennis pedibusque piceis. *Panzer* faun. germ. XI. 2.

Habitat in Harcynia sub lapidibus. (*Carab. metallic. Fabric.* eodem iure huc referendus.)

VIII. PIMELIA (*Höckerkäfer*) *Fabric.* Gen. Inf. p. 73.

Palpi quatuor filiformes. Maxilla unidentata. Labium membranaceum, rotundatum emarginatum. Antennae filiformes, apice moniliformes.

1. P. *glabrata*, ovata atra thorace globoso, elytris laevissimis unicoloribus. *Fabric.* E. S. I. n. 5.

Habitat in Germania.

2. P. *leucographa*, thorace rotundato scabro, coleoptris cinereis: lineis elevatis novem nigris. *Fabric.* E. S. I. n. 30. *Pall* inf. ross. tab. C. fig. 2.

Habitat Halae Saxonum.

IX.

IX. Blaps (*Todtenkäfer*) *Fabric.* Gen. Inſ. p. 75.

Palpi quatuor clavati. Maxilla recta bifida. Labium membranaceum fiſſum. Antennae apice moniliformes.

1. B. *Mortiſaga*, atra coleoptris mucronatis ſubpunctatis. *Fabric.* E. S. I. n. 3. *Panzer* faun. germ. III. 3.

   Habitat in ſuffocatis.

2. B. *dermeſtoides*, nigra ovata elytris obſolete ſtriatis, clypeo emarginato. *Fabric.* E. S. I. n. 7.

   Habitat Halae Saxonum.

3. B. *femoralis*, atra femoribus poſticis ſubtus canaliculatis ferrugineo-villoſis. *Fabric.* E. S. I. n. 13.

   Habitat in Germania.

4. B. *glabra*, oblonga atra elytris laeviſſimis. *Fabric.* E. S. I. n. 15.

   Habitat in quisquiliis.

X. TENEBRIO (*Mehlkäfer*) *Fabric.* Gen. Inſ. p. 76.

Palpi quatuor inaequales: antici clavati: poſtici filiformes. Maxilla bifida. Labium truncatum integrum. Antennae moniliformes.

1. T. *curvipes*, niger thorace ſubquadrato, elytris crenato-ſtriatis, tibiis anticis incurvis. *Fabric.* E. S. I. n. 3. *Panzer* faun. germ. XI. 3.

   Habitat in truncis putridis Quercus, Fagi. (*Tenebrio cylindr. Herbſt.* vix ac ne vix huc pertinet.)

2. T. *obſcurus*, oblongus niger obſcurus, thorace quadrato, elytris ſubſtriatis. *Fabric.* E. S. I. n. 5.

   Habitat in Germania.

3. T. *molitor*, oblongus piceus elytris ſtriatis. *Fabric.* E. S. I. n. 6. *Friſch* Inſekt. P. VIII. tab. 1.

   Habitat in farina, et furfure piſtorum. (Variat elytris ferrugineis, et nitidis et opacis.)

4. T. *cadaverinus*, pallide teſtaceus elytris ſtriatis, abdomine ſubtus nigricante. *Fabric.* E. S. I. n. 18.

Habitat

Habitat in cadaveribus.

5. T. *culinaris*, alatus ferrugineus elytris crenato-striatis. *Fabric.* E. S. I. n. 16. *Panzer* faun. germ. IX. 1.

Habitat in animalibus asservatis, lardo, carnibus et repositoriis culinariis.

6. T. *ferrugineus*, alatus ferrugineus, elytris crenato striatis, thorace antice foveolato. *Panzer* faun. germ. IX. 2.

Habitat in ligno quercino.

XI. Tragosita (*Kneipkäfer*) *Fabric.* Ent. syst. Gen. 16. p. 114.

Palpi quatuor aequales: articulo ultimo truncato. Maxilla unidentata. Labium corneum bifidum: laciniis rotundatis ciliatis. Antennae moniliformes: articulis tribus ultimis crassioribus, subcompressis.

1. T. *caraboides*, niger thorace ovali marginato, elytris striatis. *Fabric.* E. S. I. 2. *Panzer* faun. germ. III. 4. *Preysler* inf. behem. n. 3. tab. 1. fig. 1. A.

Habitat in truncis arborum et repositoriis culinariis.

XII. Helops (*Schattenkäfer*) *Fabric.* Gen. Inf. 16. p. 114.

Palpi inaequales: antici securiformes: postici clavati. Labium corneum integrum. Antennae filiformes.

1. H. *lanipes*, aeneus thorace quadrato, elytris striatis acuminatis, tarsis subtus pulvinatis. *Fabric.* E. S. I. n. 4. *Schäffer* Ic. Inf. Ratisb. tab. 51. fig. 3.

   Habitat in truncis arborum, Pyri, Tiliae.

2. H. *serratus*, niger digitis ferrugineis, palpis porrectis. *Fabric.* E. S. I. n. 8. *Panzer* faun. germ. IX. 3.

   Habitat in truncis arborum Fagi, Quercus, Alni.

3. H. *barbatus*, niger palpis porrectis pedibusque flavescentibus. *Fabric.* E. S. I. n. 9.

   Habitat Halae Saxonum.

4. H. *canaliculatus*, niger thorace canaliculato utrinque impresso, elytris striatis, palpis porrectis.

rectis. *Fabric.* E. S. I. n. 10. *Panzer* faun. germ. IX. 4.

Habitat in truncis putridis arborum.

5. H. *laevis*, niger thorace canaliculato postice attenuato, elytris laevibus. *Fabric.* E. S. I. n. 13.

Habitat Halae Saxonum.

6. H. *ater*, elytris striatis. *Fabric.* E. S. I. n. 21.

Habitat in suffocatis, quisquiliis. (Magnitudine variat.)

7. H. *quisquilius*, niger antennis pedibusque ferrugineis. *Fabric.* E. S. I. n. 26.

Habitat in quisquiliis.

8. H. *ruficollis*, ferrugineus, elytris striatis nigris. *Fabric.* E. S. I. n. 28.

Habitat Halae Saxonum.

9. H. *tristis*, ater opacus laevis, ore antennis pedibusque fuscis. *Panzer* faun. germ. VIII. 1.

Habitat Dresdae.

10. H. *fuscus*, fuscus opacus glaber, elytris laevibus substriatis. *Panzer* faun. germ. XVIII. 1.

Habitat Dresdae.

11. H. *caraboides*, subaeneus, ater thorace quadrato antennis pedibusque ferrugineis, tarsis pilosis. *Panzer* faun. germ. XXIV. 3.

Habi-

Habitat Mannhemii.

12. H. *picipes*, ater thorace subrotundo, elytris punctato-striatis, pedibus piceis. *Panzer* faun. germ. XXIV. 4.

Habitat Manhemii.

XIII. Carabus (*Laufkäfer*) *Fabric.* Gen. Inf. p. 70.

Palpi sex: articulo ultimo obtuso truncato. Labium integrum truncatum. Antennae filiformes.

* Thorace cordato.

1. C. *coriaceus*, apterus ater opacus elytris connatis: punctis intricatis subrugosis. *Fabric.* E. S. I. n. 3. *Schäffer* Jc. Inf. Ratisb. tab. 34. fig. 1. et tab. 141. fig. 1.

Habitat in sylvaticis nemorosis.

2. C. *glabratus*, apterus niger thorace elytrorumque marginibus violaceis, elytris laevibus. *Fabric.* E. S. I. n. 4. *Herbst* Archiv V. n. 6. tab. 29. fig. 2. C. *convexus*.

Habitat in sylvaticis.

3. C. *violaceus*, apterus niger thorace elytrorumque marginibus violaceis, elytris laevibus. *Fabric.* E. S. I. n. 5. *Panzer* faun. germ. IV. 4.

Habitat

Habitat in ſylvaticis et ſub lapidibus.

4. C. *purpuraſcens*, apterus ater thoracis elytrorumque margine violaceo, elytris ſtriatis. *Fabric.* E. S. I. n. 6. *Panzer* faun. germ. IV. n. 5.

Habitat cum antecedenti.

5. C. *catenulatus*, apterus ater thoracis elytrorumque margine cyaneo, elytris ſtriatis punctisque impreſſis triplici ſerie. *Fabric.* E. S. I. n. 7. *Panzer* faun. germ. IV. 6. *Herbſt* Archiv VII. VIII. n. 67. tab. 47. fig. 5. C. *problematicus*.

Habitat in ſylvaticis montoſis.

6. C. *cyaneus*, apterus niger violaceo nitens, elytris punctis intricatis rugoſis. *Fabric.* E. S. I. n. 9. *Voet.* Caleopt. II. n. 30. tab. 37. fig. 30?

Habitat in ſylvis.

7. C. *monilis*, apterus ater thorace cupreo, elytris ſtriatis viridi cupreis: ſtriis tribus e punctis elevatis oblongis. *Fabric.* E. S. I. n. 11.

Habitat Halae Saxonum.

8. C. *gemmatus*, apterus niger elytris ſtriatis: punctis aeneis bilobis excavatis triplici ſerie. *Fabric.* E. S. I. n. 12. *Degeer* Inſ. T. IV. n. 5. tab. III. fig. 1. C. *ſtriatus*.

Habi-

Habitat in ſylvaticis. (Dignoſcitur punctis elytrorum bilobis.)

9. C. *hortenſis*, apterus niger elytris ſubrugoſis: punctis excavatis aeneis triplici ſerie, margine cyaneo. *Fabric.* E. S. I. n. 13. *Panzer* faun. germ. V. 3.

Habitat in hortis et ſylvis. (Variat colore nigro et viridi aeneo.)

10. C. *concolor*, apterus ater elytris ſtriatis: punctis excavatis triplici ſerie. *Fabric.* E. S. I. n. 14.

Habitat cum anteced. (Mera varietas C. *hortenſis*. Dn. *Prof. Hellwig.*)

11. C. *ſylveſtris*, apterus ater, elytris cupreis ſtriatis: punctis excavatis viridi nitentibus triplici ſerie. *Panzer* faun. germ. V. 2.

Habitat in ſylvaticis Harcyniae.

12. C. *irregularis*, apterus capite thoraceque cupreis, elytris obſcurioribus, margine punctisque excavatis triplici ſerie cupreis. *Fabric.* E. S. I. n. 15. *Panzer* faun. germ. V. 4.

Habitat in truncis putridis Fagi Brunsvigiae.

13. C. *arvenſis*, apterus nigro cupreus elytris ſtriatis, punctis excavatis triplici ſerie. *Fabric.* E. S. I. n. 17. *Herbſt* Archiv V. n. 16.

Habitat

Habitat in Germaniae arvis.

14. C. *convexus*, apterus convexus ater laevis thorace postice emarginato. *Fabric.* E. S. I. n. 21. *Scriba* symb. ent. I. n. 5. tab. I. fig. 5.

Habitat in Germania.

15. C. *auratus*, apterus elytris auratis sulcatis, antennis pedibusque rufis. *Fabric.* E. S. I. n. 22. *Voet* Coleopt. II. n. 29. tab. 36. fig. 29.

Habitat in hortis et locis suffocatis.

16. C. *auronitens*, apterus elytris porcatis scabris viridibus, femoribus rufis. *Fabric.* E. S. I. n. 24. *Panzer* faun. germ. IV. 7.

Habitat in truncis arborum Fagi et Pini sylv. in Harcyniae montosis. (Variat magnitudine et colore aurato, viridi, et viridi aurato elytrorum.)

17. C. *morbillosus*, apterus thorace cupreo, elytris striatis cupreis: sulcis scabris punctisque elevatis longitudinalibus. *Fabric.* E. S. I. n. 26.

Habitat in Austria (Vid. *Schneid.* in prompt. III. p. 359.)

18. C. *granulatus*, apterus nigricans, elytris aeneis striatis interiectis punctis elevatis longitudinalibus. *Fabric.* E. S. I. n. 28. *Voet* coleopt. II. n. 31. tab. 37. fig. 31.

Habitat

Habitat in hortis. (Variat rarius totus nigricans.)

19. C. *clathratus*, apterus nigricans elytris aeneis striatis interiectis punctis excavatis cupreis. *Fabric.* E. S. I. n. 29. *Voet.* Coleopt. II. n. 40. tab. 38. fig. 40.

Habitat in hortis et arvis. (Differt manifeste a praecedenti elytris sulcatis, et inter sulcos punctis elevatis longitudinalibus, et inter haec, punctis excavatis aureis.)

20. C. *nitens*, apterus elytris porcatis scabris viridibus: margine aureo, pedibus nigris. *Fabric.* E. S. I. n. 30. *Voet* Coleop. n. 41. tab. 38. fig. 41.

Habitat in Germaniae sylvis. (Inter hunc et *C. auratum*, est *C. auronitens* species intermedia.)

21. C. *rostratus*, apterus elytris laevibus nigris, thorace angustiore, capite angustissimo. *Fabric.* E. S. I. n. 31. *Scriba* symb. ent. I. n. 3. tab. 1. fig. 3.

Habitat in sylvaticis.

22. C. *attenuatus*, apterus niger elytris subcupreis: punctis elevatis triplici serie, thorace angustiore,

angustiore, capite angustissimo. *Fabric.* E. S. I. n. 32. *Panzer* faun. germ. II. 3.

Habitat in Austriae et Harcyniae sylvis.

23. C. *leucophthalmus*, apterus ater elytris striatis, thorace lineolis basi impressis. *Fabric.* E. S. I. n. 36.

Habitat in suffocatis, quisquiliis et sub lapidibus.

24. C. *planus*, alatus depressus ater elytris substriatis. *Fabric.* E. S. I. n. 37. *Panzer* faun. germ. XI. 4.

Habitat in sylvis et sub lapidibus.

25. C. *arenarius*, alatus pallidus coleoptris maculis dorsalibus duabus atris. *Fabric.* E. S. I. n. 39.

Habitat in Austriae sylvaticis.

26. C. *sabulosus*, alatus pallidus capite coleoptrorumque macula dorsali nigris. *Fabric.* E. S. I. n. 40.

Habitat in Saxoniae sabuletis.

27. C. *lateralis*, alatus niger thorace elytrorumque margine ferrugineis. *Fabric.* E. S. I. n. 41.

Habitat in sylvaticis. (An varietas praecedentis?)

28. C. *ruficornis*, alatus ater elytris sulcatis subtomentosis, antennis pedibusque rufis. *Fabric.* E. S. I. n. 40.

Habitat sub lapidibus. (Elytra interdum colore fugaci aureo nitent. *Fabric.*)

29. C. *fulvipes*, alatus ater thorace canaliculato, elytris striatis laevibus, antennis pedibusque rufis. *Fabric.* E. S. I. n. 43.

Habitat in Germaniae sylvis.

30. C. *picicornis*, alatus ater capite antennis pedibusque rufis. *Fabric.* E. S. I. n. 44.

Habitat sub lapidibus.

31. C. *flavicornis*, alatus niger thoracis margine, antennis pedibusque flavescentibus. *Fabric.* E. S. I. n. 45.

Habitat Halae Saxonum.

32. C. *piceus*, alatus thorace canaliculato utrinque bistriato, antennis tibiisque piceis. *Fabric.* E. S. I. n. 46.

Habitat in sylvis et sub lapidibus.

33. C. *madidus*, alatus thorace postice utrinque impresso niger, femoribus rufis. *Fabric.* E. S. I. n. 48.

Habitat in nemoribus, et sub lapidibus.

34. C. *terricola*, alatus ater nitidus elytrorum ſtriis laevibus, antennarum apice pedibusque rufis. *Fabric.* E. S. I. n. 49. *Herbſt* Archiv V. n. 51. tab. 29. fig. 14.

Habitat ſub lapidibus. (Minor C. *madido*. Elytra cyanea.)

35. C. *crepitans*, alatus capite thorace pedibusque ferrugineis, elytris nigris. *Fabric.* E. S. I. n. 53. *Voet.* Coleopt. II. n. 26. tab. 36. fig. 26.

Habitat in nemoribus ſub lapidibus. (Terrefactus crepitu ani hoſtem pellere tentat.)

36. C. *ſpinibarbis*, alatus cyaneus ore antennis tibiisque rufis. *Fabric.* E. S. I. n. 55.

Habitat ſub lapidibus.

37. C. *multipunctatus*, alatus ſubaeneus elytris punctis vagis plurimis impreſſis. *Fabric.* E. S. I. n. 59.

Habitat ſub lapidibus in ſylvaticis uliginoſis.

38. C. *oblongopunctatus*, alatus niger elytris ſtriatis: punctis dorſalibus plurimis impreſſis. *Fabric.* E. S. I. n. 60.

Habitat ſub lapidibus primo vere.

39. C. *Dianae*, alatus ater elytris ſtriatis: lunu-

la baseos pedibusque ferrugineis. *Fabric.* E. S. I. n. 64. *Naturforsch.* XXIV. n. 48. tab. I. fig. 49.

Habitat sub lapidibus.

40. C. *agilis*, alatus rufus elytris abdomineque nigris. *Fabric.* E. S. I. n. 67.

Habitat sub lapidibus primo vere.

41. C. *atricapillus*, alatus thorace rufo, elytris obtusis testaceis. *Fabric.* E. S. I. n. 69.

Habitat sub lapidibus. (An variet. praeced?)

42. C. *oblongus*, alatus ater thorace oblongo, elytris striatis fuscis, antennis pedibusque flavis. *Fabric.* E. S. I. n. 71.

Habitat in Germania. (Sub eodem nomine alium adducit Carab. Cl. *Fabric.* vix vero distinctum.)

43. C. *rubens*, alatus thorace ferrugineo, elytris rotundatis testaceis, capite fusco. *Fabric.* E. S. I. n. 73.

Habitat in Germania sub lapidibus.

** Thorace quadrato.

44. C. *variolosus*, apterus ater elytris punctis variolosis impressis. *Fabric.* E. S. I. n. 94.

Habitat in sylvaticis montosis Germaniae.

45.

45. C. *striola*, apterus depressus ater thorace lineis utrinque duabus baseos impressis, elytris striatis. *Fabric.* E. S. I. n. 95. *Panzer* faun. germ. XI. 6.

Habitat sub lapidibus primo vere.

46. C. *metallicus*, apterus niger thorace lineolis baseos utrinque impressis, thorace elytrisque aeneis. *Fabric.* E. S. I. n. 96. *Panzer* faun. germ. XI. 7.

Habitat sub ligno caeso in sylvaticis Harcyniae. (Huic eadem tibiarum anticarum spinulosa divisio est, qua Scarit. generi amandatae species dignoscuntur.)

*** Thorace rotundato margine prominulo obtuso.

47. C. *sericeus*, apterus ater thorace puncto baseos utrinque impresso, elytris substriatis punctisque aeneis triplici serie. *Fabric.* E. S. I. n. 100. *Scriba.* symp. ent. I. n. 8. tab. 1. fig. 8.

Habitat in Germaniae sabuletis. (Quem in tab. tit. fig. 2. *Voet* Coleopt. T. II. sub nom. C. *calid.* delineavi, vix alius quam C. *Calid.* est, ex America meridion. alatus.)

48. C. *indagator*, apterus ater, elytris laevissi-

mis: punctis aeneis triplici ferie. *Fabric.* E. S. I. n. 107.

Habitat in Germania.

49. C. *fycophanta*, alatus violaceo nitens elytris ftriatis aureis. *Fabric.* E. S. I. n. 108. *Voet Coleopt.* II. n. 32. tab. 37. fig. 32.

Habitat in hortis, arvis et fylvaticis.

50. C. *inquifitor*, alatus elytris ftriatis viridi aeneis: punctis triplici ordine. *Fabric.* E. S. I. n. 109. *Voet* Coleopt II. n. 39. tab. 38. fig. 39.

Habitat in fylvaticis montofis.

51. C. *reticulatus*, alatus niger elytris reticulatis viridi aeneis, thoracis margine virefcente. *Fabric.* E. S. I. n. 111.

Habitat in Germaniae fylvis.

52. C. *brevicollis*, alatus ater antennis ferrugineis. *Fabric.* E. S. I. n. 113. *Panzer* faun. germ. XI. 8.

Habitat fub lapidibus in Harcynia.

53. C. *punctulatus*, alatus depreffus ater elytris punctato fubftriatis bafi retufis. *Fabric.* E. S. I. n. 114.

Habitat Halae Saxonum.

54. C. *obfcurus*, ater alatus thorace punctato, elytris

elytris ſtriatis, pedibus piceis. *Fabric.* E. S. I. n. 116.

Habitat Halae Saxonum.

55. C. *holoſericeus*, alatus holoſericeo niger, capite aeneo nitido. *Fabric.* E. S. I. n. 118. *Panzer* faun. germ. XI. 9.

Habitat ſub lapidibus. (Variat haud raro elytris viridibus et cupreo nitentibus.)

56. C. *binotatus*, alatus ater capite punctis duobus frontalibus rufis, atennis baſi flavis. *Fabric.* E. S. I. n. 119.

Habitat ſub lapidibus primo vere.

57. C. *pilicornis*, alatus elytris ſtriatis punctisque impreſſis, antennis piloſis. *Fabric.* E. S. I. n. 122. *Panzer* faun. germ. XI. 10.

Habitat ſub lapidibus.

58. C. *caeruleſcens*, alatus nigro caeruleſcens elytris ſtriatis, antennis baſi rubris. *Fabric.* E. S. I. n. 123.

Habitat in aridis et ſub lapidibus primo vere frequens. (Variat caeruleſcens, aeneus, cupreus, viridis.)

59. C. *lepidus*, alatus viridiaeneus, thorace utrin-

que bistriato, elytris striatis. *Fabric.* E. S. I. n. 124. *Leske* It. I. 17. 8. tab. A. fig. 6.

Habitat in Lusatiae arenosis.

60. C. *cupreus*, alatus cupreus antennis basi rubris. *Fabric.* E. S. I. n. 126. *Degeer* Inf. IV. n. 13. tab. 3. fig. 15.

Habitat in arenosis et sub lapidibus. (C. *caerulescens* F. huius varietas? Variat totus niger, subtus niger, et supra obscure violaceus. V. *Paykull* monogr. Car. pag. 113.)

61. C. *vulgaris*, alatus nigro aeneus, antennis pedibusque nigris. *Fabric.* E. S. I. n. 128. *Schäffer* Ic. Inf. Ratisb. tab. 18. fig. 2.

Habitat frequens in sabulosis.

62. C. *excavatus*, alatus rufus, thorace postice profunde bipunctato pedibus piceis. *Paykull.* car. n. 22.

Habitat Brunsvigiae.

63. C. *anthracinus*, alatus niger, thorace utrinque postice subretuso, elytris striatis: punctis utrinque tribus discoidalibus minutissimis: marginalibus maioribus. *Paykull.* car. n. 79. *Panzer* faun. germ. XI. 11. C. *nigrita.*

Habitat

Habitat in Germaniae ſabuloſis.

64. C. *ciſteloides* : apterus ater depreſſus, elytris ſtriatis, antennis pedibusque piceis. *Panzer* faun. germ. XI. 12.

Habitat ſub lapidibus Brunsvigiae.

65. C. *ovatus*, alatus niger elytrorum ſtriis laevibus, antennis pedibusque ferrugineis. *Fabric.* E. S. I. n. 131.

Habitat in Germania ſub lapidibus.

66. C. *helopioides*, alatus ater elytrorum ſtriis laevibus, antennis pedibusque nigris.

Habitat ſub lapidibus Brunsvigiae.

67. C. *azureus*, alatus cyaneus, antennis pedibusque rubris. *Fabric.* E. S. I. n. 133. *Bergſträſſer* nomencl. I. tab. 10. fig. 3.

Habitat in collibus arenoſis.

68. C. *erythrocephalus*, alatus niger capite rufo, antennis pedibusque flavis. *Fabric.* E. S. I. n. 134.

Habitat in Germania ſub lapidibus.

69. C. *analis*, alatus niger, ore antennis ano pedibusque ferrugineis. *Fabric.* E. S. I. n. 135.

Habitat in Germania.

70. C. *ferrugineus*, alatus ferrugineus elytris

ſtriatis obſcurioribus. *Fabric.* E. S. I. n. 137. *Herbſt* Archiv. V. n. 22. tab. 29. fig. 6.

Habitat ſub lapidibus.

71. C. *pallens*, alatus pallidus elytris ſtriatis. *Fabric.* E. S. I. n. 138.

Habitat cum anteced. (An huius mera varietas?)

72. C. *aterrimus*, alatus thorace marginato, ater elytris ſtriatis: punctis tribus impreſſis. *Fabric.* E. S. I. n. 141. *Herbſt* Arch. V. n. 50. tab. 29. fig. 13.

Habitat in Germaniae ſylvis.

73. C. *aeneus*, alatus ſupra aeneus antennis pedibusque ferrugineis. *Fabric.* E. S. I. n. 142.

Habitat in hortis, arvis, ſub lapidibus frequens. (Variabilis ſpecies, cum magnitudine, tum colore elytrorum. Vid. C. *Proteus*. *Paykull* carab. n. 72.)

74. C. *nigricornis*, alatus niger, thorace cupreo, elytris ſtriatis viridibus, pedibus piceis. *Fabric.* E. S. I. n. 143. *Panzer* faun. germ. VI. 4.

Habitat in udis ſub lapidibus. (Diſtincta et a C. *holoſericeo* ſatis diverſa ſpecies.)

75. C. *parumpunctatus*, alatus oblongus ſupra aeneus, ſubtus ater elytris ſtriatis: punctis ſex impreſſis, tibiis piceis. *Fabric.* E. S. I. n. 144.

Habitat

Habitat in Germania.

76. C. *sexpunctatus*, alatus capite thoraceque viridibus, elytris cupreis. *Fabric.* E. S. I. n. 145. *Voet* Coleopt. II. n. 4. tab. 33. fig. 4.

Habitat in quisquiliis et sub lapidibus.

77. C. *discoideus*, alatus niger elytrorum margine exteriori antennisque rufis. *Fabric.* E. S. I. n. 146.

Habitat in Germania.

78. C. *marginatus*, alatus viridis elytris margine tibiisque testaceis. *Fabric.* E. S. I. n. 147.

Habitat in sylvis et sub lapidibus. (C. *marginat.* Linn. Faun. Suec. n. 804. ab eiusd. nominis in S. N. n. 16. descripto diversissimus.)

79. C. *nigrita*, alatus ater nitidus thorace canaliculato elytris striatis. *Fabric.* E. S. I. n. 149. *Payk.* carab. n. 26. *C. striatus.*

Habitat in Germania. (Omnino diversus a *C. nigrita Paykull.* carab. n. 79. quem in Faun. germ. XI. 11. delineavi, qui nunc, ne idem nomen bis occurrat, *C. anthracinus* audit.)

80. C. *fuscus*, alatus fuscus elytris obsolete striatis,

tis, antennis thoracis margine pedibusque flavis. *Fabric.* E. S. I. n. 150.

Habitat in Germania.

81. C. *taeniatus*, alatus ater elytris crenato striatis, his, antennis pedibusque piceis. *Herbst* Archiv. V. n. 47. tab. 29. fig. 12. *C. obscurus.*

Habitat Brunsvigiae et Berolin. sub lapidibus.

82. C. *punicatus*, alatus ater nitidissimus, thorace convexo postice foveola utrinque impressa, elytris crenato-striatis, antennis, pedibusque piceis.

Habitat Mannhemii.

83. C. *vernalis*, alatus ater nitens thorace subcanaliculato, elytris striatis striis laevibus, antennis pedibusque piceis.

Habitat sub lapidibus et sub foliis putridis primo vere frequens.

84. C. *inaequalis*, alatus thorace atro nitente piceus, elytris depressis obscure caerulescentibus substriatis, striis laevissimis.

Habitat in sylvaticis sub foliis putridis.

85. C. *fulgidus*, alatus ater elytris truncatis obscure aeneis striatis nitidis, striis laevissimis, pedibus piceis.

Habitat Brunsvigiae sub lapidibus.

86.

86. C. *melanocephalus*, alatus niger thorace pedibusque ferrugineis. *Fabric.* E. S. I. n. 153. *Schäffer* Ic. Inf. Ratisb. tab. 237. fig. 5.

Habitat in fylvaticis udis et fub lapidibus frequens.

87. C. *cyanocephalus*, alatus thorace pedibusque ferrugineis, capite elytrisque cyaneis. *Schäffer* Ic. Inf. Ratisb. tab. 10. fig. 14.

Habitat in fylvaticis.

88. C. *rufibarbis*, alatus niger antennis ore pedibusque rufis. *Fabric.* E. S. I. n. 155.

Habitat in Germania.

89. C. *Crux maior*, alatus thorace orbiculato elytrisque nigris: maculis duabus rufis. *Fabric.* E. S. I. n. 158. *Panzer* faun. germ. XVI. 1.

Habitat fub lapidibus primo vere.

90. C. *Crux minor*, alatus thorace orbiculato rufo, coleoptris truncatis rubris: cruce nigra. *Fabric.* E. S. I. n. 159. *Panzer* faun. germ. XVI. 2.

Habitat fub foliis putridis et lapidibus.

91. C. *haemorrhoidalis*, alatus thorace fuborbiculato rufo, elytris nigris apice rufis. *Fabric.* E. S. I. n. 162.

Habitat Dresdae.

92. C. *piceps*, alatus thorace orbiculato, ater nitidus, elytris fuscis, pedibus ferrugineis. *Fabric.* E. S. I. n. 163.

Habitat in Germania sub lapidibus.

93. C. *bipustulatus*, alatus thorace orbiculato rufo, coleopteris apice nigris: macula rufa. *Fabric.* E. S. I. n. 164. *Panzer* faun. germ. XVI. 3.

Habitat sub lapidibus et sub foliis putridis.

94. C. *germanus*, alatus cyaneus, capite elytris pedibusque testaceis. *Fabric.* E. S. I. n. 167. *Panzer* faun. germ. XVI. 4.

Habitat sub lapidibus, raro in floribus.

95. C. *velox*, alatus nigricans antennis pedibusque pallidis, elytris obtusissimis. *Fabric.* E. S. I. n. 168.

Habitat in arenosis et sub lapidibus.

96. C. *terminatus*, alatus testaceus, capite elytrorumque apice nigris. *Panzer* faun. germ. VII. 2.

Habitat in pratis humidis Brunsvigiae.

97. C. *praeustus*, alatus testaceus capitis vertice elytrorum apicibus abdomineque nigris. *Fabric.* E. S. I. n. 170.

Habitat

Habitat sub lapidibus.

98. C. *lunatus*, alatus thorace orbiculato ruso, elytris flavis: maculis tribus nigris. *Fabric.* E. S. I. n. 172. *Panzer* faun. germ. XVI. 5.

Habitat sub lapidibus primo vere.

99. C. *prasinus*, alatus niger capite thoraceque aeneis, elytris ferrugineis: macula magna communi apicis nigra. *Fabric.* E. S. I. n. 173. *Panzer* faun. germ. XVI. 6.

Habitat sub lapidibus.

100. C. *vaporariorum*, alatus thorace elytris antice margineque antennis pedibusque ferrugineis. *Fabric.* E. S. I. n. 176. *Panzer* faun. germ. XVI. 7.

Habitat sub foliis putridis et lapidibus primo vere.

101. C. *meridianus*, alatus niger elytris antice pedibusque testaceis. *Fabric.* E. S. I. n. 177.

Habitat in arenosis et sub lapidibus.

102. C. *discus*, alatus thorace ruso, capite atro, elytris testaceis: macula communi dorsali fusca. *Fabric.* E. S. I. n. 178.

Habitat in Germania.

103. C. *lutescens*, alatus ater, elytris depressis lutescentibus substriatis, striis tenuissimis laevibus, pedi-

pedibus fuscis. *Herbst* Archiv. V. n. 48. C. *pelidnus*.

Habitat sub lapidibus Berolini et Brunsvig.

104. C. *articulatus*, alatus ater, elytris subaeneis striatis, postice fascia maculaque flavis.

Habitat sub lapidibus.

105. C. *longipes*, alatus ater, elytris striatis, pedibus flavis posticis elongatis.

Habitat sub lapidibus.

106. C. *impressus*, alatus ater, elytris cyaneis, striatis, interstitiis punctatis, corpore subtus pedibusque flavis.

Habitat in sylvaticis sub lapidibus.

107. C. *confluens*, alatus ater, elytris striatis, striis laevibus, his una alterave postice coeunte.

Habitat in pascuis humidis et sub lapidibus.

108. C. *quadrimaculatus*, alatus thorace ferrugineo glabro, elytris obtusissimis fuscis: maculis duabus albis. *Fabric* E. S. I. n. 180.

Habitat in quisquiliis et sub lapidibus.

109. C. *quadriguttatus*, alatus thorace atro, elytris nigris: punctis duobus albis. *Fabric.* E. S. I. n. 181. *Voet* Coleopt. II. n. 20. tab. 35. fig. 20.

Habitat

Habitat in pascuis humidis et sub lapidibus.

110. C. *ustulatus*, alatus thorace nigro, elytris obscuris pallido bifasciatis. *Fabric.* E. S.I. n. 182. *Voet* Coleopt. II. tab. tit. fig. 1. edit. nostr.

Habitat in quisquiliis et sub foliis putridis primo vere.

111. C. *dorsalis*, alatus thorace nigro, coleoptris pallidis: macula magna dorsali nigra. *Fabric.* E. S. I. n. 183.

Habitat in Germania.

112. C. *guttula*, alatus ater elytris puncto postico hyalino albo. *Fabric.* E. S. I. n. 185.

Habitat in Germania.

113. C. *testaceus*, alatus capite thoraceque ferrugineis, elytris testaceis. *Fabric.* E. S. I. n. 186.

Habitat in quisquiliis.

114. C. *truncatus*, alatus thorace ferrugineo, elytris striatis abbreviatis nigris. *Fabric.* E. S. I. n. 187.

Habitat Halae Saxonum.

115. C. *bipunctatus*, alatus aeneus antennis pedibusque nigris, elytris punctis duobus impressis. *Fabric.* E. S. I. n. 189.

Habitat in Germaniae quisquiliis. (*Cf. Carab. rufipes Paykull.* carab. monogr. n. 73. qui ibidem pro *C. bipunct.* F. declaratur.)

116. C. *celer*, alatus aeneus nitidus pedibus ferrugineis. *Fabric.* E. S. I. n. 190.

Habitat in Germaniae sylvaticis.

117. C. *minutus*, alatus ater, elytris pedibusque piceis. *Fabric.* E. S. I. n. 191.

Habitat in truncis arborum.

118. C. *pygmaeus*, alatus supra aeneus nitidus, subtus ater. *Fabric.* E. S. I. n. 192.

Habitat in Germania. (*C. rufipes Payk.* n. 73. fide ill. *Fabric.* huc amandandus.)

119. C. *tristis*, alatus niger pedibus rufis. *Fabric.* E. S. I. n. 193.

Habitat in Germania. (Variat elytris piceis.)

120. C. *truncatellus*, alatus supra obscure aeneus, subtus ater, elytris obtusis. *Fabric.* E. S. I. n. 194.

Habitat in Germaniae quisquiliis.

121. C. *minimus*, alatus ater elytris striatis. *Fabric.* E. S. I. n. 195.

Habitat in Germania.

XV.

XIV. Cicindela (*Sandkäfer*) *Fabric.* Gen. Inſ. p. 65.

Palpi ſex filiformes poſtici piloſi. Labium corneum tridentatum. Antennae ſetaceae.

1. C. *anguſtata*, thorace cylindrico cyaneo, elytris teſtaceis apice nigris. *Fabric.* E. S. I. n. 3. *Panzer* faun. germ. X. 1.
   Habitat ſub muſcis et lapidibus Germaniae. (Vix huius generis. Vid. *A. L. Z.* 1793. n. 143. p. 404.)

2. C. *campeſtris*, viridis elytris punctis quinque albis. *Fabric.* E. S. I. n. 9. *Voet* Coleopt. T. II. n. 4. tab. 40. fig. 4. et tab. tit. fig. 5.
   Habitat in campis arenoſis.

3. C. *hybrida*, ſubpurpuraſcens elytris faſcia lunulisque duabus albis, corpore aureo nitido. *Fabric.* E. S. I. n. 10. *Voet* Coleopt. T. II. n. 1. tab. 39. fig. 1.
   Habitat in arvis et campis ſabuloſis.

4. C. *ſylvatica*, nigra elytris faſcia undata punctisque duobus albis. *Fabric.* E. S. I. n. 11. *Herbſt* Archiv. V. n. 3. tab. 27. fig. 13. *Voet* Coleopt. II. n. 2. tab. 40. fig. 2.

Habitat in ſylvaticis.

5. C. *flexuoſa*, obſcura elytris punctis quatuor lunulisque tribus albis: intermedia flexuoſa. *Fabric.* E. S. I. n. 19. *Panzer* faun. germ. II. 12.

Habitat in arenoſis.

6. C. *ſinuata*, obſcura lunulis tribus albis: intermedia flexuoſa. *Panzer* faun. germ. II. 13.

Habitat in Auſtriae ſabuloſis.

7. C. *germanica*, cuprea elytris viridibus: puncto lunulaque apicis albis. *Fabric.* E. S. I. n. 21. *Panzer* faun. germ. VI. 5.

Habitat in Germaniae montoſis arenoſis.

XV. Elaphrus. (*Strandkäfer*) *Fabric.* Gen. Inſ. p. 66.

Palpi ſex filiformes. Labium rotundatum acuminatum integrum. Antennae ſetaceae.

1. E. *uliginoſus*, viridiaeneus elytris ſtriatis: punctis impreſſis caeruleis. *Fabric.* E. S. I. n. 1. *Geoffr.* Inſ. T. I. n. 30. p. 156.

Habitat in Germaniae uliginoſis.

2. E. *riparius*, viridiaeneus, elytris punctis la-

tis

tis excavatis. *Fabric.* E. S. I. n. 2. *Panzer* faun. germ. XX. 1.

Habitat ad ripas sabulosas, et in campis uliginosis.

3. E. *striatus*, aeneus elytris striatis, pedibus flavescentibus. *Fabric.* E. S. I. n. 3.

Habitat in Germaniae humentibus.

4. E, *flavipes*, obscure aeneus elytris subnebulosis, pedibus luteis. *Fabric.* E. S. I. n. 4. *Panzer* faun. germ. XX. 2.

Habitat ad riparum littora.

5. E. *paludosus*, obscure aeneus, elytris striatis maculis duabus aureis. *Panzer* faun. germ. XX. 4.

Habitat in Germaniae humidis.

6. E. *aquaticus*, aeneus nitidus capite striato. *Fabric.* E. S. I. n. 5. *Panzer* faun. germ. XX. 3.

Habitat ad aquas.

7. E. *semipunctatus*, aeneus nitidus elytris punctatis: dorso glaberrimo. *Fabric.* E. S. I. n. 6.

Habitat cum praecedenti. (Nulla equidem mihi nota eruenda erat, qua ab antecedenti satis distinguatur.)

XVI. SCOLYTUS (*Sumpfkäfer*) *Fabric.* Ent. ſyſt. p. 180.

Palpi quatuor aequales: articulo ultimo obconico. Maxilla cornea ciliata acuta integra. Labium breve membranaceum, rotundatum acuminatum. Antennae filiformes.

1. S. *limbatus*, ſupra ferrugineus thorace macula elytris faſciis undatis viridi aeneis. *Fabric.* E. S. I. n. 2. *Panzer* faun. germ. II. 7.
   Habitat ad aquas ſtagnantes et ſub lapidibus in humentibus.
2. S. *aeneus*, elytris ſtriis punctatis. *Panzer* faun. germ. VIII. 2.
   Habitat Dresdae in truncis putridis haud infrequens. (An huius generis?)

XVII. HYDROPHILUS (*Schwimmkäfer*) *Fabric.* Gen. Inſ. p. 67.

Palpi quatuor filiformes. Maxilla bifida. Labium corneum ſubemarginatum. Antennae clava perfoliata.

1. H. *piceus*, niger ſterno canaliculato poſtice ſpinoſo.

ſpinoſo. *Fabric.* E. S. I. n. 1. *Geoffr.* Inſ. T. I. n. 1. p. 182. tab. 3. fig. 1.

Habitat in aquis, piſcibus infeſtus.

2. H. *caraboides*, niger nitidus elytris ſubſtriatis. *Fabric.* E. S. I. n. 4. *Röſel* Inſekt. T. II. tab. IV. fig. 1. 2.

Habitat in aquis.

3. H. *emarginatus*, fuſcus obſcurus clypeo emarginato. *Fabric.* E. S. I. n. 7.

Habitat in Germaniae aquis plantis adhaerens. (An huius generis?)

4. H. *ſcarabaeoides*, niger elytris ſtriatis, pedibus piceis. *Fabric.* E. S. I. n. 8. p. 184.

Habitat in aquis. (Dytiſcus ſcarabaeoides *Linn.* *S. N.* *n.* 3. alius equidem mihi videtur.)

5. H. *orbicularis*, ſubrotundus corpore glabro atro. *Fabric.* E. S. I. n. 10.

Habitat in aquis.

6. H. *haemorrhoidalis*, ater elytris ſtriatis: apice tibiisque ferrugineis. *Fabric.* E. S. I. n. 16.

Habitat in aquis.

7. H. *marginellus*, ater nitidus thoracis elytrorumque margine rufo. *Fabric.* E. S. I. n. 17.

Habitat in Germaniae aquis.

8. H. *obscurus*, ater nitidus elytris striatis basi apiceque ferrugineis. *Fabric.* E. S. I. n. 18.
Habitat in Germaniae aquis.

9. H. *luridus*, thorace elytrisque striatis fusco cinereis, corpore nigro. *Fabric.* E. S. I. n. 19. *Panzer* faun. germ. VII. 3.
Habitat in aquis.

10. H. *chrysomelinus*, supra cinereus subtus niger. *Fabric.* E. S. I. n. 48. *Dytiscus* chrysomelinus.
Habitat in Germaniae aquis.

11. H. *minutus*, ovatus niger elytris pedibusque griseis. *Fabric.* E. S. I. n. 20.
Habitat in aquis.

12. H. *griseus*, supra cinereus subtus fuscus. *Fabric.* E. S. I. n. 21.
Habitat in aquis.

13. H. *bipunctatus*, thorace atro margine griseo: elytris fuscis, margine punctoque postico albidis. *Fabric.* E. S. I. n. 22.
Habitat in Germaniae aquis.

XVIII. Dytiscus (*Wasserkäfer*) *Fabric.* Gen. Inf. p. 68.

Palpi fex filiformes. Labium corneum truncatum integrum. Antennae fetaceae.

1. D. *latiſſimus*, niger elytrorum marginibus dilatatis: linea flava. *Fabric.* E. S. I. n. 1. *Schäffer* Ic. Inf. Ratisb. tab. 217. fig. 1. 2.
   Habitat in Germaniae piſcibus infeſtus. (*Mas* glaber, *Femina* ſulcata, ut in plerisque huius generis praeſertim ſpeciebus maioribus mos eſt.)

2. D. *marginalis*, niger thoracis marginibus omnibus elytrorumque exteriori flavis. *Fabric.* E. S. I. n. 3. *Röſel* Inf. T. II. tab. 1. fig. 9. 10. 11.
   Habitat in Germaniae aquis. (Maribus anteriorum pedum plantae hemiſphaericae patelliformes ad arctiorem copulam. Femina ſemiſtriata. F.)

3. D. *punctulatus*, niger clypeo thoracis elytrorumque margine albis, elytris ſtriis tribus punctatis. *Fabric.* E. S. I. n. 4. *Bergſträſſ.* nomencl. tab. 8. fig. 4. et tab. 9. fig. 2.
   Habitat in rivulis ſylvaticis.

4. D. *Roeselii*, virescens clypeo thoracis elytrorumque margine exteriori flavis, elytris obsolete striatis. *Fabric.* E. S. I. n. 5.

Habitat in aquis (An femina anteced?)

5. D. *sulcatus*, coleoptris sulcis decem longitudinalibus villosis. *Fabric.* E. S. I. n. 8. *Roesel* Insekt. T. II. tab. 3. fig. 7.

Habitat in aquis. (Mas elytris laevibus glabris.)

6. D. *striatus*, fuscus thorace flavo: fascia abbreviata nigra, elytris transversim subtilissime striatis. *Fabric.* E. S. I. n. 10. *Degeer* Inf. IV. n. 5. tab. 15. fig. 16.

Habitat in aquis frequens.

7. D. *fuscus*, fuscus thoracis margine flavo, elytris transversim subtilissime striatis. *Fabric.* E. S. I. n. 11.

Habitat in aquis.

8. D. *cinereus*, cinereus elytrorum margine thoracisque medietate flavis. *Fabric.* E. S. I. n. 15.

Habitat in aquis. (Saepius cum mare *D. sulcati* confusus.)

9. D. *fuliginosus*, ater ore elytrorumque margine ferrugineis, capite immaculato. *Fabric.* E. S. I. n. 19.

Habi-

Habitat in Germaniae aquis.

10. C. *bipustulatus*, laevis ater capite postice punctis duobus rubris. *Fabric.* E. S. I. n. 20. *Schäffer* Ic. Inf. Ratisb. tab. 8. fig. 9.

Habitat in Germaniae aquis.

11. D. *bipunctatus*, ater thorace flavo, punctis duobus nigris, elytris flavo fuscoque variis. *Fabric.* E. S. I. n. 22.

Habitat in Germaniae aquis.

12. D. *fenestratus*, subtus ferrugineus, supra niger, elytris punctis duobus fenestratis. *Fabric.* E. S. I. n. 23.

Habitat in Germaniae aquis.

13. D. Hybneri, laevis ater ore thoracisque margine ferrugineis, elytris linea marginali flava. *Fabric.* E. S. I. n. 24. *Bergsträßer* nomencl. tab. 8. fig. 5. *D. bistriatus.*

Habitat in Germaniae aquis.

14. D. *stagnalis*, laevis niger thorace antice ferrugineo, elytris fuscis, flavo lineatis. *Fabric.* E. S. I. n. 25. *Bergsträßer* nomencl. tab. 6. fig. 8. 9. *D. lineatus.*

Habitat in aquis.

15. D. *arcuatus*, ferrugineus laevis, elytris nigris

gris margine ſtrigaque diſci arcuata cum margine coeunte flavis. *Panzer* faun. germ. XXVI.

Habitat in aquis.

16. D. *trifidus*, ater laevis elytris nigris macula baſeos tripartita margineque pallidis. *Panzer* faun. germ. XXVI.

Habitat in Germaniae aquis.

17. D. *transverſalis*, ater thorace antice ferrugineo, elytrorum margine ſtriaque baſeos abbreviata flavis. *Fabric.* E. S. I. n. 26. *Bergſträſſer* nomencl. tab. 5. fig. 6.

Habitat in Germaniae aquis.

18. D. *Hermanni*, gibbus capite thorace elytrorumque baſi ferrugineis, elytris truncatis. *Fabric.* E. S. I. n. 28.

Habitat in Germaniae aquis. (*Dytiſc. tardus* Act. Soc. nat. ſcrut. berol. T. IV. tab. 7. fig. 3. aliam indicare ſpeciem videtur. Cf. *Herbſt* Archiv. V. n. 8. p. 124.)

19. D. *abbreviatus*, niger elytris ſtriga abbreviata baſeos punctisque duobus flaveſcentibus. *Fabric.* E. S. I. n. 29. *Panzer* faun. germ. XIV. 1.

Habitat in Germaniae aquis.

20. D.

20. D. *gibbus*, gibbus ferrugineus elytris nigris apice acuminatis. *Fabric.* E. S. I. n. 30.

Habitat in aquis stagnantibus.

21. D. *uliginosus*, ater nitidus antennis pedibus elytrorumque latere exteriori ferrugineis. *Fabric.* E. S. I. n. 31. *Schäffer* Ic. Inf. Ratisb. tab. 8. fig. 10.

Habitat in Germaniae aquis.

22. D. *agilis*, niger ore thorace elytrorum margine pedibusque ferrugineis. *Fabric.* E. S. I. n. 33.

Habitat in Germaniae aquis.

23. D. *maculatus*, niger thorace fascia pallida, elytris albo nigroque variis. *Fabric.* E. S. I. n. 34.

Habitat in aquis.

24. D. *obscurus*, piceus, elytris laevibus nigris, maculis lituris que pallidis indistinctis. *Panzer* faun. germ. XXVI.

Habitat in aquis.

25. D. *erythrocephalus*, ovato-oblongus capite pedibusque rufis. *Fabric.* E. S. I. n. 35.

Habitat in Germaniae aquis.

26. D. *planus*, ovato oblongus planus niger tibiis solis rufis. *Fabric.* E. S. I. n. 36.

Habitat in Germaniae aquis.

27. D.

27. D. *notatus*, fuſcus thorace flavo: punctis quatuor nigris, elytris ſtria ſuturali flavis. *Fabric.* E. S. I. n. 38. *Bergſträſſer* nomencl. tab. 5. fig. 10.

Habitat in Germaniae aquis.

28. D. *dorſalis*, capite thoracis margine elytrorumque puncto baſeos diſtincto margineque inaequali ferrugineis. *Fabric.* E. S. I. n. 42. *Panzer* faun. germ. XIV. 2.

Habitat in aquis.

29. D. *paluſtris*, laevis elytris lituris duabus lateralibus albis. *Fabric.* E. S. I. n. 44.

Habitat in aquis.

30. D. *ovatus*, fuſcus capite thoraceque ferrugineis. *Fabric.* E. S. I. n. 45. *Degeer* Inſ. IV. n. 9. tab. 14. fig. 17—19.

Habitat in aquis.

31. D. *picipes*, niger thorace antice ferrugineo, elytris flavo lineatis. *Fabric.* E. S. I. n. 46. *Panzer* faun. germ. XIV. n. 3.

Habitat in aquis. (Lineae flaveſcentes elytrorum ſaepius deliteſcunt.)

32. D. *lituratus*, niger elytris baſi lituraque apicis pallidis. *Fabric.* E. S. I. n. 47. *Panzer* faun. germ. XIV. n. 4.

Habi-

Habitat in Germaniae aquis (Caput ferrugineum. Thorax ater maculis lateralibus pallidis).

33. D. *halensis*, ater thorace rufo: baseos medio nigro: puncto rufo, elytris cinereis nigrostriatis. *Fabric.* E. S. I. n. 52.

Habitat in Germaniae aquis.

34. D. *granularis*, niger elytris lineis duabus flavescentibus, pedibus rufis. *Fabric.* E. S. I. n. 54.

Habitat in aquis.

35. D. *confluens*, niger capite thoraceque ferrugineis, elytris pallidis: lineis quatuor disci nigris. *Fabric.* E. S. I. n. 55. *Panzer* faun. germ. XIV. 5.

Habitat in Germaniae aquis.

36. D. *obliquus*, ferrugineus elytris maculis quinque obliquis fuscis. *Fabric.* E. S. I. n. 56. *Panzer* faun. germ. XIV. 6.

Habitat in aquis.

37. D. *impressus*, oblongus flavescens elytris cinereis: punctis impressis striatis. *Fabric.* E. S. I. n. 57. *Panzer* faun. germ. XIV. 7.

Habitat in aquis.

38. D. *collaris*, ferrugineus elytris atris puncta-

toto-ſtriatis, lituris diſci cum marginis apicisque pluribus confluentibus. *Panzer* faun. germ. XXVI.

Habitat in aquis.

39. D. *marginepunctatus*, ovatus fuſcus, elytris teſtaceis ſtriato-punctatis, maculisque marginalibus tribus utrinque nigris. *Panzer* faun. germ. XIV. 10.

Habitat in Germaniae aquis.

40. D. *geminus*, oblongus ater thorace punctis duobus, elytris lineolis duabus baſeos punctoque apicis albis. *Fabric.* E. S. I. n. 60.

Habitat Halae Saxonum.

41. D. *lineatus*, ferrugineus coleoptris fuſcis: lineis flaveſcentibus. *Fabric.* E. S. I. n. 61.

Habitat in Germaniae aquis.

42. D *inaequalis*, ferrugineus elytris nigris: lateribus inaequaliter ferrugineis. *Fabric.* E. S. I. n. 62. *Panzer* faun. germ. XIV. 8.

Habitat in Germaniae aquis.

43. D. *interruptus*, ferrugineus, coleoptrorum diſco interrupte lateribusque inaequaliter pallidis. *Panzer* faun. germ. XXVI.

Habitat in aquis.

44. D.

44. D. *elevatus*, oblongus aeneus nitidus, elytris ſtriis duabus elevatis abbreviatis, interiectis punctis impreſſis atris. *Panzer* faun. germ. XIV. 9.
Habitat in aquis Goslariae.

45. D. *Volcmari*, oblongus aeneus nitidus elytris punctato-ſtriatis. *Panzer* faun. germ. VII. 4.
Habitat in aquis Goslariae.

46. D. *elegans*, ferrugineus laevis, capite thorace elytrisque flavis, his macula discoidea atra extus ramoſa. *Panzer* faun. germ. XXIV. 5.
Habitat in Germaniae aquis.

47. D. *minutus*, flaveſcens elytris fuſcis: margine flavo maculato. *Fabric.* E. S. I. n. 63.
Habitat in aquis.

48. D. *craſſicornis*, fuſcus capite thoraceque flavis, antennis medio incraſſatis. *Fabric.* E. S. I. n. 66.
Habitat in Germaniae aquis. (Fabrica antennarum ea ſingularis, prouti ab ill. *Fabric.* l. c. deſcripta, tantum in altero ſexu obtinet.)

49. D. *pictus*, ferrugineus thorace nigro, elytris pallidis, ſutura maculaque laterali nigris. *Fabric.* E. S. I. n. 68.

Habitat in Germaniae aquis.

50. D. *nigrita*, ater immaculatus, antennis pedibusque ferrugineis. *Fabric.* E. S. I. n. 69.

Habitat in Germaniae aquis.

XIX. Gyrinus (*Taucbkäfer*) *Fabric.* Gen. Inſ. p. 69.

Palpi quatuor filiformes. Maxilla cornea, unidentata acutiſſima. Labium emarginatum. Antennae cylindricae.

1. G. *natator*, ſubſtriatus. *Fabric.* E. S. I. n. 1. *Panzer* faun. germ, III. 5.

Habitat in Germaniae lacubus frequens. (Velociſſime ſupra aquam per orbes curſitat nitidiſſimus, foetens, dum vero urinatur bullam aeream hydragiri coloris ſecum trahit.)

XX. Elophorus (*Runzelkäfer*) *Fabric.* Gen. Inſ. p. 20.

Maxilla cornea apice membranacea. Labium corneum quadratum. Antennae clava ſolida.

1. E. *aquaticus*, fuscus, thorace rugoso elytrisque fusco aeneis. *Fabric.* E. S. I. n. 1. *Herbst* N. d. K. V. n. 2. tab. 49. fig. 7. G. *Degeer* Inf. IV. n. 5. tab. 15. fig. 5. 6.

Habitat in aquis stagnantibus frequens cursitans super lemnas. (Magnitudine variat.)

2. E. *nubilus*, grisens thorace elytrisque sulcato-rugosis. *Fabric.* E. S. I. n. 2. *Herbst* N. d. K. V. n. 3. tab. 49. fig. 8. h.

Habitat in aquis.

3. E. *elongatus*, thorace punctato aeneo, elytris porcatis fuscis. *Fabric.* E. S. I. n. 3. *Herbst.* N. d. K. V. n. 4. tab. 49. fig. 9. i. *Panzer* faun. germ. XXVI.

Habitat in aquis stagnantibus. (Thorax fossulis tribus excavatus.)

4. E. *humeralis*, fuscus thorace laevi, elytris crenato-striatis, puncto humerali testaceo. *Fabric.* E. S. I. n. 4.

Habitat in aquis stagnantibus. (Idem cum *Lyct. ingland.* F? *Kugelann* l. c. p. 563.)

5. E. *flavipes*, niger thorace sulcato, elytris striatis pedibusque testaceis. *Fabric.* E. S. I. n. 5. *Herbst* N. d. K. V. n. 1. tab. 49. fig. 6. f.

Habitat in aquis Germaniae. (*Herbstii* figura

l. c. exemplar solito maius prodit. Elytra crenato-striata sunt.)

6. E. *crenatus*, niger thorace inaequali, elytris crenato striatis. *Fabric.* E. S. I. n. 6. *Schaller* in Act. soc. nat. cur. halens. I. p. 258. *Silpha elongata.*

Habitat in aquis Lemna plenis. (An satis diversus ab E. elongato F.?)

7. E. *pygmaeus*, thorace marginato sublaevi niger, elytris striatis apice pedibusque ferrugineis. *Fabric.* E. S. I. n. 7.

Habitat in Germaniae aquis.

8. E. *minimus*, thorace laevi elytris striatis, corpore fusco immaculato. *Fabric.* E. S. I. n. 8. *Herbst* N. d. K. V. n. 6. tab. 49. fig. 11. L.

Habitat in Germaniae aquis.

9. E. *brevis*, ater thorace, elytris porcatis. *Herbst* N. d. K. V. n. 5. tab. 49. fig. 10. K.

Habitat in aquis Brunsvigiae.

10. E. *griseus*, thorace purpurascente elytris griseis. *Herbst* N. d. K. V. n. 7. tab. 49. fig. 12. M.

Habitat in Germania. (Hydraena *Kugelann* in *Schneid.* prompt. V. p. 578.)

XXI.

XXI. Clerus (*Ameisenkäfer*) *Fabric.* Gen. Inſ. p. 43.

Palpi quatuor, antici filiformes, poſtici longiores ſecuriformes. Antennae moniliformes.

1. C. *mutillarius*, niger elytris faſcia triplici alba baſi rufis. *Fabric.* E. S. I. n. 1. *Herbſt* Archiv IV. n. 1. tab. 25. fig. 2.

   Habitat in Germania. (Magnitudine variat.)

2. C. *formicarius*, niger thorace rufo, elytris faſcia duplici alba baſique rubris. *Fabric.* E. S. I. n. 5. *Panzer* faun. germ. IV. 8.

   Habitat in Germania frequens. (Magnitudine variat.)

3. C. *quadrimaculatus*, niger thorace rubro, elytris punctis duobus albis. *Fabric.* E. S. I. n. 7. *Schaller* in Act. ſoc. nat. cur. halenſ. I. p. 288. *Attelabus quadrimaculatus.*

   Habitat in Germania.

4. C. *apiarius*, ſubnudus cyaneus elytris rubris: faſciis tribus caeruleſcentibus tertia terminali. *Fabric.* E. S. I. n. 14. *Herbſt* N. d. K. IV. tab. 41. fig. 12.

   Habitat larva frequens in apum alveariis, imago in floribus.

5. C. *alvearius*, hirtus cyaneus elytris rufis: macula communi fasciisque tribus nigris; tertia abbreviata. *Fabric.* E. S. I. n. 15. *Schäffer* Ic. Inf. Rat. tab. 43. fig. 11. *Geoffr.* Inf. T. I. n. 1. p. 304. tab. 5. fig. 4.

Habitat imago in Germaniae floribus. (An satis distinctus a praecedenti?)

XXII. Notoxus (*Schildkrotenkäfer*) *Fabric.* Genf. Inf. p. 44.

Palpi quatuor securiformes. Maxilla unidentata. Antennae filiformes extrorsum crassiores.

1. N. *bifasciatus*, thorace rotundato ferrugineus, capite elytrorumque puncto fascia apiceque nigris. *Fabric.* E. S. I. n. 3. *Panzer* faun. germ. VI. 3. *Helops fasciatus.*

Habitat Dresdae.

2. N. *dubius*, thorace fusco elytris ferrugineis: lineola baseos fascia media punctoque apicis nigris. *Fabric.* E. S. I. n. 4. *Panzer* faun. germ. XI. 13.

Habitat in Germania. (Proprium genus cum anteced. constituere videtur.)

3. N.

3. N. *mollis*, pubescens elytris nigris: fasciis tribus pallidis. *Fabric.* E. S. I. n. 5. *Panzer* faun. germ. V. 5.

Habitat in Germania (Magnitudine variat.)

4. N. *monoceros*, thorace in cornu supra caput protenso, elytris puncto faciaque nigris. *Fabric.* E. S. I. n. 6. *Geoffr.* Inf. T. I. p. 356. tab. 6. fig. 8.

Habitat in floribus.

5. N. *bipunctatus*, thorace ferrugineo elytris testaceis; puncto nigro. *Fabric.* E. S. I. n. 8. *Panzer* faun. germ. XXVI.

Habitat in Germania. (Idem cum *D. bipunct.*? *Kugelann* l. c. p. 574. ast inique.)

6. N. *antherinus*, niger elytris fasciis duabus ferrugineis. *Fabric.* E. S. I. n. 9. *Panzer* faun. germ. XI. 14.

Habitat in floribus.

7. N. *floralis*, niger thorace ferrugineo. *Fabric.* E. S. I. n. 10. *Panzer* faun. germ. XXIII. 4.

Habitat in floribus.

8. N. *calycinus*, niger thorace ferrugineo, elytris pedibusque testaceis. *Panzer* faun. germ. VIII. 3.

Habitat Dresdae.

9. N. *nectarinus*, thorace ferrugineo, coleoptris

 nigri-

nigricantibus, fasciis duabus flavis interruptis. *Panzer* faun. germ. XXIII. 7.

Habitat Mannhemii.

10. N. *thoracicus*, thorace ferrugineo, capite elytrisque atris, his litura baseos sanguinea. *Panzer* faun. germ. XXIII. 6.

Habitat Vindobonae.

11. N. *minutus*, ater nitidus antennis pedibusque pallescentibus. *Fabric.* E. S. I. n. 11. *Panzer* faun. germ. XXIII. 5.

Habitat ad radices arborum in muscis.

XXIII. Cantharis (*Afterleuchtkäfer*) *Fabric.* Gen. Inf. p. 60.

Palpi securiformes. Maxilla bifida. Labium integrum. Antennae filiformes.

1. C. *fusca*, thorace marginato rubro: macula nigra, elytris fuscis. *Fabric.* E. S. I. n. 1. *Schäffer* ic. Inf. Ratisb. tab. 16. fig. 10. 11. *Preysler* Inf. bohem. n. 61.

Habitat in Germaniae sepibus et dumetis. (Saevit in propriam speciem. Vid. *Preysler* l. c.)

2. C.

2. C. *livida*, thorace marginato, tota testacea. *Fabric.* E. S. I. n. 2. *Voet.* Coleopt. II. n. 1, tab. 46. fig. 1.

Habitat in floribus.

3. C. *dispar*, fusca thorace marginato rufo immaculato, femoribus anoque rufis. *Fabric.* E. S. I. n. 3.

Habitat in Germaniae floribus. (Provenit C. *fusca* serior, cui nimis affinis. F.)

4. C. *obscura*, thorace marginato: marginibus rubris, corpore nigro. *Fabric.* E. S. I. n. 6. *Schäffer* Jc. Inf. Ratisb. tab. 16. fig. 8.

Habitat in floribus. (Variat thoracis margine rubro et pallide fusco, pedibus rubris et nigris. F.)

5. C. *pellucida*, thorace marginato rufo, vertice elytris tibiisque posticis fuscis. *Fabric.* E. S. I. n. 7.

Habitat in Germania.

6. C. *lateralis*, thorace marginato rubro, corpore fusco, elytris margine exteriori flavescentibus. *Fabric.* E. S. I. n. 9.

Habitat in Germaniae hortis et sepibus.

7. C. *atra*, thorace marginato, corpore toto atro. *Fabric.* E. S. I. n. 11.

Habitat in Germaniae floribus.

8. C. *pallipes*, thorace marginato atra, elytris pallidis apice fuſcis. *Fabric.* E. S. I. n. 14.

Habitat in Germania.

9. C. *haemorrhoidalis*, thorace marginato pallido: faſcia abbreviata antica maculaque media atris, elytris pallidis, ano pedibusque rufis. *Fabric.* E. S. I. n. 15.

Habitat in agro Ienenſi.

10. C. *pallida*, thorace marginato atro, elytris pedibusque pallide teſtaceis. *Fabric.* E. S. I. n. 16.

Habitat in hortis.

11. C. *ruficollis*, atra thorace abdomineque rufis. *Fabric.* E. S. I. n. 17.

Habitat in Germaniae hortis.

12. C. *bipunctata*, thorace marginato: punctis duobus nigris, elytris teſtaceis apice nigris. *Fabric.* E. S. I. n. 21. *Devill.* ent. T. I. n. 26. p. 297. tab. 1. fig. 30.

Habitat in Germaniae hortis.

13. C. *fulvicollis*, thorace marginato pedibusque fulvis, corpore nigro. *Fabric.* E. S. I. n. 23.

Habi-

Habitat in Germania. (Vid. *Schneider* in promp:. III. p. 368.)

14. C. *melanura*, thorace rotundato, corpore luteo, elytris apice nigris. *Fabric.* E. S. I. n. 26. *Voet.* Coleopt. II. n. 2. tab. 46. fig. 2.

Habitat in floribus in hortis. (Variat rarius capite nigro.)

15. C. *nitidula*, thorace rotundato ruso, corpore atro nitidulo. *Fabric.* E. S. I. n. 28.

Habitat in Germania.

16. C. *Morio*, thorace rotundato atra, elytris cyaneo nigris. *Fabric.* E. S. I. n. 29.

Habitat in Germania.

17. C. *nigra*, thorace marginato pubescens, corpore nigro. *Fabric.* E. S. I. n. 30.

Habitat in floribus.

18. C. *pulicaria*, thorace marginaro ruso: macula nigra, elytris atris. *Fabric.* E. S. I. n. 31.

Habitat in floribus. (Parva tota atra, exceptis thoracis marginibus tentaculisque abdominalibus. F.)

19. C. *minima*, thorace marginato ruso: macula nigra, corpore fusco, elytris apice flavis. *Fabric.* E. S. I. n. 32. *Geoffr.* Ins. T. I. n. 1. p. 372. tab. 7. fig. 1.

Habitat

Habitat in Germaniae hortis.

20. C. *testacea*, thorace marginato flavo: macula nigra, corpore nigro, elytris pedibusque lividis. *Fabric.* E. S. I. n. 33.

Habitat in hortis.

21. C. *biguttata*, thorace marginato medio atro, elytris abbreviatis nigris apice flavis. *Fabric.* E. S. I. n. 34. *Panzer* faun. germ. XI. 15.

Habitat in floribus.

XXIV. Malachius (*Warzenkäfer*) *Fabric.* Gen. Inf. p. 61.

Palpi filiformes: articulo ultimo fetaceo. Maxilla unidentata. Labium rotundatum membranaceum. Antennae filiformes.

1. M. *aeneus*, corpore viridi aeneo, elytris extrorsum sanguineis. *Fabric.* E. S. I. n. 1. *Panzer* faun. germ. X. 2.

Habitat in hortis, in floribus.

2. M. *bipustulatus*, aeneo viridis, elytris apice rubris. *Fabric.* E. S. I. n. 2. *Panzer* faun. germ. X. 3.

Habitat in hortis, victitans rapina.

3. M.

3. M. *sanguinolentus*, nigro aeneus thoracis margine elytrisque sanguineis. *Fabric.* E. S. I. n. 6.
Habitat in Germaniae floribus.

4. M. *ruficollis*, ater thorace elytrorumque apicibus sanguineis. *Fabric.* E. S. I. n. 7. *Panzer* faun. germ. II. 8.
Habitat in Germania.

5. M. *angulatus*, ater nitidus thoracis limbo tibiisque anticis rufis. *Fabric.* E. S. I. n. 9.
Habitat in Germaniae hortis.

6. M. *praeustus*, nigricans elytris postice pedibusque flavescentibus. *Fabric.* E. S. I. n. 10.
Habitat Halae Saxonum.

7. M. *pedicularius*, ater elytris apice rubris. *Fabric.* E. S. I. n. 11.
Habitat in hortis, et in floribus.

8. M. *pulicarius*, niger thoracis margine elytrorumque apicis rubris. *Fabric.* E. S. I. n. 12. *Panzer* faun. germ. X. 4.
Habitat in floribus, in umbellatis. (Praecedenti affinis, an huius mera varietas?)

9. M. *fasciatus*, elytris nigris: fasciis duabus rufis. *Fabric.* E. S. I. n. 13. *Panzer* faun. germ. X. 5.
Habitat in floribus.

10. M. *equestris*, viridis aeneus elytris rubris: fascia viridi aenea. *Fabric.* E. S. I. n. 14. *Panzer* faun. germ. X. 6.

Habitat in floribus. (Praecedenti similis, ast differt elytris sanquineis fasciaque viridi aenea.)

11. M. *flavipes*, niger antennarum basi tibiisque flavis. *Fabric.* E. S. I. n. 15.

Habitat in floribus.

XXV. Dermestes (*Speckkäfer*) *Fabric.* Gen. Inf. p. 12.

Palpi quatuor filiformes. Maxilla bifida. Labium corneum, obtusum integrum. Antennae clavato-perfoliatae.

1. D. *lardarius*, niger elytris antice cinereis. *Fabric.* E. S. I. n. 1. *Voet.* Coleopt. II. n. 1. tab. 31. fig. I. *Preysler* inf. bohem. n. 10.

Habitat in carnibus, lardo cet. et in musaeis. (Larva ovata hirsuta fusca, scybala inter vorandum ex ano protrudit concatenata.)

2. D.

2. D. *carnivorus*, niger elytris antice testaceis, abdomine albo. *Fabric.* E. S. I. n. 2.

Habitat in animalibus asservatis. (Picturae *Voet.* et *Schäffer.* apud *Harrer.* incertae sunt, hinc non admittendae.)

3. D. *cadaverinus*, niger ore ferrugineo. *Fabric.* E. S. I. n. 3.

Propter patriam et habitationem adhuc dubia species. (Cf. *D. Frischii Kugelann* in *Schneid.* prompt. IV. n. 3. p. 479.)

4. D. *macellarius*, niger glaber pedibus piceis. *Fabric.* E. S. I. n. 4. *Herbst* N. d. K. IV. tab. 40. fig. 7. E.

Habitat in Germania.

5. D. *Pellio*, niger elytris puncto albo. *Fabric.* E. S. I. n. 5. *Herbst* N. d. K. IV. tab. 40. fig. 8.

Habitat in lardo, pellibus, et in floribus. (Vid. *Hellwig* apud *Ross.* n. 75.)

6. D. *Schäfferi*, ater, articulo antennarum ultimo longissimo, tarsis antennisque basi ferrugineis. *Herbst* N. d. K. IV. n. 1. tab. 39. fig. 1. a. b. *Megatoma Schäfferi.*

Habitat

Habitat in Germania. (Varietas *D. Pellionis?* Vid. *Hellw.* ap. *Ross.* n. 75. An idem, quem pictura *Herbstii im Archiv* tab. 48. fig. 6. exhibet, aut saltem huic affinis et similis? *Kugelann* in *Schneid.* prompt. IV. n. 2. p. 481. — Heic *Herbstii Megatomata* propter habitationem, habitum figuram fabricamque cum Dermestidibus maxime convenientem, inferere lubet, utpote loco mihi quidem prae aliis viso aptissimo et tutissimo.)

7. D. *ater*, ater convexus, pedibus piceis. *Herbst* N. d. K. IV. n. 2. tab. 39. fig. 2. a. b. *Megatoma atra.*

Habitat in Germania. (Variet. *D. Pellion.* *Vid. Hellw. l. c.*)

8. D. *brevicornis*, ater, antennis brevibus pedibus piceis. *Herbst* N. d. K. IV. n. 3. tab. 39. fig. 3. a. b. *Megatoma brevicornis.*

Habitat in Germania. (Variet. *D. Pellion.* *Vid. Hellw. l. c.*)

9. D. *undatus*, oblongus niger elytris fascia undata duplici. *Fabric.* E. S. I. n. 6. *Herbst* N. d. K. tab. 40. fig. G.

Habitat

Habitat in putridis, suffocatis, in floribus, et sub corticibus arborum.

10. D. *undulatus*, ater hirtus, elytris fasciis duabus griseis undulatis. *Herbst* N. d. K. IV. n. 4. tab. 39. fig. 4. a. b.

Habitat in Germania. (Anteced. simillimus, ast differt fabrica antennarum aliena. *Vid. Herbst* l. c.)

11. D. *piceus*, piceus, tibiis bispinosis, tarsis posticis longissimis. *Herbst* N. d. K. IV. n. 5. tab. 39. fig. 5. a. b. c.

Habitat Dresdae.

12. D. *vigintiguttatus*, oblongus ater, punctis viginti albis. *Fabric.* E. S. I. n. 8. *Panzer* faun. germ. XXII. 1.

Habitat in floribus arborum pomiferarum tempore verno. (Variat numero guttarum.)

13. D. *bicolor*, oblongus niger subtus elytris striatis. *Fabric.* E. S. I. n. 10. *Herbst* N. d. K. IV. tab. 40. fig. 6. D.

Habitat in cadaveribus et in floribus. (Cf. *Scriba* in ephemerid. III. p. 219.)

14. D. *vulpinus*, oblongus laevis niger thoracis lateribus cinereo-villosis, subtus albidus. *Fabric.*

ric. E. S. I. n. 11. *Herbst* N. d. K. IV. tab. 40. fig. 5. C.

Habitat in cadaveribus.

15. D. *murinus*, oblongus tomentosus nigro alboque nebulosus, abdomine niveo. *Fabric.* E. S. I. n. 14. *Herbst* N. d. K. IV. tab. 40. fig. 2. B. *Schäffer* Ic. Inf. Ratisb. tab. 42. fig. 1. 2.

Habitat in cadaveribus.

16. D. *Catta*, oblongus holosericeus, atro cinereo nebulosus, abdomine niveo. *Panzer* im Naturforscher XXIV. n. 12. tab. 1. fig. 12.

Habitat in cadaveribus. (Pro varietat. *D. murin.* ab aliis venditatur, ast inique. Vid. *Herbst* N. d. K. IV. tab. 40. fig. 4. et *Schneid.* in prompt. III. p. 371.)

17. D. *tessellatus*, oblongus tomentosus, fusco cinereoque nebulosus, abdomine niveo. *Fabric.* E. S. I. n. *Herbst* N. d. K. IV. tab. 40. fig. 3.

Habitat in cadaveribus et in truncis putrid. arbor. (*D. murin* Linn. S. N. n. 18. huc potiori iure referendus. Ab *Anob. tessellato* F. diversissimus, a quo caute distinguendus.)

18. D. *violaceus*, nigro caerulescens, thorace villoso,

loſo, pedibus rufis. *Fabric.* E. S. I. n. 16. *Panzer* faun. germ. V. 6.

Habitat in cadaveribus, ſuffocatis et in floribus.

19. D. *rufipes*, niger caeruleſcens thorace villoſo, pedibus rufis. *Fabric.* E. S. I. n. 17. *Schäffer* Ic. Inſ. Ratisb. tab. 166. fig. 4.

Habitat in Germaniae floribus.

20. D. *ſanguinicollis*, elongatus hirtus violaceus thorace abdomineque rufis. *Fabric.* E. S. I. n. 19. *Panzer* im Naturf. XXIV. n. 13. tab. 1. fig. 13.

Habitat in Germania. (An huius generis? Repetenda equidem mihi videtur haec quaequaeſtio, ut excitem peritiores in Dermeſtidem hunc ambigui generis inquirendi!)

21. D. *Lycopordi*, ſubpubeſcens ferrugineo fuſcus antennis nigris, clava ferruginea. *Fabric.* E. S. I. n. 20. *Herbſt* N. d. K. IV. tab. 42. fig. 13. *Kryptophagus lycopordi.*

Habitat in fungis et in truncis carioſis Germaniae.

22. D. *fuſcipes*, totus fuſcus, elytris pubeſcentibus tarſis longioribus. *Herbſt* N. d. K. IV. tab. 42. fig. 19. *Kryptophagus fuſcus.*

Habitat in Germania.

23. D. *bipunctatus*, oblongus glaber niger thorace ferrugineo elytris testaceis: puncto nigro. *Fabric.* E. S. I. n. 21. *Herbst* N. d. K. V. n. 10. tab. 44. fig. 10. *K. Latridius bipunctatus.*

Habitat ad rad. frutic. in paludosis. (*Notox. bipunct. Fabric.* n. 8. cum *D. bipunct.* in unam speciem iunxit *Kugelann* in *Schneid.* prompt. III. p. 575.)

24. D. *longicornis*, ovatus obscurus thorace rotundato nigro elytris castaneis rugosis. *Panzer* faun. germ. XXIII. 10. *Herbst* N. d. K. n. 7. tab. 44. fig. 1. a. *Latridius longicornis.*

Habitat in ligno putrido locisque humidis suffocatis.

25. D. *gibbosus*, fusco niger striatus, antennis basi testaceis, apice nigris, pedibus piceis. *Herbst* N. d. K. V. n. 2. tab. 44. fig. 2. B. *Latridius gibbosus.*

Habitat in floribus. (*Latridios Herbstii* una cum *Dermistid. Fabric.* invito coniunxi, quod alias vix fecissem, si constantiores tutioresque generis sui notas adduxisset *Herbstius.* Verum iuxta affinitatum leges,

leges, habitus victusque limites, ſub hoc genere aptius militent, quam ſub alio quocunque.)

26. D. *rugoſus*, niger thorace rugoſo, antennis pedibusque teſtaceis. *Herbſt* N. d. K. V. n. 3. tab. 44. fig. 3. C.

Habitat ſub corticibus arborum.

27. D. *porcatus*, luſcus, thorace quadrato elytris porcatis crenatis. *Panzer* faun. germ. XXIII. 8. *Herbſt* N. d. K. V. n. 4. tab. 44. fig. 4. D. *Latridius porcatus*.

Habitat frequens in Germaniae locis ſuffocatis, in fungis putridis et ſub arborum corticibus. (Variat elytris fuſcis, ferrugineis, et atris.)

28. D. *glaber*, niger elytris laevibus, antennis pedibusque piceis. *Herbſt* N. d. K. V. n. 5. tab. 44. fig. 5. E. *Latridius glaber*.

Habitat in floribus.

29. D. *quadratus* thorace quadrato fuſco, elytris cuſpidatis lividis. *Herbſt* N. d. K. IV. n. 6. tab. 44. fig. 6. F. *Latridius quadratus*.

Habitat Brunsvigiae.

30. D. *faſcicularis*, minimus totus niger, elytris

 apice

apice lividis. *Herbst* N. d. K. V. n. 7. tab. 44. fig. 7. G. *Latridius fascicularis*.

Habitat in Germania.

31. D. *minimus*, minutissimus oblongus lividus. *Herbst* N. d. K. V. n. 8. tab. 44. fig. 8. H. *Latridius minimus*.

Habitat in fungis.

32. D. *melanocephalus*, fuscus capite thoraceque atris. *Herbst* N. d. K. V. n. 9. tab. 44. fig. 9. I. *Latridius melanocephalus*.

Habitat in Germania.

33. D. *crenatus*, fuscus, thorace canaliculato utrinque crenulato, elytris rugosis subpubescentibus, antennis pedibusque ferrugineis. *Kugelann* in *Schneid.* prompt. V. n. 3. tab. 574.

Habitat in sepibus.

34. D. *mesomelus*, ater nitidus, elytris postice ferrugineis, antennis pedibusque fuscis. *Herbst* Nat. d. K. IV. n. 24. tab. 41. fig. 7. G. *Dermestes mesomelus*.

Habitat in Germania. (*Kugelann* l. c. sub *Latrid. proposuit.*)

35. D. *pedicularius*, ovatus testaceus abdominis basi nigra, elytris abbreviatis. *Fabric.* E. S. I. n. 43.

n. 43. *Panzer* faun. germ. VII. 3. *Herbst* N. d. K. V. n. 1. tab. 45. fig. 1. A. *Keteretes pedicularius*.

Habitat in floribus.

36. D. *semicoleoptratus*, ater capite thoraceque ferrugineis, elytris testaceis abbreviatis. *Panzer* faun. germ. XXIV. 6.

Habitat in Germania (An huius generis?)

37. D. *Vrticae*, ovatus ater nitidus antennis pedibusque testaceis. *Fabric*. E. S. I. n. 45.

Habitat in Vrtica Germaniae.

38. D. *brachypterus*, ovatus ater nitidus pedibus piceis, elytris dimidiatis. *Fabric*. E. S. I. n. 46. *Panzer* faun. germ. IV. 10. *Herbst* N. d. K. V. n. 2. tab. 45. fig. 2. *Kateretes brachypterus*.

Habitat in floribus.

39. D. *fimetarii*, oblongus niger nitidus pedibus ferrugineis. *Fabric*. E. S. I. n. 22. *Herbst* N. d. K. V. n. 4. tab. 45. fig. 4. D. *Kateretes fimetarii*.

Habitat in Agarico fimetario. L. (Praecedentibus, et reliquas *Kateretes Herbst*. associare ratus oportere, quoniam de iis idem

 valet,

valet, quod iam fupra de *Latridibus* praemonui.)

40. D. *fpadiceus*, parvus capite thoraceque nigris, elytris nigrofufcis glabris, antennis pedibusque teftaceis. *Herbft* N. d. K. V. n. 3. tab. 45. fig. 3. C. *Kateretes fufcus*.

Habitat in Germania.

41. D. *ater*, ovatus glaber nitens, thorace quadrato, antennis pedibusque teftaceis. *Panzer* faun. germ. XXIII. 9. *Herbft* N. d. K. V. n. 5. tab. 45. fig. 5. E. *Kateretes ater*.

Habitat in Germania. (Variat colore nigro, teftaceo, ferrugineo. An idem cum *D. minuto*, *Fabric.*? Cf. *Kugelann* l. c. p. 577.)

42. D. *dentatus*, ferrugineus, thoracis margine dentato, elytris flavo pilofis. *Herbft* N. d. K. V. n. 6. tab. 45. fig. 6. F. *Kateretes dentatus*.

Habitat in Germania.

43. D. *caftaneus*, ovatus globofus caftaneus, antennis pallidis apice nigris. *Herbft* N. d. K. V. n. 8. tab. 45. fig. 8. H. *Kateretes caftaneus*.

Habitat in Boletis lignefcentibus.

44. D. *fumatus*, oblongus teftaceus oculis nigris. *Fabric.* E. S. I. n. 23. *Herbft* N. d. K. IV. n. 15.

n. 15. tab. 41. fig. 1. A. Archiv. IV. tab. 20. fig. 1. *Dermestes fumatus*.

Habitat in floribus, tempore verno.

45. D. *tomentosus*, oblongus villosus grisens capite punctis duobus fuscis. *Fabric*. E. S. I. n. 24. *Herbst* N. d. K. IV. n. 14. tab. 40. fig. 11. I. *Dermestes tomentosus*.

Habitat cum praecedenti. (An huius mera varietas?)

46. D. *fuscus*, oblongus fuscus immaculatus. *Fabric*. E. S. I. n. 25. *Herbst* N. d. K. IV. tab. 41. fig. 2. B?

Habitat in Boletis. (Forte *D. vastator Kugelann* l. c. p. 479. huc amandandus?)

47. D. *sexdentatus*, oblongus fuscus thorace sulcato utrinque sexdentato. *Fabric*. E. S. I. n. 26. *Panzer* faun. germ. XIV. 11.

Habitat in Germania. (Nec quidquam obstat, quo minus pro I. *sexdentat*. *Herbst* Archiv. IV. n. 3. p. 31. tab. 20. fig. 21. habeatur. Verum ad *Scarites* transferri nequit, ut dubitem, num *S. cursor* F. pro illo assumeendus: nec inter *Tragositas* commode habitare potest. Ambiguum in-

 sectum,

ctum, quod iusto titulo adhuc in System. vacat. Vid. *Schneid.* in prompt. p. 355. et p. 372.

48. D. *adstrictor*, obscure fuscus pilosus, thorace basi lateribus dilatato, elytris punctato-striatis. *Herbst* N. d. K. IV. n. 20. tab. 41. fig. 4. D.
Habitat in floribus.

49. D. *unidentatus*, oblongus testaceus thorace utrinque unidentato. *Fabric.* E. S. I. n. 28. *Panzer* faun. germ. III. 6.
Habitat in floribus et foliis arborum.

50. D. *bidentatus*, oblongus ferrugineus thorace carinato. *Fabric.* E. S. I. n. 29.
Habitat in Germania.

51. D. *picipes*, oblongus obscurus pedibus piceis. *Fabric.* E. S. I. n. 30. *Panzer* faun. germ. XIV. 12. *Herbst* N. d. K. IV. tab. 41. fig. 3. C.
Habitat sub corticibus arborum.

52. D. *nigripes*, oblongus ater pedibus nigris. *Fabric.* E. S. I. n. 31.
Habitat Halae Saxonum.

53. D. *obscurus*, oblongus cylindricus fuscus antennis pedibusque testaceis. *Fabric.* E. S. I. n. 32.
Habitat in Germania.

54. D.

54. D. *scanicus*, ater thorace punctoque elytrorum testaceis. *Fabric.* E. S. I. n. 36.

Habitat in Germania. (Qui ut plurimum pro *D. scan.* venditur D., ablegandus ad I. *humeral. Fabric.*, quam haud apto satis nomine delinearunt *Herbst* im Archiv. tab: 20. fig. 2. et *ego* in faun. germ. IV. 9. Vid. *Schneider* in prompt. III. p. 372.)

55. D. *quadripustulatus*, ater thorace punctis elytrorum duobus rufis. *Panzer* faun. germ. VI. 6. *Herbst* N. d. K. n. 2. tab. 49. fig. 14. *Triplax quadrimaculata*.

Habitat Dresdae. (Cf. *Kugelann* l. c. p. 557. qui *Mycetoph. punctat Fabric.* n. 10. *Panzer* faun. germ. XII. 12. cum *Tripl.* 4 *macul. Herbst* l. c. perperam coniungit.)

56. D. *fenestralis*, castaneus capite nigricante, thorace fusco. *Fabric.* E. S. I. n. 38.

Habitat in Germania.

57. D. *variabilis*, ovatus pallens elytris laevissimis. *Fabric.* E. S. I. n. 39.

Habitat in fungis putrescentibus. (An idem cum *D. variabil. Herbst* N. d. K. tab. 41. fig. 5. E?)

58. D.

58. D. *serra*, ovatus niger antennis flavis: clava oblonga serrata. *Fabric.* E. S. I. n. 40. *Herbst* N. d. K. IV. n. 1. tab. 39. fig. 8. a. b. *Dorkatoma dresdensis.*

Habitat in fungis et ad radices Fagi sylvat.

59. D. *cellaris*, ovatus nigricans, antennarum clava testacea, thorace crenato. *Fabric.* E. S. I. n. 41. *Herbst* N. d. K. IV. tab. 42. fig. 14. O. *Kryptophagus crenatus.*

Habitat in quisquiliis, et sub corticibus arborum.

60. D. *minutus*, ovatus nigricans antennarum basi pedibusque flavis. *Fabric.* E. S. I. n. 42.

Habitat in quisquiliis. (Forte mera varietas *D. ater*?)

XXVI. Anobium (*Hauskäfer*) *Fabric.* Gen. Inf. p. 17.

Palpi quatuor clavati. Maxilla obtusa dentata. Labium integrum. Antennae filiformes: articulis tribus ultimis elongatis subcrassioribus.

1. A. *tessellatum*, fuscum thorace inaequali, elytris subtessellatis. *Fabric.* E. S. I. n. 1. *Herbst* N.

N. d. K. V. n. 1. tab. 47. fig. 2. A. *Schaller* act. soc. nat. curios. halens. I. p. 249. *Ptinus pulsator.*

Habitat in truncis putridis arborum, et aedes intrat. (Cf. *Scriba* in symb. ent. III. p. 122. Magnitudine, et numero tessularum variat.)

2. A. *striatum*, fuscum thorace inaequali: punctis duobus baseos ferrugineis, elytris striatis. *Fabric.* E. S. I. n. 2. *Herbst* N. d. K. V. n. 3. tab. 47. fig. 4. C. Archiv. IV. n. 2. tab. 20. fig. 12.

Habitat in Germaniae ligno antiquo. (Vide *Kugelann* l. c. p. 488. *Herbstii* picturas admisi.)

3. A. *rufipes*, nigrum thorace subrotundo, elytris striatis pedibus ferrugineis. *Fabric.* E. S. I. n. 3.

Habitat in Germania.

4. A. *castaneum*, pubescens castaneum elytris striatis. *Fabric.* E. S. I. n. 4. *Herbst* N. d. K. V. n. 11. tab. 47. fig. 12. L.

Habitat in Germania.

5. A. *pertinax*, fuscum immaculatum thorace compresso. *Fabric.* E. S. I. n. 5. *Herbst* N. d. K. V. n. 2. tab. 47. fig. 3.

Habitat

Habitat in aedibus antiquis, destruens e ligno confecta. (Devoratur a Clero formicario, captum sc. contrahit immobile.

6. A. *boleti*, fuscum obscurum pedibus testaceis. *Fabric.* E. S. I. n. 6. *Panzer* faun. germ. X. 7.

Habitat in Boletis arboreis.

7. A. *molle*, testaceum oculis nigris, elytris laevibus. *Fabric.* E. S. I. n. 7. *Herbst* N. d. K. V. n. 8. tab. 47. fig. 9. H.

Habitat in quisquiliis et locis suffocatis. (Vid. *Schneid.* l. c. p. 489.)

8. A. *paniceum*, pubescens ferrugineum, elytris striatis. *Fabric.* E. S. I. n. 8. *Herbst* N. d, K. V. n. 5. tab. 47. fig. 6. E.

Habitat in pane diutius asservato. (Vid. *Kugelann* l. c. p. 489.)

9. A. *abietis*, fuscum elytris laevibus pedibusque testaceis. *Fabric.* E. S. I. n. 9. *Herbst* N. d. K. V. n. 6. tab. 47. fig. 7. F.

Habitat in conis pini et abietis.

10. A. *planum*, fuscum thorace plano, elytris crenato striatis. *Fabric.* E. S. I. n. 10.

Habitat in Germania.

11. A. *micans*, glabrum fuscum elytris laevibus

pedibus

pedibus testaceis. *Fabric.* E. S. I. n. 13. *Panzer* faun. germ. X. 8. *Herbst* N. d. K. V. n. 10. tab. 47. fig. 11. K.

Habitat in Boletis arboreis.

12. A. *nitidum*, laeve atrum nitidum pedibus testaceis. *Fabric.* E. S. I. n. 14. *Panzer* faun. germ. X. 9.

Habitat in Boletis. (Cf. faun. germ. l. c.).

13. A. *festivum*, obscurum thorace rotundato, elytrorum atomis roseis micantibus. *Panzer* faun. germ. VI. 7.

Habitat in German. truncis cariosis.

14. A. *fagi*, atrum thorace inaequali lateribus margine postico puncto pitoso flavescente, elytris punctato striatis. *Herbst* N. d. K. V. n. 3. tab. 47. fig. 4. C. Archiv. IV. n. 2. tab. 20. fig. 12.

Habitat in Fago.

15. A. *carpini*, atrum thorace convexo marginato, elytris punctato striatis. *Fabric.* E. S. I. n. 4. tab. 47. fig. 5. D.

Habitat in Carpino Brunsvigiae.

16. A. *iuglandis*, castaneum, thorace postice carinato, elytris punctato striatis. *Herbst* N. d. K. V. n. 7. tab. 47. fig. 8. G.

Habitat

Habitat in Iuglande Brunsvigiae. (Forte antecced. mera varias?)

17. A. *ruficolle*, testaceum, thorace inaequali ferrugineo. *Herbst* N. d. K. V. n. 12. tab. 47. fig. 13. M.

Habitat Dresdae.

18. A. *reticulatum*, fusco nigrum thorace pubescente, elytris granulis reticulatis. *Herbst* N. d. K. V. n. 21. tab. 47. fig. 16. P.

Habitat in Germania.

19. A. *excavatum*, ferrugineum thorace subaequali antice excavato, elytris striatis. *Kugelann* in *Schneid.* prompt. IV. n. 5. p. 488.

Habitat in Quercu.

20. A. *sybaris*, nigrum thorace plano, antennis pedibusque fuscis. *Kugelann* in *Schneid.* prompt. V. n. 7. p. 499.

Habitat Osterodae.

XXVII. Ptinus (*Bohrkäfer*) *Fabric.* Gen. Inf. p. 18.

Palpi quatuor filiformes. Maxilla bifida. Labium bifidum. Antennae filiformes.

1. P.

1. P. *pubescens*, pubescens niger elytris striatis testaceis. *Fabric.* E. S. I. n. 1.

Habitat in Germaniae ligno antiquo.

2. P. *germanus*, fuscus thorace quadridentato, antennis pedibusque ferrugineis. *Fabric.* E. S. I. n. 2. *Schäffer* Ic. Inf. Ratisb. tab. 155. fig. 4. a. b.

Habitat in Germaniae quercu.

3. P. *longicornis*, ater nitidus pedibus flavescentibus. *Fabric.* E. S. I. n. 3.

Habitat in Germania.

4. P. *Fur*, testaceus thorace quadridentato, elytris fasciis duabus albis. *Fabric.* E. S. I. n. 4. *Geoffr.* Inf. I. n. 4. p. 164. tab. 2. fig. 6. *Naturforsch.* VIII. tab. 2. fig. 7. 8.

Habitat in musaeis, feminibus pessimus, destruens herbaria insecta, aves, vix pellendus. Mas alatus, femina aptera.

5. P. *imperialis*, fuscus thorace subcarinato, coleoptris macula lobata alba. *Fabric.* E. S. I. n. 5. *Panzer* faun. germ. V. 7.

Habitat in aedibus antiquis et in arborum truncis.

6. P. *crenatus*, brunneus thorace gibbo, elytris crenato-ſtriatis immaculatis. *Fabric.* E. S. I. n. 6.
Habitat in Germania.

7. P. *Latro*, thorace bidentato teſtaceus immaculatus. *Fabric.* E. S. I. n. 7.
Habitat in Germania.

8. P. *denticornis*, niger elytris ſtriatis, antennis ſerratis. *Fabric.* E. S. I. n. 8. *Herbſt* N. d. K. V. n. 13. tab. 47. fig. 14. N. *Anobium flabellicorne.*
Habitat Dresdae.

9. P. *Scotias*, thorace laevi piceo, elytris connatis fuſco teſtaceis nitidis. *Fabric.* E. S. I. n. 12. *Herbſt* Archiv. IV. tab. 20. fig. 14.
Habitat in quisquiliis, floribus et arboribus. (Forte proprii generis?)

10. P. ſtriatus, thorace gibbo bituberculato, coleoptris globoſis ſtriatis. *Fabric.* E. S. I. n. 13.
Habitat in Germania.

11. P. *ſexpunctatus*, villoſo-griſeus, thorace gibbo, elytris nigris punctis tribus lacteis. *Panzer* Naturf. XXIV. n. 16. faun. germ. I. 20.
Habitat in Germania.

12. P. *minutus*, griſeus ſubgloboſus, elytris punctato-ſtriatis. *Kugelann* in *Schneid.* prompt. IV. n. 5.
Habi-

Habitat Osterodae. (Habitus et statura. P. Fur, at triplo minor.)

XXVIII. Ptilinus (*Federkammkäfer*) *Fabric.* Ent. syst. Gen. 35. p. 180.

Palpi quatuor subaequales. Maxilla brevis bifida. Labium membranaceum subemarginatum. Antennae flabellatae.

1. P. *pectinicornis*, fuscus pedibus luteis. *Fabric.* E. S. I. n. 2. *Panzer* faun. germ. III. 7.
   Habitat in Salic. et Coryl. truncis cariosis.

2. P. *flavescens*, subpubescens niger elytris flavis. *Fabric.* E. S. I. n. 3. *Panzer* faun. germ. III. 8.
   Habitat in floribus.

3. P. *pectinatus*, niger antennis pedibusque flavis, elytris striatis. *Fabric.* E. S. I. n. 4. *Panzer* faun. germ. VI. 9.
   Habitat in truncis arborum Dresdae, Brunsvigiae.

4. P. *muticus*, antennis pilosis nigra elytris striatis. *Fabric.* E. S. IV. app. n. 5. p. 445. *Hispa mutica.* E. S. I. 4. *Panzer* faun. germ. I. 8.
   Habitat in gramine, quisquiliis, muscis.

XXIX. Melasis (*Federträger*) *Fabric.* Ent. syst. Gen. 36. p. 244.

Palpi quatuor clavati, articulo ultimo ovato. Labium membranaceum integrum. Antennae flabellatae.

1. M. *flabellicornis*, nigra elytrorum striis laevibus. *Fabric.* E. S. I. n. 1. et IV. app. p. 445. *Panzer* faun. germ. III. 9. *Herbst* N. d. K. n. 1. tab. 47. fig. 1. a.

Habitat in truncis arborum putridis.

XXX. Parnus (*Heuschreckenkäfer*) *Fabric.* Ent. syst. Gen. 37. p. 245.

Palpi quatuor clavati: clava orbiculata. Maxilla bifida. Labium emarginatum. Antennae breves filiformes.

1. P. *prolifericornis*, griseus antennis tentaculatis. *Fabric.* E. S. I. n. 1. *Panzer* faun. germ. XIII. 1.

Habitat in arenosis humidis: (Vid. *Schneider* prompt. IV. p. 531. deleatur ibidem, Hirtus incerti generis *Herbst*.)

2. P.

2. P. *acuminatus*, obscurus elytris acuminatis. *Fabric.* E. S. I. n. 2. *Panzer* faun. germ. VI. 8.

Habitat Halae Saxon. Dresdae et Brunsvigiae.

3. P. *obscurus*, niger elytrorum abdominisque margine pedibusque ferrugineis. *Fabric.* E. S. IV. app. n. 3. p. 445.

Habitat in Germania.

XXXI. Nicrophorus (*Todtengräber*) *Fabric.* Gen. Inf. p. 25.

Labium cordatum emarginatum crenatum. Antennae perfoliatae.

1. N. *germanicus*, ater fronte margineque elytrorum ferrugineis. *Fabric.* E. S. I. n. 1. *Herbst* N. d. K. V. n. 2. tab. 50. fig. 2.

Habitat in Germaniae cadaveribus. (Huius varietas est *Silpha speciosa Naturf.* VI. tab. 4. fig. 1.)

2. N. *humator*, ater antennis apice rufis. *Fabric.* E. S. I. n. 2. *Herbst* N. d. K. V. n. 3. tab. 50. fig. 3. *Voet.* Coleopt. II. n. 4. tab. 34. fig. 4.

Habitat in cadaveribus.

3. N. *Vespillo*, ater elytris fascia duplici ferruginea, antennarum clava rubra. *Fabric.* E. S. I. n. 4. *Roesel* Insekt. T. IV. tab. 1. fig. 1. 2.
Habitat in cadaveribus quae sepelit.

4. N. *mortuorum*, ater elytris fascia duplici ferruginea, antennarum clava nigra. *Fabric.* E. S. I. n. 5. *Herbst* N. d. K. V. n. 5. tab. 50. fig. 6. Archiv. IV. n. 3. *Nicrophorus vespilloides.*
Habitat in cadaveribus et in fungis.

XXXII. Silpha. (*Aaskäfer*) *Fabric.* Gen. Inf. p. 26.

Maxilla unidendata. Labium dilatatum bifidum. Antennae clava perfoliata.

1. S. *littoralis*, atra elytris laevibus: lineis elevatis, thorace orbiculato nitido. *Fabric.* E. S. I. n. 2. *Herbst.* N. d. K. V. n. 1. tab. 50. fig. 7. 8.
Habitat in cadaveribus. (*Silpha clavipes* Sulz. — (*Herbst* e. t. fig. 7.) huius varietas habetur, quod ulterius inquirendum.)

2. S. *livida*, fusca thorace elytris pedibusque lividis.

vidis. *Fabric.* E. S. I. n. 3. *Herbst* N. d. K. V. n. 3. tab. 50. fig. 9.

Habitat in cadaveribus.

3. S. *grossa*, picea elytris punctatis: lineis elevatis tribus, thorace transverso emarginato. *Fabric.* E. S. I. n. 6. *Schäffer* Ic. Inf. Ratisb. tab. 75. fig. 3.

Habitat sub cortice Quercus (Cf. *Schneider* l. c. p. 374. 509. et *Herbst* N. d. K. V. p. 177.)

4. S. *thoracica*, elytris linea elevata unica, thorace testaceo. *Fabric.* E. S. I. n. 7. *Voet* Coleopt. II. tab. 41. fig. 6.

Habitat in cadaveribus.

5. S. *rugosa*, nigricans elytris rugosis: lineis elevatis tribus, thorace rugoso postice sinuato. *Fabric.* E. S. I. n. 10. *Herbst* N. d. K. V. n. 10. tab. 50. fig. 12.

Habitat frequens in cadaveribus.

6. S. *atrata*, atra elytris punctatis: lineis elevatis tribus laevibus, thorace integro. *Fabric.* E. S. I. n. 11. *Herbst* N. d. K. V. n. 11. tab. 51. fig. 1.

Habitat in arvis, hortis et in cadaveribus.

7. S. *lunata*, atra elytris scabris: lineis elevatis tribus laevibus, thorace plano emarginato. *Fabric.* E. S. I. n. 13.

Habitat in Austria. (Coniunxit ill. *Fabric.* in Mant. I. n. 14. *Silph. gross. Linn.* S. N. 21. cum *S. lunata*, nunc iterum separatas utrasque sistit, an merito? Vid. *Schneider* in prompt. III. p. 375.)

8. S. *laevigata*, atra elytris laevibus subpunctatis. *Fabric.* E. S. I. n. 14. *Herbst* N. d. K. V. n. 14. tab. 51. fig. 3.

Habitat in cadaveribus.

9. S. *obscura*, nigra elytris punctatis: lineis elevatis tribus, thorace antice truncato. *Fabric.* E. S. I. n. 15. *Herbst* N. d. K. V. n. 15. tab. 51. fig. 4.

Habitat in cadaveribus. (Variat elytris rufis.)

10. S. *reticulata*, nigra thorace laevi, elytris rugosis, lineis elevatis tribus. *Fabric.* E. S. I. n. 16. *Herbst* N. d. K. V. n. 16. tab. 51. fig. 5.

Habitat in arvis et locis sabulosis.

11. S. *opaca*, fusca elytris concoloribus: lineis elevatis subternis, thorace antice truncato. *Fabric.* E. S. I. n. 17. *Herbst* N. d. K. V. n. 17. tab.

tab. 51. fig. 6.? *Archiv*. IV. n. 12. *S. carinata.*

Habitat in cadaveribus.

12. S. *sinuata*, thorace emarginato scabro, elytris lineis elevatis tribus apice sinuatis. *Fabric.* E. S. I. n. 18. *Herbst* N. d. K. V. n. 18. tab. 51. fig. 7.

Habitat in cadaveribus.

13. S. *quadripunctata*, nigra elytris pallidis: puncto baseos medioque nigris, thorace emarginato. *Fabric.* E. S. I. n. 19. *Voet* Coleopt. II. n. 5. tab. 41. fig. 5.

Habitat in sylvaticis, et in arboribus.

14. S. *paedemontana*, testacea antennis apice nigris. *Fabric.* E. S. I. n. 20. *Degeer* Inf. IV. n. 5. p. 177. tab. 6. fig. 15. *Silpha punctata.* *Schäffer* Ic. Inf. Rat. tab. 75. fig. 6.

Habitat in sylvaticis. (Cf. *Kugelann* l. c. p. 508.)

15. S. *ferruginea*, ferruginea elytris lineis elevatis senis nigricantibus: margine ferrugineo. *Fabric.* E. S. I. n. 21. *Herbst* N. d. K. V. n. 21. tab. 51. fig. 10.

Habitat in cadaveribus.

16. S. *oblonga*, nigra elytris striato-punctatis: lineis elevatis senis, thorace emarginato. *Fabric.* E. S. I. n. 22. *Herbst* N. d. K. n. 22. tab. 51. fig. 11.

Habitat in fungis, et in arboribus.

17. S. *undata*, nigra nitida elytris fasciis duabus undatis punctoque apicis albis. *Fabric.* E. S. I. n. 25.

Habitat in Saxonia sub arborum corticibus. (Vid. *Herbst* N. d. K. p. 207. et *Schneider* in prompt. III. p. 376.)

18. S. *minuta*, nigra antennarum basi pedibusque flavescentibus. *Fabric.* E. S. I. n. 26.

Habitat in Germania.

19. S. *melanocephala*, piceo rufa capite nigro, elytris nitidis punctatis, undique marginatis. *Hellwig* in *Schneid.* prompt. V. n. 4. *Panzer* faun. germ. XXV. 5.

Habitat Brunsvigiae. (Affinis antecedenti.)

20. S. *hemiptera*, piceo rufa, capite nigro, elytris abdomine brevioribus truncatis. *Hellwig* in *Schneid.* prompt. V. n. 5. *Panzer* faun. germ. XXV. 6.

Habitat in fungis Brunsvigiae.

21. S. *punctata*, atra nitens, elytris obscuro fuscis

cis punctatis, lineis elevatis tribus. *Herbst* N. d. K. V. n. 24. tab. 51. fig. 13.

Habitat in cadaveribus. (Similis S. *atratae* ast distincta.)

22. S. *brunnea*, atra glabra, thorace margine late brunneo, elytris brunneis. *Herbst* N. d. K. V. n. 26. tab. 51. fig. 15.

Habitat Berolini.

23. S. *tomentosa*, supra fusca, subtus atra, capite tomentoso, elytris lineis tribus elevatis. *Herbst* N. d. K. V. n. 27. tab. 51. fig. 16. *Archiv.* IV. n. 34. *Silpha hirta.*

Habitat in viis sabulosis. (Pro *S. opaca* habuerunt *Scriba* in ephemerid. II. n. 116. et *Laichard.* inf. tyr. I. n. 12. nunc distinctam proponit H.)

24. S. *dispar*, atra, elytris mox atris mox castaneis, lineis tribus valde elevatis. *Herbst* N. d. K. V. n. 28. tab. 52. fig. 1.

Habitat in Germania.

XXXIII. NITIDULA (*Glanzkäfer*) *Fabric.* Gen. Inſ. p. 28.

Palpi quatuor filiformes. Maxilla cylindrica membranacea. Labium cylindricum. Antennae clava ſolida.

1. N. *bipuſtulata*, ovata nigra elytris puncto rubro. *Fabric.* E. S. I. n. 1. *Panzer* faun. germ. III. 10. *Herbſt* N. d. K. V. n. 1. tab. 53. fig. 1. A.

   Habitat in cadaveribus, animalibus aſſervatis, lardo, et in floribus.

2. N. *quadripuſtulata*, ovata fuſca elytris maculis duabus rubris. *Fabric.* E. S. I. n. 2. *Herbſt* N. d. K. V. n. 3. *Schaller* in act. ſoc. nat. cur. Halens. I. p. 257. *Silpha carnaria.*

   Habitat in Germania. (Diverſa *ab N. quadripuſt Kugelan* l. c. p. 511.)

3. N. *obſcura*, ovata nigra obſcura pedibus piceis. *Fabric.* E. S. I. n. 3. *Herbſt* N. d. K. V. n. 2. tab. 53. fig. 2. B. *Archiv.* IV. tab. 20. fig. 23.

   Habitat in lardo et in floribus.

4. N.

4. N. *marginata*, ovata elytris sulcatis: margine punctisque disci ferrugineis. *Fabric.* E. S. I. n. 5.
Habitat in Germania.

5. N. *aestiva*, testacea subtomentosa thorace transverso emarginato, oculis nigris. *Fabric.* E. S. I. n. 6. *Herbst* N. d. K. V. n. 4. tab. 53. fig. 3. C. N. *filacea.*
Habitat in fungis putrescentibus et in floribus.

6. N. *obsoleta*, ovata testacea elytris laevibus, thorace emarginato. *Fabric.* E. S. I. n. 7. *Herbst* N. d. K. V. n. 11. tab. 53. fig. 10. K?
Habitat in Germania. (Variat interdum colore obscuriore. F.)

7. N. *ferruginea*, ovata subtomentosa ferruginea elytris substriatis. *Fabric.* E. S. I. n. 8.
Habitat in Germaniae floribus.

8. N. *strigata*, ovata fusca thorace margine elytris margine lineola baseos strigaque apicis fuscis. *Fabric.* E. S. I. n. 9. *Herbst* N. d. K. IV. tab. 43. fig. 7. G. *Strongylus striatus.*
Habitat in Germaniae Quercu.

9. N. *imperialis*, ovata nigra elytris maculis connatis acutis albis margineque rufo. *Fabric.* E. S. I. n. 10. *Herbst* N. d. K. V. n. 34. tab. 54. fig. 8. H. Habi-

Habitat in Germaniae quercu.

10. N. *decemguttata*, ovata fuſca thoracis margine elytrorumque punctis quinque pallidis. *Fabric.* E. S. I. n. 11.

Habitat in Germania. (Vid. *Kugelann* l. c. p. 528.)

11. N. *varia*, ovata thorace elytrisque nigro ferrugineoque variis. *Fabric.* E. S. I. n. 12. *Herbſt* N. d. K. V. n. 5. tab. 53. fig. 4. D. *Archiv* IV. tab. 20. fig. 25.

Habitat in Germaniae Salicibus.

12. N. *ſordida*, ovata nigra thorace elytrisque obſcure ferrugineis. *Fabric.* E. S. I. n. 13. *Herbſt* N. d. K. V. n. 25. tab. 54. fig. 9. I.

Habitat in Germania.

13. N. *flexuoſa*, ovata nigra, thoracis margine elytrorumque macula flexuoſa flavis. *Fabric.* E. S. I. n. 14. *Herbſt* N. d. K. V. n. 21. tab. 54. fig. 5. E.

Habitat in Germania.

14. N. *bicolor*, ferruginea elytris nigris: faſcia baſeos punctoque apicis ferrugineis. *Fabric.* E. S. I. n. 15.

Habitat in Germania.

15. N.

15. N. *Colon*, nigra elytris ferrugineo variis, thorace emarginato. *Fabric.* E. S. I. n. 16. *Herbst* N. d. K. V. n. 6. tab. 53. fig. 5. E.
Habitat in Germania.

16. N. *limbata*, nigra thoracis margine elytrorumque limbo ferrugineis. *Fabric.* E. S. I. n. 17. *Herbst* N. d. K. V. n. 10. tab. 53. fig. 9. I.
Habitat in Germania.

17. N. *haemorrhoidalis*, nigra elytris apice ferrugineis. *Fabric.* E. S. I. n. 18. *Herbst* N. d. V. n. 53. fig. 6. F.
Habitat in Germania. (Vid. *Kugelann* l. c. p. 529.)

18. N. *discoidea*, thorace marginato nigra coleoptrorum disco ferrugineo. *Fabric.* E. S. I. n. 19. *Herbst* N. d. K. V. n. 8. tab. 53. fig. 7. G.
Habitat in Germania.

19. N. *pedicularia*, nigra elytris laevibus thorace marginato. *Fabric.* E. S. I. n. 20. *Herbst* N. d. K. IV. tab. 43. fig. 9. I. *Strongylus psyllius*.
Habitat in floribus.

20. N. *sexpustulata*, nigra elytris truncatis: punctis tribus ano pedibusque rufis. *Fabric.* E. S. I. n. 21.

Habi-

Habitat in Germaniae floribus.

21. N. *litura*, testacea elytris litura arcuata nigra. *Fabric.* E. S. I. n. 22. *Herbst* N. d. K. V. n. 14. tab. 54. fig. 2. B.

Habitat in Germania. (An huius generis. Vid. *Herbst* l. c.)

22. N. *aenea*, viridi aenea antennis pedibusque nigris. *Fabric.* E. S. I. n. 24.

Habitat frequens in Germaniae floribus.

23. N. *viridescens*, viridi aenea pedibus rufis. *Fabric.* E. S. I. n. 25. *Herbst* N. d. K. V. n. 12. tab. 54. fig. 1. A. *Archiv.* IV. tab. 20. fig. 4. *Dermestes psyllius.*

Habitat in floribus. (Statura et summa affinitas praecedentis at pedes omnino rufi. F.)

24. N. *truncata*, testacea elytris truncatis: macula communi baseos nigra. *Fabric.* E. S. I. n. 28.

Habitat in Germania.

25. N. *punctatissima*, ovata thorace elytrisque lituris nigris variegatis, undique punctatis. *Hellwig* in *Schneid.* prompt. V. p. 598. *Panzer* faun. germ. XXV. 7.

Habitat Brunsvigiae.

26. N. *solida*, nigra thorace elytrisque subtilissime punctatis.

punctatis, clava antennarum inarticulata. *Kugelann* in *Schneid.* prompt. V. n. 19. p. 530.

Habitat in Germania. (Statura et habitus *N. viridesc.*)

27. N. *biloba*, ferruginea late marginata, clypeo sub oculis lobato. *Herbst* N. d. K. V. n. 9. tab. 53. fig. 8. H.

Habitat in Germania.

28. N. *variegata*, livida elytris variegatis. *Herbst* N. d. K. V. n. 19. tab. 54. fig. 3. C.

Habitat in Germania. (An diversa a N. litura?)

29. N. *oblonga*, oblonga fusca, thoracis margine pedibusque lividis. *Herbst.* N. d. K. V. n. 20. tab. 54. fig. 4. D.

Habitat in Germania.

30. N. *flexuosa*, obscura fusca, elytris abbreviatis, basi-puncto apiceque flavis. *Herbst* N. d. K. V. n. 21. tab. 54. fig. 5. E.

Habitat in Germania.

31. N. *sulcata*, parva atra, elytris abbreviatis sulcatis. *Herbst* N. d. K. V. n. 22. tab. 54. fig. 6. F.

Habitat in Germania.

32. N. *guttalis*, fusca elytris piceis guttis dua-

bus albis obfoletis. *Herbst* N. d. K. V. n. 23. tab. 54. fig. 7. G.

Habitat in Germania.

33. N. *testacea*, thorace testaceo: macula atra, elytris testaceis: fascia media nigra testaceo punctata. *Fabric.* E. S. IV. app. p. 446.

Habitat in Germania.

XXXIV. Heterocerus (*Maulwurfskäfer*) *Fabric.* Ent. syst. Gen. 41. p. 262.

Palpi breves filiformes. Maxilla unidentata longitudine palporum. Labium late emarginatum. Antennae breves recurvae, articulo tertio quartoque cordatis ultimis serratis.

1. H. *marginatus*, fuscus villosus, elytris margine fasciisque tribus interruptis flavis. *Fabric.* E. S. I. n. 1. *Panzer* faun. germ. XXIII. 11.

Habitat in arenosis humidis ad ripas aquarum, cuniculos instar talparum fodit. (*Vid.* *Schneid.* in prompt. V. p. 532.)

2. H. *laevigatus*, fuscus glaber, elytris margine lituris maculis punctisque pallidis. *Panzer* faun. germ. XXIII. 12.

Habitat

Habitat ad ripas lacuum et aquarum stagnantium.

XXXV. Anthrenus (*Knollkäfer*) *Fabric.* Gen. Inf. p. 16.

Palpi inaequales filiformes. Maxilla membranacea linearis bifida. Labium corneum, integrum. Antennae clava solida.

1. A. *Pimpinellae*, niger, elytris fascia alba apice ferrugineis: litura alba. *Fabric.* E. S. I. n. 1. *Schäffer* Ic. Inf. Ratisb. tab. 176. fig. 4. a. b.
   Habitat in floribus.
2. A. *bistrio*, niger elytris maculis duabus marginalibus strigaque postica albis. *Fabric.* E. S. I. n. 2.
   Habitat in Germania.
3. A. *Scrophulariae*, niger elytris albo maculatis: sutura sanguinea. *Fabric.* E. S. I. n. 3. *Panzer* faun. germ. III. 21.
   Habitat in floribus.
4. A. *Musaeorum*, nebulosus elytris subnebulosis. *Fabric.* E. S. I. n. 4. *Degeer* Inf. IV. tab. 8. fig. 11, 12.

Habitat in musaeis animalia asservata destruens. (Vix a praecedent. distinctus.)

5. A. *Verbasci*, niger elytris fasciis tribus undatis albis. *Fabric.* E. S. I. n. 5. *Bergsträsser* Nomencl. 1. tab. 11. fig. 11. 12.

Habitat in floribus.

6. A. *pubescens*, thorace elytrisque griseis pubescentibus. *Fabric.* E. S. I. n. 7.

Habitat in Germania.

7. A. *hirtus*, ater thorace elytrisque pubescentibus. *Fabric.* E. S. I. n. 8. *Panzer* faun. germ. XI. 16. *Herbst* Archiv IV. n. 7. tab. 21. fig. G. g.

Habitat in Germaniae floribus.

XXXVI. COCCINELLA (*Marienkäfer*) *Fabric.* Gen. Inf. p. 29.

Palpi antici securiformes, postici filiformes. Labium cylindricum. Antennae clava solida.

1. C. *limbata*, atra coleoptrorum disco rubro: punctis duobus atris. *Fabric.* E. S. I. n. 2.

Habitat in Germaniae floribus. (Varietas *C. sexpunct.* *F.* n. 38. Cf. *Herbst* N. d. K. V. p. 329. var. 4. et *Schneider* in prompt.

-M.

II. p. 143. h. et *Scrib.* in ephemerid. ent. II. p. 183. n. 141. C. *mutabilis.*)

2. C. *M. nigrum*, oblonga coleoptris testaceis immaculatis, thorace albo M. nigro notato. *Fabric.* E. S. I. n. 7. *Herbst* N. d. K. V. n. 85. tab. 57. fig. 1-7.

Habitat in Germania sub corticibus arborum. (Vid. *C. obsoleta Schneider* l. c. et *Herbst* l. c. qui varietates sex enumeravit.)

3. C. *impunctata*, coleoptris rubris: puncto nullo, thorace rubro medio sufcescente. *Fabric.* E. S. I. n. 9. *Herbst* N. d. K. V. n. 91. tab. 58. fig. 17.

Habitat in Germania. (Mera varietas C. 24. *punct.* punctis nigris nondum declaratis. Vid. *Hellwig* ap. Ross. n. 149. et *Schneider* l. c. p. 149. et seq. sub *Cocc. globosa.*)

4. C. *pubescens*, coleoptris coccineis immaculatis, thorace postice macula nigra. *Panzer* faun. germ. XXIV. 13.

Habitat in Germania.

5. C. *marginepunctata*, coleoptris flavis: margine albido, punctis duobus nigris. *Fabric.* E.

S. I. n. 11. *Schaller* in act. soc. nat. cur. hal. I. p. 260.

Habitat in Germania. (Var. *C.* 16. *punct.* *Fabric.* Cf. *Herbst* l. c. V. p. 323. et *Schneider* p. 155. n. 17. c. sub *C.* 16. *punct.*)

6. C. *unifasciata*, coleoptris rubris fascia media atra. *Fabric.* E. S. I. n. 13.

Habitat in Germania. (Var. *Cocc. bipunct.* Vid. *Herbst* l. c. p. 340. et *Schneider* l. c. p. 174. sub. *C. dispar.*)

7. C. *annulata*, coleoptris rubris: macula subannulari nigra. *Fabric.* E. S. I. n. 14.

Habitat in Germania. (Var. *C. bipunct.* Vid. *Herbst* l. c. p. 340. et *Schneider* l. c. p. 174. sub *C. dispar.*)

8. C. *sexlineata*, coleoptris flavis: lineis sex punctisque tribus nigris. *Fabric.* E. S. I. n. 20.

Habitat in Germania. (Var. *Cocc. ocellat.* Vid. *Herbst* l. c. p. 320. et *Schneider* prompt. III. p. 378. et II. p. 155. *An C. hebraea* Linn?)

9. C. *bipunctata*, coleoptris rubris: punctis nigris duobus. *Fabric.* E. S. I. n. 21. *Herbst* N. d. K. V. n. 85. tab. 58. fig. 1. *Schäffer* Ic. Inf. Ratisb. tab. 9. fig. 9.

Habitat

Habitat in Germania. (Abundat varietatibus, et quidem talibus, quae haud raro sat procul a specie nativa distant. Vid. *Herbst.* l. c. et *Schneider* l. c. II. p. 173. n. 32. sub *C. dispar*, et *Hellwig* apud Rossi n. 150, ut et *Scrib.* in ephemerid. p. 181. Verum haud licet omnes quascunque varietates sub specie singula nativa enumerare, saltem ut evitetur anceps occasio, bis saepius de specie iam nominata mentionem iniiciendi: quare opus esse ratus, toties speciem ut varietatem indicare, quoties id ab Entomologis laudatis indicatur.)

10. C. *tripunctata*, coleoptris rubris, punctis nigris tribus. *Fabric.* E. S. I. n. 22. *Herbst* N. d. K. V. n. 95.

Habitat in Germania. (An var. *C. quinquep?* Vid. *Schneider* l. c. II. n. 31. p. 172. et *Hellwig* ap. *Rossi* p. 64.)

11. C. *hieroglyphica*, coleoptris luteis: maculis duabus longitudinalibus sinuatis. *Fabric.* E. S. I. n. 23. *Herbst* N. d. K. V. n. 96. tab. 58. fig. 22.

Habitat in Germania. (Vid. *Schneider* l. c. II. n. 26. p. 170.)

12. C. *flexuosa*, ovata coleoptris luteis: fascia flexuosa punctisque duobus nigris, thoracis margine albo. *Fabric.* E. S. I. n. 28. *Herbst* Archiv. IV. n. 18. tab. 22. fig. 12. C. *trilineata.* Nat. d. K. V. n. 96. 1. tab. 58. fig. 23.

Habitat in Germania (Var. *C. hieroglyph.* Vid. *Schneider.* l. c. n. 26. a. p. 170.)

13. C. *quadrinotata*, coleoptris rubris, punctis quatuor baseos nigris, thoracis marginibus albis. *Fabric.* E. S. I. n. 34. *Herbst* N. d. K. V. n. 98.

Habitat in Germania. (An variet. *C.* 24. *punct.* aut *C. globos?* *Schneid.* l. c. III. p. 378.)

14. C. *quadrimaculata*, coleoptris rubris: punctis quatuor nigris, thorace atro, macula marginali alba. *Fabric.* E. S. I. n. 35. *Herbst* N. d. K. V. n. 99.

Habitat in Germania.

15. C. *quinquepunctata*, coleoptris sanguineis: punctis nigris quinque. *Fabric.* E. S. I. n. 36. *Herbst* N. d. K. V. n. 86. tab. 58. fig. 11.

Habitat in Germania.

16. C. *quinquemaculata*, oblonga coleoptris flavescentibus: punctis nigris quinque, thorace atro:

margine

margine antico triradiato albo. *Fabric.* E. S. I. n. 37. *Herbst* N. d. K. V. n. 100.

Habitat in Germania. (An var. C. *sexpunct.* F? Vid. *Schneid.* l. c. II. p. 144. l.)

17. C. *sexpunctata*, coleoptris rubris: punctis nigris sex. *Fabric.* E. S. I. n. 38. *Herbst* N. d. K. V. n. 80. tab. 57. fig. 12.

Habitat in Germania. (C. *sexpunct.* Linn. alia et a C. sexp. F. diversa species videtur. *Cl. Schneid.* l. c. II. p. 142. e, varietas C. *mutab.* est.)

18. C. *septempunctata*, coleoptris rubris: punctis nigris septem. *Fabric.* E. S. I. n. 41. *Herbst* N. d. K. V. n. 76. tab. 57. fig. 8.

Habitat frequens in Germaniae salicibus.

19. C. *septemmaculata*, oblonga coleoptris rubris: punctis nigris septem: communi trilobo. *Fabric.* E. S. I. n. 42. *Herbst* N. d. K. V. n. 93.

Habitat in Germania. (Vid. *Schneid.* l. c. II. p. 145. cui var. *C. notat.*)

20. C. *septemnotata*, oblonga coleoptris rubris: punctis septem nigris, thoracis margine punctisque duobus albis. *Fabric.* E. S. I. n. 43. *Herbst* N. d. K. V. n. 101.

Habitat in Germania. (Vid. *Schneid.* l. c. III. p. 378 et II. p. 142. *C. mutab.* var. e g.)

21. C. *octopunctata*, coleoptris rubris: punctis nigris octo, thorace albo nigro punctato. *Fabric.* E. S. I. n. 44. *Herbst* N. d. K. V. n. 87. 1. *C.* 10 *punct. var.* 1.

Habitat in Germania. (Vid. *Schneider* l. c. II. p. 166. b. *C. variab. var. b.* Deest punctum apicis in singulo elytro.),

22. C. *novempunctata*, coleoptris rubris, punctis nigris novem. *Fabric.* E. S. I. n. 48. *Herbst* N. d. K. V. n. 102.

Habitat in Germania (Vid. *Schneider* l. c. III. p. 379. et II. p. 143. *C. mutab. var.*)

23. C. *decempunctata*, coleoptris fulvis: punctis nigris decem, thorace quadrimaculato. *Fabric.* E. S. I. n. 49. *Herbst* N. d. K. V. n. 87. tab. 58. fig. 12. *Archiv.* IV. n. 6. tab. 22. fig. 3. *C. variabilis.*

Habitat in Germania. (Merito nomen *C. variabilis* sibi vindicavit. Vid. *Herbst* l. c. p. 348 — 352. et *Schneider* l. c. II. p. 165. n. 24. et *Scrib.* in ephemerid. II. p. 183. n. 142.)

24. C. *undecimpunctata*, coleoptris rubris: punctis nigris undecim, corpore nigro. *Fabric.* E. S. I. n. 53. *Herbst* N.'d. K. V. n. 83. tab. 58. fig. 13. *Archiv* IV. tab. 43. fig. 15.

Habitat in Germania. (Vid. *Schneider* l. c. II. p. 164. n. 22.)

25. C. *duodecimpunctata*, coleoptris flavis: punctis nigris duodecim: extimis linearibus repandis. *Fabric.* E. S. I. n. 55. *Herbst* N.'d. K. V. n. 50. tab. 58. fig. 16.

Habitat in Germania. (Vid. *Schneider* l. c. II. p. 162. n. 21.)

26. C. *tredecimmaculata*, coleoptris flavis: punctis nigris tredecim, corpore orbiculato. *Fabric.* E. S. I. n. 60.

Habitat in Germania. (*Var. C.*|*decemp.* Vid. *Herbst* l. c. p. 351. et *Schneider* l. c. II. p. 167. *C. variab. var.*)

27. C. *tredecimpunctata*, coleoptris luteis: punctis nigris tredecim, corpore oblongo. *Fabric.* E. S. I. n. 61. *Herbst* N. d. K. V. n. 79. tab. 57. fig. 11.

Habitat in Germania. (Vid. *Schneider* l. c. II. p. 139. n. 8. C. *oblonga* *Herbst* Archiv. IV. tab. 22. fig. 4. d. variet. C. 13punct.)

28.

28. C. *quatuordecimmaculata*, coleoptris luteis: sutura punctisque quatuordecim nigris distinctis. *Fabric.* E. S. I. n. 63. *Herbst* N. d. K. V. n. 84. tab. 57. fig. 16. C. *quatuordecimpunctata.* *Archiv.* IV. tab. 22. fig. 5.

Habitat in Germania. (Var. *C. tessellat.* *Schneider* l. c. II. n. 19. p. 158. et *Scriba* in ephem. p. 158. n. 149.)

29. C. *ocellata*, coleoptris luteis: punctis nigris quindecim subocellatis. *Fabric.* E. S. I. n. 64. *Herbst* N. d. K. V. n. 77. tab. 57. fig. 9.

Habitat in Germania. (Huius varietates vide apud *Schneider.* l. c. II. n. 16. p. 154.)

30. C. *Argus*, coleoptris rubris, punctis undecim nigris, thorace rubro immaculato. *Geoffr.* Inf. T. I. n. 9. p. 325. *Scriba* in ephem. II. n. 148. p. 188. et symb. ent. II. n. 20. tab. 8. fig. 6.

Habitat in Germania. (Vid. *Schneider* l. c. p. 155.)

31. C. *sedecimpunctata*, coleoptris luteis: punctis nigris sedecim, capite quadripunctato. *Fabric.* E. S. I. n. 65. *Herbst* N. d. K. V. n. 78. tab. 57. fig. 10. *Archiv.* IV. tab. 22. fig. 6.

Habitat in Germania. (Vid. *Schneider* l. c. II. n. 17. p. 155.)

32.

32. C. *octodecimpunctata*, coleoptris flavis, punctis nigris octodecim, ultimo arcuato. *Fabric.* E. S. I. n. 66. *Herbst* N. d. K. V. n. 103.

Habitat in Germania. (C. *globosae* Var? *Schneid* l. c. III. p. 380.)

33. C. *novemdecimpunctata*, coleoptris flavis: punctis nigris novemdecim. *Fabric.* E. S. I. n. 67.

Habitat in Germania.

34. C. *vigintipunctata*, coleoptris flavis: punctis nigris viginti. *Fabric.* E. S. I. n. 68. *Herbst* N. d. K. V. n. 82. tab. 57. fig. 14. *Archiv.* IV. tab. 22. fig. 10. *C. vigintiduopunctata.*

Habitat in Germania. (Vid. *Schneider* l. c. II. n. 15. p. 153.)

35. C. *vigintiduopunctata*, coleoptris rubris: punctis nigris viginti duobus. *Fabric.* E. S. I. n. 69.

Habitat in Germania (C. *impunct.* variet. Vid. *Herbst* l. c. p. 362. ergo haud confundenda cum C. 22 punct. *Herbst* l. c. n. 82. et Archiv. l. c., s. antecedenti.)

36. C. *vigintitrespunctata*, coleoptris rubris: punctis nigris viginti tribus distinctis. *Fabric.* E. S. I. n. 71.

Habitat in Germania. (C. *impunct.* variet. Vid. *Herbst* I. c. p. 361. et C. *globosae* var. *Schneid.* l. c. II. p. 152. f.)

37. C. *vigintiquatuorpunctata*, coleoptris rubris: punctis nigris viginti quatuor. *Fabric.* E. S. I. n. 72. *Herbst* N. d. K. V. p. 360. *Archiv* IV. tab. 22. fig. 11.

Habitat in Germania. (C. *impunct.* variet. Vid. *Herbst* l. c. et *Schneider* l. c. II. p. 151. d. C. *globosae* var.)

38. C. *conglomerata*, coleoptris flavescentibus: punctis nigris plurimis contiguis, apice puncto nigro distincto. *Fabric.* E. S. I. n. 75. *Herbst* N. d. K. n. 84. 3. p. 336. tab. 57. fig. 18. *Archiv* IV. tab. 22. fig. 15.

Habitat in Germania. (Mera varietas *C. 14 macul.* Vid. *Herbst* l. c. et *Schneider* l. c. II. p. 159. c. C. tessellatae var. — Linnaei C. *conglomerata* ab hac diversa videtur.)

39. C. *conglobata*, coleoptris flavis: punctis nigris plurimis contiguis, apice immaculatis. *Fabric.*

bric. E. S. I. n. 76. *Herbst* N. d. K. V. n. 89. tab. 58. fig. 14.

Habitat in Germania. (C. *gemella Herbst* Archiv. IV. tab. 22. fig. 7. huius varietas. Vid. *Schneider* l. c. II. p. 156. n. 18. C. 16 *maculata*.)

40. C. *biguttata*, coleoptris rufis, punctis duobus flavis. *Fabric.* E. S. I. n. 80. *Herbst* N. d. K. V. n. 112. tab. 59. fig. 8.

Habitat in Germania. (C. *bimaculosa Herbst* Archiv VI. VII. tab. 43. fig. 13. huius varietas. Vid. *Schneider* l. c. II. p. 180. *Cocc. unifasciat. Scriba* symb. ent. II. p. 107. tab. 8. fig. 15. variet. — C. *bipustulata Herbst* Archiv IV. tab. 22. fig. 22. varietatis iure et huc arcessenda.)

41. C. *decemguttata*, coleoptris luteis: punctis albis decem. *Fabric.* E. S. I. n. 82. *Herbst* N. d. K. n. 105. tab. 59. fig. 1. *Archiv* IV. tab. 22. fig. 16.

Habitat in Germania. (Vid. *Schneider* l. c. II. n. 1. p. 136.)

42. C. *duodecimgemmata*, coleoptris luteis, punctis albis duodecim. *Herbst* N. d. K. V. n. 106.

106. tab. 59. fig. 2. Archiv. IV. n. 26. tab. 22. fig. 21.

Habitat in Germania. (Vid. *Schneider* l. c. n. 2. p. 136.)

43. C. *bissexguttata*, coleoptris fulvis: punctis duodecim albis, thoracis margine albo. *Fabric.* E. S. I. n. 83. *Herbst* N. d. K. V. n. 108. tab. 59. fig. 4. *Archiv* IV. tab. 22. fig. 21.

Habitat in Germania. (Vid. *Schneider* l. c. II. n. 2. p. 136. C. 12 *guttata*.)

44. C. *quatuordecimguttata*, coleoptris rufis: punctis albis quatuordecim. *Fabric.* E. S. I. n. 85. *Herbst* N. d. K. V. n. 107. tab. 59. fig. 3. Archiv. IV. tab. 22. fig. 17.

Habitat in Germania.

45. C. *bisseptemguttata*, coleoptris fulvis: punctis albis quatuordecim, thoracis margine albo. *Fabric.* E. S. I. n. 86. *Herbst* N. d. K. V. n. 113. tab. 59. fig. 9.

Habitat in Germania (Vid. *Schneider* l. c. II. p. 137. n. 4. *Schaller* in act. soc. nat. cur. hal. I. p. 265.)

46. C. *quindecimguttata*, coleoptris luteis: punctis albis quindecim, communi medio obsoleto.

Fabric.

Fabric. E. S. I. n. 87. *Herbst Archiv.* IV. n. 22. tab. 22. fig. 18. f.

Habitat in Germania. (Vix differt a praecedenti. Vid. *Schneider* l. c. II. n. 4. p. 137.)

47. C. *sedecimguttata*, coleoptris rubris: punctis albis sedecim. *Fabric.* E. S. I. n. 88. *Herbst* N. d. K. V. n. 110. tab. 59. fig. 6. *Archiv.* VI. VII. n. 42. tab. 43. fig. 16.

Habitat in Germania. (Vid. *Schneider* l. c. p. 137. n. 5.)

48. C. *octodecimguttata*, coleoptris rubris: punctis albis octodecim. *Fabric.* E. S. I. n. 89. *Herbst* N. d. K. V. n. 109. tab. 59. fig. 5. *Archiv.* IV. n. 23. tab. 22. fig. 19. C. *ornata.*

Habitat in Germania. (Vid. *Schneider* l. c. p. 138. n. 6.)

49. C. *vigintiguttata*, coleoptris rubris: punctis albis viginti. *Fabric.* E. S. I. n. 90. *Herbst* Archiv. IV. tab. 22. fig. 20.

Habitat in Germania. (Mera varietas C. *tigrinae* elytris nondum obscuratis. *Vid. Herbst* l. c. C. tigrin. et *Schneider* l. c. p. 183. n. 39.)

50. C. *oblongoguttata*, coleoptris rubris: lineis punctisque albis. *Fabric.* E. S. I. n. 91. *Herbst* N. d. K. V. n. 111. tab. 59. fig. 7.

Habitat in Germania. (Guttae in animalculo necato pallefcunt.)

51. C. *impustulata*, coleoptris nigris: puncto nullo. *Fabric.* E. S. I. n. 92. *Herbst* N. d. K. V. p. 356. tab. 58. fig. 15. C. *conglobat.* var. III.

Habitat in Germania. (Var. *C. conglobatae.* Vid. *Herbst* l. c. Peculiaris et vera fpecies eft, apud *Schneider* l. c. p. 176. n. n. 33. et *Scrib.* in fymb. ent. II. p. 103. n. 24. cuius *C. ribis* n. 25. tab. 8. fig. 12. ut varietas huc referenda.)

52. C. *nigrina*, coleoptris atris immaculatis. *Panzer* faun. germ. XXIV. 12.

Habitat in Germania. (Vid. *Kugelann* apud *Schneider* l. c. V. n. 5. p. 548.)

53. C. *areata*, glabra atra, coleoptrorum marginibus teftaceis, thoracisque anticis fulphureis. *Panzer* faun. germ. XXIV. 7.

Habitat in Germania.

54. C. *parvula*, coleoptris nigris, capite thorace pedi-

pedibusque rufis. *Fabric.* E. S. I. n. 94. *Panzer* faun. germ. XIII. 2.

Habitat in Germania.

56. C. *analis*, coleoptris atris apice rubris immaculatis. *Fabric.* E. S. I. *Panzer* faun. germ. XIII. 3.

Habitat in Germania.

56. C. *haemorrhoidalis*, coleoptris atris apice rubris fascia nigra. *Fabric.* E. S. I. n. 97. *Herbst* N. d. K. V. tab. 58. fig. 20. C. *impunct.* var. VII.

Habitat in Germania. (Var. C. *impunct.* *Herbst* l. c. Vid. *Schneider* l. c. III. p. 152. g. C. *globosae* var.)

57. C. *bipustulata*, coleoptris nigris: punctis rubris duobus compositis, abdomine sanguineo. *Fabric.* E. S. I. n. 100. *Herbst* N. d. K. V. n. 115. tab. 59. fig. 11.

Habitat in Germania.

58. C. *fasciata*, atra capite rufo, elytris medio fascia coccinea ex punctis tribus coadunatis. *Herbst* N. d. K. V. n. 117. tab. 59. fig. 13.

Habitat in Germania. (C. *bipustul.* var. sec. *Schneider* l. c. Vid. *Hellwig* ap. *Rossi* n. 169.)

59. C. *renipustulata*, nigra, abdomine elytrorumque maculis duabus sanguineis. *Müll.* Zool. dan. prodr. n. 642. *Scriba* symb. ent. II. n. 27. tab. 8. fig. 14.

Habitat in Germania. (Distincta species. Vid. *Schneider* l. c. II. n. 40. *Var. C. bipustul. Herbst.* l. c.)

60. C. *variabilis*, coleoptris nigris: punctis duobus lunatis submarginalibus rubris, corpore oblongo. *Fabric.* E. S. I. n. 101. *Herbst* N. d. K. V. p. 345. *C. bipunctat.* var. XI. tab. 58. fig. 10. Archiv. IV. n. 27. tab. 22. fig. 22. *C. bipustulata.*

Habitat in Germania. (Vid. *Schneider* l. c. II. n. 36. p. 179. et seqq.)

61. C. *frontalis*, coleoptris nigris: punctis duobus rubris, fronte pedibusque anticis nigris. *Fabric* E. S. I. n. 102. *Panzer* faun. germ. XIII. 4.

Habitat in Germania. (Puncta elytrorum rubra, *in mea* fasciam transversam interruptam constituunt. An ergo vera *C. frontalis*, aut potius varietas? Cf. *Hellwig* apud *Rossi* n. 179.)

62. C. *humeralis*, coleoptris nigris: punctis duobus a basi eos rubris, thorace immaculato pedibus omnibus testaceis. *Panzer* faun. germ. XXIV. 10. *Scymn. bipustulat.*

Habitat in Germania.

63. C. *biverrucata*, coleoptris nigris: punctis duobus apicem versus rubris, antennis pedibusque nigris. *Panzer* faun. germ. XXIV. 11. *Scymn. bipunctatus.*

Habitat in Germania. (Vid. *Kugelann* in *Schneid.* prompt. V. n. 3. p. 647.)

64. C. *lateralis*, coleoptris nigris: punctis duobus thoracisque margine laterali rubris, tibiis anticis testaceis. *Panzer* faun. germ. XXIV. 9.

Habitat in Germania.

65. C. *reppensis*, atra, thoracis lateribus macula magna fulva, elytris apice puncto fulvo. *Herbst* N. d. K. V. n. 118. tab. 59. fig. 14. *Archiv* IV. n. 28. tab. 22. fig. 23.

Habitat in Germania. (Distincta species et a C. *frontali* et *laterali* diversa.)

66. C. *campestris*, atra thoracis angulo antico macula rufa, elytris puncto rufo pone medium. *Herbst* N. d. K. V. n. 119. tab. 59. fig. 15. *Archiv.* IV. n. 29. tab. 22. fig. 24.

 Habi-

Habitat in Germania. (C. *frontalis* var. *Schneider* l. c. II. n. 35. p. 178. ast distincta. Affinis C. *laterali*.)

67. C. *quadripustulata*, coleoptris nigris: punctis rubris quatuor, orbita oculorum thoracisque margine pallidis. *Fabric.* E. S. I. n. 103. *Herbst* N. d. K. V. p. 344. tab. 58. fig. 9. C. *bipunctat*. var. X.

Habitat in Germania. (C. *bipunctat* var. Vid. *Schneider* l. c. II. n. 32. p. 173. C. *dispar* var. i. Cf. *Hellwig* apud Rossi n. 171.)

68. C. *quadriverrucata*, coleoptris nigris: punctis rubris quatuor, ano rufo. *Fabric.* E. S. I. n. 104. *Herbst* N. d. K. V. n. 116. tab. 59. fig. 12.

Habitat in Germania.

69. C. *bisbiverrucata*, nigra thorace utrinque flavo maculato, coleoptris maculis quatuor rotundatis flavis. *Panzer* faun. germ. XXIV. 8. *Scymnus quadripustulatus*.

Habitat in Germania. (Vid. *Kugelann* in *Schneid.* prompt. V. n. 2. p. 547. Nomina harum Cocc. mutare coactus fui, ne bis eodem nomine occurrant.)

70. C. *bisbipustulata*, coleoptris nigris: punctis rubris quatuor, capite thoraceque nigris obscuris. *Fabric.* E. S. I. n. 105. *Herbst* N. d. V. n. 125. *Panzer* faun. germ. XIII. 5.

Habitat in Germania. (*Sphaerid. quadrimacul.* *Herbst* N. d. K. IV. tab. 37. fig. 8. et *Archiv.* IV. tab. 20. fig. 19. huic C. omnino affinis, si non plane eadem, quod ulterius inquirendum. Vid. *Schneider* l. c. p. 382.)

71. C. *erythrocephala*, coleoptris atris: punctis rubris sex, capite thoracisque margine pallide rufescentibus. *Fabric.* E. S. I. n. 106. *Herbst* N. d. K. V. n. 124.

Habitat in Germania.

72. C. *sexpustulata*, coleoptris nigris: punctis rubris sex, corpore atro. *Fabric.* E. S. I. n. 107. *Herbst* N. d. K. V. p. 343. tab. 58. fig. 8. C. *bipunctatae* var. IX.

Habitat in Germania. (C. *bipunct.* varietas! Vid. *Schneider* l. c. II. p. 75. C. *dispar.* var. h.)

73. C. *decempustulata*, coleoptris nigris: punctis flavis decem. *Fabric.* E. S. I. n. 109. *Herbst* N. d. K. V. n. 120. tab. 59. fig. 16.

 Habi-

Habitat in Germania. (C. *decemp.* variet. Vid. *Herbst* l. c. et *Schneider* l. c. III. p. 383. et II. n. 25. p. 168. *C. variabilis* varietas.)

74. C. *duodecimpustulata*, coleoptris nigris: punctis duodecim albis, exterioribus margine connexis. *Fabric.* E. S. I. n. 110.

Habitat in Germania. (Vid. *Schneider* l. c. II. p. 160. C. *tessellatae* varietas.)

75. C. *quatuordecimpustulata*, coleoptris nigris: punctis albis quatuordecim. *Fabric.* E. S. I. n. 111. *Herbst* N. d. K. V. n. 121. tab. 59. fig. 17.

Habitat in Germania. (Elytrorum pustulae mox flavae, mox rubrae.)

76. C. *pantherina*, coleoptris nigris: punctis flavis octo. *Fabric.* E. S. I. n. 114. *Herbst* N. d. K. V: n. 123.

Habitat in Germania. (Nondum satis nota species. Vid. *Schneider* l. c. II. n. 37. p. 181. Cf. *Degeer* V. n. 28. p. 392.)

77. C. *tigrina*, coleoptris nigris: punctis albis viginti, thorace maculato. *Fabric.* E. S. I. n. 118. *Herbst* N. d. K. V. n. 122. tab. 59. fig. 18. *Archiv.* IV. tab. 22. fig. 27.

Habitat

Habitat in Germania. (Quae si nondum adolevit, C. *vigintiguttatae* faciem habet. Vid. *Schneider* l. c. II. n. 39. p. 183.)

XXXVIII. Cassida. (*Schildkäfer*) *Fabric.* Gen. Inf. p. 30.

Palpi antici clavati, postici filiformes. Labium elongatum integrum. Antennae moniliformes.

1. C. *viridis*, corpore nigro. *Fabric.* E. S. I. n. 1. *Roesel* Insekt. II. p. 13. tab. 6.
   Habitat in Carduis. (Larva hexapoda depressa, spinis lateralibus acutis cauda bifeta proprio stercore obtecta obambulat.)
2. C. *equestris*, viridis clytrorum basi striga argentea, abdomine atro, margine pallido. *Fabric.* E. S. I. n. 2.
   Habitat in Mentha aquatica. (Supra laete viridis striga baseos laete argentea, quae vero cum vita perit.)
3. C. *affinis*, elytris griseis nigro punctatis, thorace flavescente immaculato. *Fabric.* E. S. I. n. 3.
   Habitat in Germaniae Atriplice et Chenopodio.

4. C. *virex*, virens futura dorfali fanguinea. *Fabric.* E. S. I. n. 4. *Scriba* fymb. ent. II. n. 15. p. 80. tab. 8. fig. 1.

Habitat in Carduo. (Sexus alter totus viridis S.)

5. C. *auftriaca*, thorace elytrisque obfcuris nigro punctatis: margine rufo immaculato. *Fabric.* E. S. I. n. 6.

Habitat in Auftria.

6. C. *nebulofa*, pallide nebulofa fufco punctata. *Fabric.* E. S. I. n. 7. *Scriba* fymb. ent. II. n. 16. p. 83. tab. 8. fig. 2.

Habitat in Carduo.

7. C. *atrata*, atra clypeo antice fanguineo. *Fabric.* E. S. I. n. 8.

Habitat in Auftria.

8. C. *Murraea*, fupra rubra aut viridis, elytris nigro maculatis, corpore nigro. *Fabric.* E. S. I. n. 9. *Herbft* Archiv. IV. n. 5. tab. 22. fig. 28.

Habitat in Germaniae plantis.

9. C. *ferruginea*, nigra thorace elytrisque ferrugineis immaculatis. *Fabric.* E. S. I. n. 10. *Herbft* Archiv. IV. n. 6. tab. 22. fig. 29.

Habitat in Germania.

10. C. *limbata*, capite thorace elytrisque obfcuris; margine rufefcente. *Fabric.* E. S. I. n. 11.

Ha-

Habitat in Germania.

11. C. *nobilis*, grisea elytris linea caerulea nitidissima. *Fabric.* E. S. I. n. 24. *Scriba* symb. ent. II. n. 18. p. 87. tab. 8. fig. 4.

Habitat in Germaniae Carduis et Stellatis. (Linea elytrorum cum vita perit.)

12. C. *margaritacea*, virens elytris viridi argenteis nitidis, capite pectoreque nigris. *Fabric.* E. S. I. n. 25. *Schaller* in act. soc. nat. cur. hal. I. p. 259.

Habitat in Germania sub lapidibus. (Color perit cum vita.)

13. C. *fastuosa*, nigra, coleoptris rubro aeneis nigro maculatis. *Schaller* in act. soc. nat. cur. hal. I. p. 259. *Scriba* symb. ent. II. n. 17. p. 86. tab. 8. fig. 3.

Habitat in Germaniae plantis, (Nitor aureus cum vita perit.)

14. C. *tigrina*, viridis nigro punctata corpore subtus nigro, thorace maculis binis albis. *Degeer* Inf. V. tab. 5. fig. 15. 16. *Schäffer* Ic. Inf. Ratisb. tab. 27. fig. 4. a. b.

Habitat in Chenopodiis.

XXXVIII.

XXXVIII. CHRYSOMELA (*Goldhähnchen*) *Fabric.* Gen. Inf. p. 18.

Palpi fex extrorfum craffiores. Labium corneum integrum. Antennae moniliformes.

1. C. *tenebricofa*, aptera ovata atra antennis pedibusque violaceis. *Fabric.* E. S. I. n. 3. *Herbft* in Archiv. IV. n. 1. tab. 23. fig. 1.

   Habitat in fylvaticis montofis apricis. (Acu transfixa humorem effundit fanguineum, qui ad tincturam videtur idoneus, et fi vivens carboni accenfo admoveatur, colorem induit magis purpureum. *Roffi.*)

2. C. *coriaria*, ovata atra pedibus totis violaceis. *Fabric.* E. S. I. n. 6.

   Habitat in Germania. (Similis *C. tenebricof.* aft minor. Cum fequenti olim iungebatur, quamvis diftincta et maior. *Scriba* in ephem. II. p. 283.)

3. C. *göttingenfis*, ovata atra pedibus violaceis: plantis rufis. *Fabric.* E. S. I. n. 8.

   Habitat in Germania (Quamvis trita, tamen nondum fatis ab omni dubio foluta fpecies. Cum *C. haemoptera* in unam coacta fuit. Vid.

Vid. *Scriba* l. c. p. 284. Ast desunt alae. An varietas *C. tenebricosae?*)

4. C. *hottentotta*, ovata atro caerulea antennis pedibusque concoloribus, elytris vage punctatis. *Fabric.* E. S. I. n. 9.

Habitat in Germania.

5. C. *aethiops*. ovata nigra subtus obscurior, elytris vage punctatis. *Fabric.* E. S. I. n. 10.

Habitat in Germania.

6. C. *Bankii*, ovata supra aenea, subtus testacea. *Fabric.* E. S. I. n. 16.

Habitat in Germania. (C. *bulgarensis Schrank* insf. austr. n. 127. alia et a C. *Bank.* diversa species est.)

7. C. *bulgarensis*, ovata nigra, elytris nigro-aeneis punctatis, unguiculis rubris. *Schrank.* austr. n. 127. *Herbst* Archiv. IV. n. 25. tab. 23. fig. 15.

Habitat in Germaniae plantis.

8. C. *metallica*, ovata aenea nitida antennis pedibusque testaceis. *Fabric.* E. S. I. n. 17. *Herbst* Archiv. IV. n. 26. tab. 23. fig. 14.

Habitat in Germania.

9. C. *lamina*, viridi aenea thorace glaberrimo margine incrassato: elytris punctato-striatis. *Fabric.* E. S. I. n. 18.

10.

10. C. *adonidis*, atra thoracis margine flavo: puncto nigro, elytris flavis, futura vittaque nigris. *Fabric.* E. S. I. n. 23. *Hübner* im *Naturf.* XXIV. p. 88. n. 2. tab. 2. fig. 2.

Habitat in Germania. (Ch. *dorfalis Fabric.* Mant. Inf. I. n. 13. eft mera varietas fexus, obfervante *Hübnero.*)

11. C. *graminis*, ovata viridi caerulea nitida antennis pedibusque concoloribus. *Fabric.* E. S. I. n. 33. *Schäffer* Ic. Inf. Ratisb. tab. 65. fig. 7.

Habitat in Germaniae graminibus. (Magnitudine variat. Color viridis vulgatiffimus.)

12. C. *cuprea*, ovata capite thoraceque aeneis, elytris cupreis, corpore atro. *Fabric.* E. S. I. n. 35. *Schäffer* Ic. Inf. Ratisb. tab. 65. fig. 9. *Panzer* faun. germ. XXV. 8.

Habitat in Germania. (Antennae bafi rubrae.)

13. C. *haemoptera*, ovata violacea plantis alisque rubris. *Fabric.* E. S. I. n. 37. *Schaller* in act. foc. nat. cur. hal. I. n. 21. p. 272. *Chr. violacea.*

Habitat in Germaniae Arundine. (Controverfa adhuc fpecies! Cf. *Hellwig* apud *Roffi.* n. 187. et *Scriba* in ephemerid. II. n. 171. *Schalleri* Ch. *violacea*, potius noftrae tribuenda videtur.)

14.

14. C. *varians*, ovata caerulea s. aenea antennis pedibusque nigris. *Fabric.* E. S. I. n. 38. *Schaller* in act. soc. nat. cur. hal. I. p. 271. Chr. *varians.*

Habitat in Hyperico perforato. (*Degeer.* 5. 312. aliam speciem indicare videtur.)

15. C. *violacea*, subrotunda cyanea, antennis pedibusque concoloribus. *Fabric.* E. S. I. n. 39.

Habitat in Germania.

16. C. *Centaurii*, ovata cuprea subtus viridiaenea pedibus cupreis. *Fabric.* E. S. I. n. 40. *Herbst* Archiv. IV. n. 27. tab. 23. fig. 15.

Habitat in Germaniae Centaureo et Mentha. (Affinis certe C. *varians* et forte mera eius varietas, quamvis colore distincta F.)

17. C. *Populi*, ovata thorace caerulescente, elytris rubris apice nigris. *Fabric.* E. S. I. n. 44. *Schäffer* Ic. Inf. Ratisb. tab. 47. fig. 4. 5.

Habitat in Germaniae Populo et Salice.

18. C. *tremula*, ovata caerulescens elytris testaceis. *Fabric.* E. S. I. n. 45.

Habitat cum praecedenti. (Mera variet. C. Populi.)

19. C. *Staphyleae*, ovata obscure testacea. *Fabric.*

ric. E. S. I. n. 47. *Schäffer* Ic. Inf. Ratisb. tab. 21. fig. 12. *Voet.* Coleopt. II. tab. 30. fig. 1.

Habitat in pratis ficcioribus.

20. C. *polita*, ovata thorace aurato, elytris teftaceis. *Fabric.* E. S. I. n. 49. *Degeer* Inf. V. n. 2. p. 594. tab. 8. fig. 23.

Habitat in Germaniae Populo et Salice.

21. C. *lurida*, ovata nigra elytris ftriato punctatis caftaneis. *Fabric.* E. S. I. n. 52.

Habitat in Germania.

22. C. *collaris*, ovata violacea thoracis marginibus albis. *Fabric.* E. S. I. n. 56. *Schäffer* Ic. Inf. Ratisb. tab. 173. fig. 4. a. b. *Voet.* Coleopt. II. tab. 30. fig. 1.

Habitat in Germaniae Salice. (Vid. *Hellwig* apud *Roffi* n. 210.)

23. C. *Salicis*, ovata caerulea thorace laevi: margine incraffato ferrugineo. *Fabric.* E. S. I. n. 57.

Habitat in Salice.

24. C. *viminalis*, ovata nigra thorace rufo bimaculato, elytris rufis. *Fabric.* E. S. I. n. 59.

Habitat in Salice. (An fequent. var? Vid. *Scriba* in ephemerid. l. c. n. 182.)

25.

25. C. *decempunctata*, ovata thorace rubro postice nigro, elytris rufis: punctis subquinis nigris. *Fabric.* E. S. I. n. 62.

Habitat in Populo et Salice. (Forte maxime variabilis in hoc Genere. Sedulo collegit varietat. huius copiam *Scriba* in ephemerid. l. c. n. 182. Variat numero punctorum, elytris rufis, testaceis, nigris, impunctatis.)

26. C. *sexpunctata*, nigra thorace rufo: punctis duobus, elytris rufis, punctis tribus nigris. *Fabric.* E. S. I. n. 63. *Panzer* faun. germ. XXVI.

Habitat in Germaniae plantis. (Nimis affinis praecedenti, omnino tamen distincta.)

27. C. *pallida*, ovata flavescens oculis nigris. *Fabric.* E. S. I. n. 64.

Habitat in Sorbo. (Variat rarius elytris maculis indistinctis nigris, corporeque nigro. F.)

28. C. *lapponica*, ovata thorace viridi, elytris rubris: fascia inter punctum maculamque lunatam caerulea. *Fabric.* E. S. I. n. 70. *Panzer* faun. germ. XXIII. 13.

Habitat in Germaniae Fraxino.

29. C. *Polygoni*, ovata caerulea, thorace femoribus anoque rufis. *Fabric.* E. S. I. n. 73. *Schäffer* Ic. Inf. Ratisb. tab. 161. fig. 4. a. b.

Habitat in Polygono aviculari, Galio vero. (Gravida ultra coleoptra ventricoſa evadit. F. Variat rarius elytris viridibus.)

30. C. *cerealis*, ovata aurata, thorace lineis tribus coleoptrisque quinque caeruleis. *Fabric.* E. S. I. n. 76. *Schäffer* Ic. Inſ. Ratisb. tab. 1. fig. 3.

Habitat in Spartio ſcopar. graminibus et ſegetibus.

31. C. *faſtuoſa*, ovata aurea coleoptris lineis tribus caeruleis. *Fabric.* E. S. I. n. 80.

Habitat in Lamio, Galeopſide in montoſis. (Varietas lineis tribus aureis loco caeruleis ſexum manifeſtat. Toties ſic in copula deprehendi.)

32. C. *glorioſa*, ovata viridis nitida, elytris linea caerulea. *Fabric.* E. S. I. n. 82. *Panzer* faun. germ. XXIII. 14.

Habitat in Germaniae Cacalia.

33. C. *ſpecioſa*, ovata viridi ſericea elytris lineis duabus aureis. *Fabric.* E. S. I. n. 83. *Panzer* faun. germ. XXIII. 15.

Habitat in Germania ſylvaticis.

34. C. *praetioſa*, ovata thorace globoſo elytrisque

que laevissimis, corpore cyaneo. *Fabric*. E. S. I. n. 85.

Habitat in Germania.(Vid. *Schneid*. l.c. II. p. 219)

35. C. *limbata*, ovata atra coleoptrorum limbo sanguineo. *Fabric*. E. S. I. n. 88. *Panzer* faun. germ. XVI. 8.

Habitat in floribus.

36. C. *Carnifex*, ovata nigra elytris laevissimis: margine exteriori sanguineo. *Fabric*. E. S. I. n. 89. *Panzer* faun. germ. XVI. 9.

Habitat in Germania (Magnitudine variare videtur. Vid. Ins. germ. l. c.)

37. C. *sanguinolenta*, ovata atra elytris punctatis: margine exteriori flavescente. *Fabric*. E. S. I. n. 90. *Panzer* faun. germ. XVI. 10.

Habitat in floribus, in viis et sub foliis deciduis.

38. C. *marginata*, ovata nigro aenea elytris punctatis: margine luteis. *Fabric*. E. S. I. n. 91. *Panzer* faun. germ. XVI. 11.

Habitat in Germaniae Salice.

39. C. *Schach*, ovata thorace nigro aeneo nitidissimo, elytris obscurioribus laevibus: margine sanguineo. *Fabric*. E. S. I. n. 92. *Panzer* faun. germ. XVI. 12.

Habitat in Germania.

40. C. *analis*, ovata atra elytris fuſcis: margine exteriori teſtaceo. *Fabric.* E. S. I. n. 93. *Panzer* faun. germ. XVI. 13.
Habitat in Germania.

41. C. *aucta*, ovata atra elytris fuſcis: margine exteriori teſtaceo. *Fabric.* E. S. I. n. 94. *Panzer* faun. germ. XVI. 14.
Habitat in Germania.

42. C. *marginella*, ovata nigro caerulea thorace elytrisque margine luteis. *Fabric.* E. S. I. n. 96. *Panzer* faun. germ. XVI. 15.
Habitat in Germaniae Ranunculo.

43. C. *hannoverana*, ovata cyanea, thorace margine elytris margine vittaque ferrugineis. *Fabric.* E. S. I. n. 97. *Panzer* faun. germ. XVI. 16.
Habitat in Germaniae plantis tetradynamis.
(Variat elytrorum vitta abbreviata. Vid. *Herbſt* Archiv. IV. tab. 23. fig. 11. 12.)

44. C. *quinquepunctata*, ovata nigra thorace rufo, coleoptris teſtaceis: punctis quinque nigris. *Fabric.* E. S. I. n. 99.
Habitat Hamburgi.

45. C. *ſcutellata*, ovata rufa coleoptris maculis quinque nigris. *Fabric.* E. S. I. n. 101. *Panzer*

zer faun. germ. XXVI. *Herbst* Archiv. IV. n. 32. tab. 23. fig. 20. c.

Habitat in Germaniae plantis aquaticis. (An huius generis?)

46. C. *pectoralis*; ovata rufa, pectore abdominisque basi nigris. *Fabric.* E. S. I. n. 102. *Herbst* Archiv. IV. n. 14. tab. 20. fig. 7. *Dermestes rufus*.

Habitat in floribus et in stercore.

47. C. *litura*, ovata rufescens, elytris sutura lineaque longitudinali atris. *Fabric.* E. S. I. n. 100. *Herbst* Archiv. IV. n. 30. tab. 23. fig. 18. a.

Habitat in Spartio scopario. (Variat lituris 1. 2. et nullis.)

48. C. *flavicans*, ovata flavescens elytris viridi cinereis. *Fabric.* E. S. I. n. 104.

Habitat Halae Saxonum.

49. C. *haemorrhoidalis*, ovata nigra nitida, antennis basi flavescentibus, ano supra rubro. *Fabric.* E. S. I. n. 107.

Habitat in Betula, Alno.

50. C. *aenea*, ovata viridi aenea ano ferrugineo, antennis tibiisque nigris. *Fabric.* E. S. I. n. 109. *Panzer* faun. germ. XXV. 9.

Habitat in Germaniae floribus.

51. C. *vigintipunctata*, viridiaenea thoracis marginibus albis, elytris albis: maculis decem aeneis. *Fabric.* E. S. I. n. 36. *Galleruca vigintipunctata*. *Panzer* faun. germ. VI. 10.

Habitat in Germania.

52. C. *Baaderi*, atra elytris flavis, vittis duabus sinuatis atris, marginali interrupta. *Panzer* faun. germ. XXIV. 14.

Habitat in Germania.

53. C. *Armoraciae*, ovata caerulescens nitida subtus nigra. *Fabric.* E. S. I. n. 112. *Herbst* Archiv. VI. VII. n. 58. tab. 44. fig. 3. c. d.

Habitat in Germaniae plantis cruciferis.

54. C. *Cochleariae*, ovata caerulescens subtus nigra, elytris striatis. *Fabric.* E. S. I. n. 113.

Habitat in plantis cruciferis. (*Chr. Armoraciae* Linn. S. N. n. 16. cum hac rectius quam cum praecedenti iungi videtur.)

55. C. *pallipes*, ovata nigra elytris pedibusque pallescentibus. *Fabric.* E. S. I. n. 114.

Habitat in Germania.

56. C. *Sophiae*, ovata caerulea tibiis plantisque flavis. *Fabric.* E. S. I. n. 115. *Panzer* faun. germ.

germ. XXVI. 10. *Schaller* in act. soc. nat. cur. hal. I. p. 272.

Habitat in Sisymbrio Sophiae Saxoniae.

XXXIX. Crioceris (*Schnurrkäfer*) *Fabric.* Gen. Inf. p. 35.

Palpi quatuor filiformes. Maxilla bifida. Labium corneum integrum. Antennae filiformes.

1. C. *fulvicollis*, capite thoraceque fulvis, elytris pedibusque testaceis. *Fabric.* E. S. II. n. 12.

Habitat in Harcyniae Crataego Oxyacantha.

(Variat antennis testaceis, et elytris nigris.)

2. C. *brunnea*, ferruginea antennis pectore abdominisque basi nigris, thorace cylindrico utrmque impresso. *Fabric.* E. S. II. n. 17.

Habitat in Germania.

3. C. *merdigera*, supra rubra, thorace cylindrico utrique impresso. *Fabric.* E. S. II. n. 19. *Schäffer* Ic. Inf. Ratisb. tab. 4. fig. 4. *Voet* Coleopt. II. tab. 29. fig. 1.

Habitat in Lilio albo.

4. C. *unicolor*, capite thorace elytris pedibus-

que rubris. *Herbst* Archiv. IV. n. 8. C. *rufipes.* *Schäffer* Ic. Inf. Ratisb. tab. 34. fig. 4.

Habitat in Germaniae plantis. (Forte mera varietas praecedent ?)

5. C. *duodecimpunctata*, thorace cylindrico rubro elytris punctis sex nigris. *Fabric.* E. S. II. n. 20. *Schäffer* Ic. Inf. Ratisb. tab. 4. fig 5.

Habitat in Asparago Germaniae.

6. C. *quatuordecimpunctata*, thorace cylindrico fulvo: punctis quinque nigris, elytris flavis: punctis septem. *Fabric.* E. S. II. n. 21. *Scop.* carn. n. 116. ic. 116. *Attelabus 14 punctatus.*

Habitat in Germania.

7. C. *quinquepunctata*, nigra thorace rufo, coleoptris flavescentibus: maculis quinque nigris. *Fabric.* E. S. II. n. 23.

Habitat in Germania.

8. C. *cyanella*, caerulea thorace cylindrico: lateribus gibbis. *Fabric.* E. S. II. n. 35. *Herbst* Archiv. IV. n. 10. tab. 23. fig. 34.

Habitat in Germaniae plantis.

9. C. *melanopa*, caerulea thorace pedibusque rufis. *Fabric.* E. S. II. n. 36. *Sulzer.* hist. Inf. tab. 3. fig. 19.

Habitat

Habitat in Germaniae plantis.

10. C. *subspinosa*, oblonga nigra capite thorace pedibusque rufis, thorace ſpinoſo. *Fabric.* E. S. II. n. 38. *Voet* Coleopt. II. tab. 39. fig. 6.

Habitat in Germaniae Betula.

11. C. *Aſparagi*, thorace rubro: punctis duobus nigris, coleoptris flavis: cruce punctisque quatuor nigris. *Fabric.* E. S. II. n. 41. *Roeſel.* Inſect. II. tab. 4. *Voet* Coleopt. II. tab. 29. fig. 4.

Habitat in Aſparago.

12. C. *Phellandryii*, nigra thoracis margine elytrorumque lineis duabus flavis. *Fabric.* E. S. II. n. 43. *Naturf.* XXIV. n. 24. tab. 1. fig. 24.

Habitat ad Phellandryii aquatici radices.

13. C. *campeſtris*, nigro caeruleſcens thoracis limbo rufo, elytris punctis tribus: poſticis margine flavo connexis. *Fabric.* E. S. II. n. 44. *Panzer* faun. germ. III. 12.

Habitat in Aſparago Germaniae. (Variat thorace toto rufo.)

14. C. *bimaculata*, thorace rufo, elytris teſtaceis: maculis duabus atris. *Fabric.* E. S. II. n. 50. *Crioc. quadrimacul. Herbſt* Archiv. IV. n. 6. tab. 23. fig. 33.

 Habi-

Habitat Berolini. (Eadem cum Galler. 4. macul. *Fabric.* E, S. II. n. 35. Vid. append. E. S. VI. p. 471.)

15. C. *lineola*, flava, capite, thoracis linea dorsali, sutura pectoreque nigris.

Habitat in Germania. (Distincta a *Crioc. lineol.* Mant. I. 2.)

16. C. *glabrata*, thorace subcylindrico, elytris atris punctatis, antennis pedibusque flavis.

Habitat in Germania. (Caput rufum margine postico nigro. Thorax lateribus gibbis. Elytra vage punctata.)

XL. Galleruca (*Forchtkäfer*) *Fabric.* Ent. syst. Gen. 47. p. 12.

Palpi sex: articulo ultimo acuto. Labium bifidum. Antennae filiformes.

1. G. *littoralis*, atra elytris porcatis. *Fabric.* E. S. II. 7. *Geoffr.* I. n. 1. p. 252. tab. 4. fig. 6.

Habitat in Germania. (G. *tanaceti* maior, atra immaculata.)

2. G. *Tanaceti*, nigra punctata elytris coriaceis. *Fabric.* E. S. II. n. 10. *Roesel* Insect. II. p. 12. tab. 5. *Schäffer* Ic. Inf. Ratisb. tab. 21. fig. 14.

Habitat in Germaniae Tanaceto.

3. G.

3. G. *rustica*, oblonga nigra, thorace elytrisque griseis. *Fabric.* E. S. II. n. 11. *Schaller* in act. soc. nat. cur. hal. I. p. 274.

Habitat in Germaniae fruticibus. (Affinis praecedenti.)

4. G. *Alni*, oblonga violacea elytris vage punctatis, pedibus antennisque nigris. *Fabric.* E. S. II. n. 13. *Schäffer* Ic. Inf. Ratisb. tab. 65. fig. 6.

Habitat in Betula Alno, Corylo.

5. G. *Betulae* , violacea elytris punctato striatis. *Fabric.* E. S. II. n. 19. *Degeer* Inf. V. n. 23. p. 400. C. *caerulea Betulae.*

Habitat frequens in Betulae albae foliis paginam inferiorem exedens.

6. G. *livida*, nigra elytris pedibusque testaceis. *Fabric.* E. S. II. n. 21.

Habitat in Germania. (Statura omnino *Crioc. lividae.* F.)

7. G. *vitellinae*, caerulea aut viridis elytris punctato striatis. *Fabric.* E. S. II. n. 22.

Habitat frequens in Salicibus. (*Chrys. vulgatissima* huius mera variet. Vid. *Hellwig* apud *Rossi* n. 200.)

8. G. *Beccabungae* , elongata linearis caerulea, elytris

elytris punctato striatis: striis rectis, ano rubro. *Hellwig* in *Schneid.* prompt. V. n. 7. p. 600. *Panzer* faun. germ. XXV. 11. Chrysom. Beccab.

Habitat in Veronica Beccabunga Brunsvigiae. (Simillima *Chrys. vulgatissim.* ast tamen distinct. Vid. *Hellwig* l. c.)

6. G. *Salicis*, ovata caerulea elytris vage punctatis, antennis basi ferrugineis. *Degeer* Inf. V. n. 24. p. 318. tab. 9. fig. 24. a. b. *Chrysom. caerulea Salicis.* *Roesell* Inseckt. II. *Scar.* 3. tab. 1.

Habitat frequens in Salicibus. (Vid. *Scriba* in ephem. ent. III. n. 196. p. 295. qui bene speciem distinctam separavit.)

10. G. *Lactucae*, capite thoraceque obscure ferrugineis, elytris nigro aeneis. *Fabric.* E. S. II. n. 25. *Schäffer* Ic. Inf. Ratisb. tab. 257. fig. 3. a. b.

Habitat in Germania

11. G. *Raphani*, viridis nitida elytris aeneis. *Fabric.* E. S. II. n. 26. *Herbst* Archiv. IV. n. 42. tab. 23. fig. 21.

Habitat in Betula, Alno, Raphano. (Femina gravida ultra elytra, ut in *Chrys. Polygoni*, ventricosa evadit.)

12.

12. G. *calcarata*, atra elytris striato punctatis: tibiis apice unidentatis. *Fabric.* E. S. II. n. 27.
Habitat in Germania.

13. G. *punctulata*, atra elytris punctato striatis, antennis pedibusque pallidis. *Fabric.* E. S. II. n. 28.
Habitat in Germania.

14. G. *morbilosa*, nigra antennis thorace abdomine pedibusque flavescentibus. *Fabric.* E. S. II. n. 29.
Habitat in Germania.

15. G. *lineola*, grisea thorace linea dorsali, elytris puncto baseos nigris. *Fabric.* E. S. II. n. 38.
Habitat in Viburno Opulo Germaniae.

16. G. *Nymphaeae*, fusca elytrorum margine prominulo flavescente. *Fabric.* E. S. II. n. 39. *Degeer* Inf. IV. n. 31. tab. 20. fig. 1. 2.
Habitat in Nymphea alba Germaniae.

17. G. *Capreae*, thorace nigro maculato elytrisque griseis antennis nigris. *Fabric.* E. S. II. n. 40.
Habitat in Salice caprea.

18. G. *calmariensis*, ovata cinerea, elytris vitta lineolaque baseos nigris. *Fabric.* E. S. II. n. 46.
Habitat in Rhamno Frangula et Salicibus.

19.

19. G. *sanguinea*, rufa antennis oculisque nigris. *Fabric*. E. S. II. n. 49.

Habitat in Germania.

20. G. *flavipes*, nigra thorace pedibusque flavis. *Fabric*. E. S. II. n. 37. *Crioceris flavipes*. *Geoffr*. Inf. I. n. 1. p. 231. tab. 4. fig. 2. *Luperus*.

Habitat in Germania.

21. C. *rufipes*, atra nitida antennarum basi pedibusque flavis. *Fabric*. E. S. II. n. 39. *Crioceris rufipes*. *Geoffr*. Inf. T. I. n. 2. p. 231.

Habitat in Germania. (Mera variet. G. *flavipedis*. *Gallerucis* monitu Cl. *Hellwig* potius associanda. Proprium autem genus constituere videntur, quod iam *Geoffr*. sub *Lupero* fundavit.)

22. G. *tenella*, ferruginea, thorace elytrorumque margine flavis. *Fabric*. E. S. II. n. 50.

Habitat in Germaniae Salice.

23. G. *nigricornis*, flavescens capitis basi elytrisque aeneis, antennis nigris. *Fabric*. E. S. II. n. 53. *Herbst* Archiv. VI. VII. n. 15. tab. 45, fig. 5.

Habitat in Germania.

XLI.

XLI. ENDOMYCHUS (*Stockkäfer*).

Palpi quatuor inaequales, articulo ultimo truncato. Labium elongatum corneum integrum. Antennae apice moniliformes.

1. E. *coccineus*, thorace marginato sanguineo, macula nigra: elytris sanguineis, maculis duabus sanguineis. *Fabric.* E. S. II. n. 31. *Galleruca coccinea.* *Panzer* im Naturf. XXIV. n. 20. tab. 1. fig. 20.

Habitat in Germaniae fruticibus.

2. E. *quadripustulatus*, niger thoracis margine elytrorum maculis duabus pedibusque rufis. *Fabric.* E. S. II. n. 33.

Habitat in Germaniae Lycoperdis.

3. E. *cruciatus*, ruber, coleoptris cruce nigra. *Fabric.* E. S. II. n. 32. *Galleruca cruciata.* *Panzer* im Naturf. XXIV. n. 50. tab. I. fig. 50. *Tenebrio cruciatus.* *Panzer* faun. germ. VIII. 5.

Habitat in Germania.

4. E. *Bovistae*, ater nitidus, antennis pedibusque ferrugineis. *Fabric.* E. S. II. n. 34. *Galleruca Bovistae.* *Panzer* faun. germ. VIII. 4.

Habitat in Germania Lycoporda Bovista.

(*Cl. Hellwig* genus introduxit, ego characteres subiunxi.)

XLII.

XLII. ALTICA (*Flohkäfer*) *Fabric.* Syst. Ent. p. 112.

Palpi quatuor filiformes. Maxilla cylindrica bifida: laciniis linearibus. Antennae moniliformes.

1. A. *oleracea*, saltatoria viridiaenea. *Fabric.* E. S. II. n. 74. *Galleruca oleracea.* *Panzer* faun. germ. XXI.

Habitat in cotyledonibus plantarum inprimis Tetradynamistarum.

2. A. *Erucae*, saltatoria caerulea nitida antennis nigris. *Fabric.* E. S. II. n. 75. *Galleruca Erucae.* *Panzer* faun. germ. XXI. 2.

Habitat in Germania. (Mera variet. praecedent.)

3. A. *Napi*, saltatoria caeruleo nigra antennarum basi pedibusque testaceis, femoribus posticis nigris. *Fabric.* E. S. II. n. 78. *Galleruca Napi.* *Panzer* faun. germ. XXI. 3.

Habitat in Germania.

4. A. *Hyoscyami*, saltatoria viridis nitida pedibus testaceis: femoribus posticis violaceis. *Fabric* E. S. II. n. 79. *Galleruca Hyoscyami.* *Panzer* faun. germ. XXI. 4.

Habitat in Hyoscyamo, Brassica.

5. A.

5. A. *nigripes*, saltatoria viridi aenea pedibus nigris. *Fabric.* E. S. II. n. 8. *Galleruca nigripes.* *Panzer* faun. germ. XXI. 5.

Habitat in Germania.

6. A. *nitidula*, saltatoria viridis nitens, capite thoraceque aureis, pedibus ferrugineis. *Fabric.* E. S. II. n. 81. *Schäffer* Ic. Inf. Ratisb. tab. 96. fig. 5. a. b.

Habitat in Germaniae plantis et fruticibus.

7. A. *Helxines*, saltatoria viridiaenea antennis fuscis, pedibus testaceis. *Fabric.* E. S. II. n. 82. *Galleruca Helxines.* *Panzer* faun. germ. XXI. 6.

Habitat in Polygono Fagopyro.

8. A. *trifasciata*, saltatoria supra albida: fasciis tribus fuscis. *Fabric.* E. S. II. n. 84. *Galleruca trifasciata.*

Habitat in Germania. (Fascia unica capitis, duae elytrorum F.)

9. A. *Modeeri*, saltatoria viridi aenea, elytris macula postica pedibusque anticis flavis. *Fabric.* E. S. II. n. 85. *Galleruca Modeeri.* *Panzer* faun. germ. XXI. 7.

Habitat in Germaniae plantis hortensibus.

10. A. *semiaenea*, saltatoria thorace aeneo, ely-

tris punctatis nigris apice rufis. *Fabric.* E. S. II. n. 86. *Galleruca semineuea.*

Habitat in Germania.

11. A. *erythrocephala*, saltatoria atro caerulea, capite geniculisque pedum rufis. *Fabric.* E. S. II. n. 87. *Galleruca erythrocephala.*

Habitat in Germania.

12. A. *Sisymbrii*, saltatoria atra thorace fulvo, elytris pallidis: margine omni atro. *Fabric.* E. S. II. n. 88. *Galleruca Sisymbrii.*

Habitat in Germania.

13. A. *Verbasci*, saltatoria fusca, elytris glabris pallide testaceis, pedibus posticis fuscis. *Panzer* faun. germ. XXI. 17.

Habitat in Verbasco. (Eadem est, quam *Fabricius Hellwigio* pro *Gall. Sisymbrii* declaravit, quamvis ab illa discrepet. Vid. *Hellwig* apud *Rossi* n. 224.)

14. A. *atricilla*, saltatoria nigra, thorace elytrisque cinereis. *Fabric.* E. S. II. n. 89. *Galleruca atricilla.* *Panzer* faun. germ. XXI. 8.

Habitat in plantis. (Elytra striato punctata.)

15. A. *Nasturtii*, saltatoria atra elytris testaceis: margine omni nigro. *Fabric.* E. S. II. n. 90.

n. 90. *Galleruca Nasturtii.* *Panzer* faun. germ. XXI. 9.

Habitat in Sisymbrio Nasturtio.

16. A. *dorsalis*, saltatoria nigra thorace elytrorumque margine pallidis. *Fabric.* E. S. II. n. 91. *Galleruca dorsalis.*

Habitat in plantis hortensibus. (Mera forte varietas A. *atricillae.* Differt tantum dorso elytrorum nigro. F.)

17. A. *rufipes*, saltatoria caerulea, capite thorace pedibus antennarumque basi rufis. *Fabric.* E. S. II. n. 94. *Galleruca rufipes.* *Panzer* faun. germ. XXI. 10.

Habitat in Germania.

18. A. *fuscipes*, saltatoria violacea, capite thoraceque rufis, pedibus nigris. *Fabric.* E. S. II. n. 95. *Galleruca fuscipes.* *Panzer* faun. germ. XXI. 11.

Habitat in Germania.

19. A. *ruficornis*, saltatoria caerulea, capite thorace antennis pedibusque rufis, elytris crenato-striatis. *Fabric.* E. S. II. n. 96. *Galleruca ruficornis.* *Panzer* faun. germ. XXI. 12.

Habitat in Germania.

20. A. *Mercurialis*, saltatoria subrotunda atra nitida, antennis pedibusque nigris. *Fabric.* E. S. II. n. 97. *Galleruca Mercurialis.*
Habitat in Germaniae Mercuriali.

21. A. *testacea*, saltatoria testacea gibba elytris laevissimis. *Fabric.* E. S. II. n. 99. *Galleruca testacea.* *Panzer* faun. germ. XXI. 13.
Habitat in Germaniae Salice, Carduo.

22. A. *exoleta*, saltatoria ferruginea elytris striatis. *Fabric.* E. S. II. n. 100. *Galleruca exoleta.* *Panzer* faun. germ. XXI. 14.
Habitat in plantis hortensibus.

23. A. *holsatica*, saltatoria nigra nitida, elytris apice puncto rubro. *Fabric.* E. S. II. n. 101. *Galleruca holsatica.*
Habitat in oleribus.

24. A. *tabida*, saltatoria pallida oculis nigris. *Fabric.* E. S. II. n. 102. *Galleruca tabida.* *Panzer* faun. germ. XXI. n. 15.
Habitat in Oleribus Germaniae.

25. A. *pratensis*, nigra thorace elytris pedibusque pallide testaceis. *Panzer* faun. germ. XXI. 16.
Habitat in Trifolio pratensi.

26. A. *Brassicae*, saltatoria atra, elytris pallide testaceis: margine omni fasciaque media atris. *Fabric*. E. S. II. n. 103. *Galleruca Brassicae*. *Panzer* faun. germ. XXI. 18.

Habitat in Oleribus.

27. A. *nemorum*, saltatoria atra, elytris vitta longitudinali flava. *Fabric*. E. S. II. n. 104. *Galleruca nemorum*. *Panzer* faun. germ. XXI. 19.

Habitat in plantis nemorensibus.

28. A. *flexuosa*, saltatoria nigra elytris vittá media longitudinali flavicante, utrinque sinuata. *Hellwig* in *Schneid*. prompt. V. n. 8. p. 601. *Panzer* faun. germ. XXV. 12.

Habitat in pratis. (A. *nemor*. affinis.)

29. A. *Euphorbiae*, saltatoria atra pedibus pallidis: femoribus posticis nigris. *Fabric*. E. S. II. n. 106. *Galleruca Euphorbiae*.

Habitat in Euphorbiis.

30. A. *haemisphaerica*, saltatoria suborbiculata depressa nigra. *Fabric*. E. S. II. n. 107. *Gallerуca haemisphaerica*.

Habitat in Germaniae Populo, Salice, Corylo.

31. A. *orbicularis*, saltatoria fusca subrotunda depressa, elytris punctatis. *Panzer* faun. germ. VIII. 6.

Habitat in Germania.

32. A. *globosa*, saltatoria suborbiculata nigra nitidissima, antennis pedibusque piceis. *Hellwig* in *Schneid.* prompt. V. n. 9. p. 602. *Panzer* faun. germ. XXV. 13.

Habitat Brunsvigiae.

XLIII. Erotylus (*Schildkäfer*) *Fabric.* Gen. Inf. p. 36.

Palpi quatuor inaequales, antici securiformes, postici clavati. Labium corneum apice dilatatum emarginatum. Antennae perfoliatae.

1. E. *rufipes*, oblongus niger pedibus piceis. *Fabric.* E. S. II. n. 27.

Habitat in Germania.

XLIV. Cebrio (*Seidenkäfer*) *Fabric.* Ent. syst. Gen. 49. p. 41.

Palpi quatuor filiformes. Maxilla membranacea vix unidentata. Labium apice palpigerum. Antennae filiformes.

1. C. *Gigas*, villosus fuscus elytris abdomine femoribusque testaceis. *Fabric.* E. S. II. n. 1. *Panzer* faun. germ. V. 10.

Habitat in Germania.

XLV. Cistela (*Fadenkäfer*) *Fabric.* Gen. Inf. p. 34.

Palpi quatuor filiformes. Maxilla unidentata. Labium membranaceum bifidum. Antennae filiformes.

1. C. *cervina*, livida pedibus fuscis. *Fabric.* E. S. II. n. 1.

Habitat in Germaniae plantis.

2. C. *cinerea*, livida elytris pedibusque fuscis. *Fabric.* E. S. II. n. 2.

Habitat in Germania. (Mera praecedent. varietas.)

3. C. *ceramboides*, atra thorace antice angustato, elytris striatis testaceis. *Fabric.* E. S. II. n. 3. *Herbst* Archiv. IV. tab. 23. fig. 27.

Habitat in Germania. (Variat rarius thorace testaceo.)

4. C. *lepturoides*, atra, thorace quadrato, elytris ſtriatis teſtaceis. *Fabric.* E. S. II. n. 5. *Panzer* faun. germ. V. 11.
Habitat in Germania.

5. C. *teſtacea*, nigra, thorace elytris abdomineque teſtaceis. *Fabric.* E. S. II. n. 6.
Habitat in Germania.

6. C. *ſulphurea*, flava, elytris ſulphureis. *Fabric.* E. S. II. n. 8. *Herbſt* Archiv IV. n. 2. tab. 23. fig. 28.
Habitat in Germaniae cymoſis et umbelliferis.

7. C. *bicolor*, nigra, elytris pedibusque ſulphureis. *Fabric.* E. S. VI. app. p. 447.
Habitat in Germania.

8. C. *rufipes*, nigra, elytris laevibus, antennis pedibusque ferrugineis. *Fabric.* E. S. II. n. 13.
Habitat in Germania.

9. C. *fulvipes*, nigra, elytris ſtriatis, pedibus ferrugineis. *Fabric.* E. S. II. n. 14.
Habitat in Germania.

10. C. *varians*, griſea, oculis nigris, elytris ſubſtriatis. *Fabric.* E. S. II. n. 15.
Habitat Halae Saxonum. (*C. murinae* paullo maior.)

11. C.

11. C. *murina*, nigra, elytris striatis pedibusque testaceis. *Fabric.* E. S. II. n. 16. *Herbst* Archiv. IV. n. 3. tab. 23. fig. 29.

Habitat in Germaniae plantis umbelliferis.

12. C. *ferruginea*, testacea, capite thoraceque fuscis, elytris striatis. *Fabric.* E. S. II. n. 17.

Habitat in Germania.

13. C. *thoracica*, fusca, thorace pedibusque ferrugineis, elytris laevibus. *Fabric.* E. S. II. n. 18.

Habitat Halae Saxonum.

14. C. *Evonymi*, testacea, abdomine griseo, elytris laevibus. *Fabric.* E. S. II. n. 20.

Habitat in Germaniae Evonymo.

15. C. *humeralis*, nigra, elytris puncto baseos ferrugineo. *Fabric.* E. S. II. n. 21. *Panzer* faun. germ. XXV. 14.

Habitat in Germania (Vid. *Hellwig* in *Schneid.* prompt. V. p. 607.)

16. C. *bipustulata*, nigra, thorace subrotundo, elytris subtilissime punctato-striatis, macula baseos rubra, femoribus nigris. *Hellwig* in *Schneid.* prompt. V. n. 12. p. 606. *Panzer* faun. germ. XXV. 15.

Habitat in Germania. (Affinis anteced. ast distincta. Vid. *Hellwig* l. c.)

17. C. *linearis*, nigra, elongata, elytris punctato-striatis, antennarum basi et apice, ore pedibusque fulvis. *Hellwig* in *Schneid.* prompt. V. n. 13. p. 607. *Panzer* faun. germ. XXV. 16.

Habitat Brunsvigiae. (An *C. maura Fabric?* II.)

18. C. *brevis*, nigra, elytris punctato-striatis, antennarum basi pedibusque fulvis. *Hellwig* in *Schneid.* prompt. V. n. 14. p. 608. *Panzer* faun. germ. XXV. 17.

Habitat Brunsvigiae.

19. C. *maura*, atra, elytris substriatis, antennarum basi pedibusque ferrugineis. *Fabric.* E. S. II. n. 22.

Habitat in Germania.

20. C. *opaca*, atra, capite thoraceque obscurioribus, elytris striatis, antennis pedibusque rufis. *Hellwig* in *Schneid.* prompt. V. n. 15. p. 610. *Panzer* faun. germ. XXV. 18.

Habitat Brunsvigiae.

21. C. *fusca*, thorace semicirculari, postice truncato pubescens cinereo fusca, elytris laeviter striatis. *Hellwig* in *Schneid.* prompt. V. n. 16. p. 610. *Panzer* faun. germ. XXV. 19.

Habitat in Germania.

22. C.

22. C. *pallipes*, nigra nitidula antennarum basi pedibusque pallidis. *Fabric.* E. S. II. n. 23.

Habitat in Germania.

23. C. *nigrita*, atra, elytris substriatis, antennis pedibusque concoloribus. *Fabric.* E. S. VI. append. p. 447.

Habitat in Germania.

24. C. *morio*, nigra, obscura pedibus testaceis. *Fabric.* E. S. II. n. 24.

Habitat in Germania. (Vix huius generis!)

25. C. *pallida*, pallida, capite elytrorumque apicibus fuscis. *Fabric.* E. S. II. n. 26. *Panzer* faun. germ. VIII. 7.

Habitat in Germania.

26. C. *laeta*, capite thorace vittaque elytrorum abbreviata testaceis. *Panzer* faun. germ. VIII. 8.

Habitat Dresdae. (An variet. praecedentis?)

27. C. *nimbata*, fusca, pectore thoracisque margine antico et laterali flavis. *Panzer* faun. germ. XXIV. 15.

Habitat Mannhemii.

28. C. *reppensis*, capite thoraceque atris, elytris pedibusque obscure testaceis. *Herbst* Archiv. IV. n. 6. tab. 23. fig. 32.

XLVI.

XLVI. Clytra (*Sägekäfer.*)

Palpi quatuor inaequales filiformes. Mandibulae corneae forcipatae apice emarginatae. Labium apice dilatatum emarginatum. Maxilla unidentata. Antennae serratae breves.

1. C. *longipes*, nigra obscura elytris pallidis: maculis tribus nigris, pedibus anticis elongatis. *Fabric.* E. S. I. n. 1. *Cryptoceph. longipes. Schäffer* Ic. Inf. Ratisb. tab. 6. fig. 3.

   Habitat in Germaniae Corylo, Salice. (Metamorphosis, victus, fabrica corporis, antennarum, thoracis et instrument. cibariar. separant a Cryptocephalis. Larvae saccatae. Vid. *Schaller* in act. soc. nat. cur. hal. I. p. 328. et *Hübner* im Archiv. VI. tab. 31.)

2. C. *Salicis*, ater nitidus elytris rubris: punctis tribus nigris. *Fabric.* E. S. II. n. 3. *Cryptoceph. Salicis.*

   Habitat in Saxonia. (An huius generis?)

3. C. *quadripunctata*, nigra elytris rubris: punctis duobus nigris, antennis brevibus serratis. *Fabric.* E. S. II. n. 6. *Cryptoceph quadripunct. Schäffer* Ic. Inf. Ratisb. tab. 6. fig. 1. 2.

Habitat

Habitat in Germaniae Corylo. (Maculae maiores saepius in puncta exigua dehitescunt. Vid. *Schneider* in prompt. II. n. 7. p. 191.)

4. C. *tridentata*, caerulescens elytris testaceis: puncto humerali nigro. *Fabric.* E. S. II. n. 14. *Cryptoceph. trident. Schäffer* Ic. Inf. Ratisb. tab. 77. fig. 5.

Habitat in Lonicera Xylosteo.

5. C. *humeralis*, viridiaena elytris testaceis, puncto humerali atro, mandibulis exsertis.

Habitat in Germania. (Praecedenti affinis, ast duplo maior et distincta. Vid. *Schneider.* l. c. II. n. 11. p. 192. et *Hellwig* apud *Rossi.* n. 234.)

6. C. *octopunctata*, nigra thorace rufo, elytris testaceis: punctis quatuor nigris. *Fabric.* E. S. II. n. 18. *Cryptocephalus octopunctatus. Panzer* im Naturf. XXIV. n. 22. tab. I. fig. 22. 22.b.

Habitat in Germania. (Vid. *Schneider* l. c. II. n. 2. p. 188. Variat elytris impunctatis, et punctis duobus. *Cryptoceph. rufi coll. Fabric.* n. 42. huius varietas.)

7. C. *aurita*, atra thorace utrinque macula lutea, tibiis

tibiis flavis. *Fabric.* E. S. II. n. 20. *Cryptocephal. auritus. Panzer* faun. germ. XXV. 20.

Habitat in Germaniae Corylo.

8. C. *affinis*, caerulea, thorace utrinque macula pedibusque totis luteis. *Hellwig* in *Schneider.* prompt. V. n. 17. p. 611. *Panzer* faun. germ. XXV. 21.

Habitat Brunsvigiae. (Eadem cum *C. musciform. Schneider* prompt. II. n. 15. p. 194. Vid. *Hellwig.* l. c. et apud *Rossi* n. 236.)

9. C. *quadrimaculata*, rufa, capitis basi elytrorumque maculis duabus cyaneis. *Fabric.* E. S. II. n. 23. *Cryptocephal. quadrimacul. Schäffer* Ic. Inſ. Ratisb. tab. 6. fig. 6. 7.

Habitat in Germaniae Corylo. (Vid. *Schneider* l. c. II. n. 4. p. 189. qui *C. Scopolinam* cum hac, aſt fruſtra, coniungere tentat.)

10. C. *longimana*, obſcure aenea, elytris teſtaceis: puncto baſeos nigro. *Fabric.* E. S. II. n. 25. *Cryptocephal. longimanus. Hübner* im Archiv. VI. tab. 31. fig. 1. 2. 3. 4.

Habitat in Trifolio montano et Euphorb. Cypariſſ.

11. C. *bimaculata*, nigra obscura thorace fulvo, elytris testaceis: punctis duobus nigris. *Fabric.* E. S. II. n. 31. *Cryptocephal. bimaculatus. Schäffer* Ic. Inf. Ratisb. tab. 36. fig. 14. et tab. 264. fig. 3. a. b.

Habitat in Germania. (Vid. *Schneider* l. c. n. 3. p. 189.)

12. C. *cyanea*, cyanea thorace pedibusque rufis. *Fabric.* E. S. II. n. 52. *Cryptoceph. cyaneus. Herbst* Archiv. VII. VIII. n. 61. tab. 45. fig. 3.

Habitat in Germania. (Vid. *Schneider* l. c. n. 12. p. 193.)

13. C. *bucephala*, cyanea, ore thoracis marginibus pedibusque rubris. *Fabric.* E. S. II. n. 54. *Cryptocephalus bucephalus. Schaller* in act. soc. nat. cur. hal. I. p. 276.

Habitat in Germania. (Vid. *Schneider* l. c. n. 16. p. 194.

14. C. *Scopolina*, nigra thorace rufo, elytris rufis: fasciis duabus cyaneis, pedibus nigris. *Fabric.* E. S. II. n. 79. *Cryptocephal. Scopolin. Panzer* im Naturf. XXIV. n. 23. tab. I. fig. 23.

Habitat in Germania.

XLVIII.

XLVII. CRYPTOCEPHALUS. (*Fallkäfer*) *Fabric.* Gen. Inſ. p. 33.

Palpi quatuor filiformes. Maxilla unidentata. Labium corneum integrum. Antennae filiformes.

1. C. *laetus*, viridi aeneus elytris teſtaceis: maculis duabus nigris. *Fabric.* E. S. II. n. 8.

Habitat in Germania. (Vid. *Crypt. mixtus Schneid.* l. c. II. n. 23. p. 212.)

2. C. *Schäfferi*, cyaneus, elytrorum apice, antennarum baſi pedibusque fulvis. *Schrank* im Naturf. XXIV. n. 21. p. 69. *Schäffer* Ic. Inſ. Ratisb. tab. 77. fig. 7.

Habitat in Germaniae Salice. (Vid. *Schneider* l. c. n. 94. *C. haemorrhoid.* F ?)

3. C. *marginatus*, nigro aeneus elytris flavis: margine nigro. *Fabric.* E. S. II. n. 27. *Schäffer* Ic. Inſ. Ratisb. tab. 87. fig. 6.

Habitat in Germania. (Variat elytrorum margine latiori nigro, maculaque communi orbiculata ſuturali. Vid. *Schneider* l. c. n. 1. et *Schaller* in act. ſoc. nat. cur. hal. I. p. 276. *Chryſ. phalerata.*)

4. C. *quatuordecimmaculatus*, ater, coleoptris flavis

flavis, maculis quatuordecim nigris. *Schneider* l. c. II. n. 2. p. 195.

Habitat in Germania.

5. C. *flavescens*, ater thorace nitido immaculato fulvo, elytris flavis striato punctatis maculis sparsis nigris. *Schneider* l. c. II. n. 3. p. 196.

Habitat in Germania. (Praecedenti dimidio minor.)

6. C. *bipunctatus*, niger nitidus, elytris rubris, punctis duobus nigris, antennis longitudine corporis. *Fabric.* E. S. II. n. 29. *Schäffer* Ic. Inf. Ratisb. tab. 86. fig. 8.

Habitat in Germania. (Vid. *Schneider* l. c. n. 15. et *Hellwig* apud *Rossi* n. 230.)

7. C. *lineola*, ater nitidus elytris rubris: linea media atra, antennis longitudine corporis. *Fabric.* E. S. II. n. 30. *Schäffer* Ic. Inf. Ratisb. tab. 77. fig. 8.

Habitat in Germania. (Mera varietas praecedent. *C. limbat. Laicharting.* inf. tyr. I. n. 8. huc referendus. Vid. *Hellwig* apud *Rossi* n. 230. et *Schneider* l. c.)

8. C. *cordiger*, thorace variegato, elytris rubris:

N punctis

punctis duobus nigris. *Fabric.* E. S. II. n. 32. *Panzer* faun. germ. XIII. 6.

Habitat in Germaniae Corylo et Salice. (Vid. *Schneider* l. c. n. 18. et *Hellwig* apud *Rossi* n. 233.)

9. C. *variabilis*, thorace variegato, elytris rubris: punctis quatuor nigris. *Schneider* l. c. II. n. 17. p. 207. *Panzer* faun. germ. XIII. 7.

Habitat in Germania.

10. C. *bothnicus*, ater thorace linea longitudinali rubra. *Fabric.* E. S. II. n. 33. *Herbst* Archiv. VII. VIII. n. 21. tab. 44. fig. 8.

Habitat in Germania. (Variet. *Crypt. decempunct.* Vid. *Schneider* l. c. II. n. 4. d.)

11. C. *frenatus*, ater capite thorace pedibusque rufis, thorace punctis duobus nigris. *Fabric.* E. S. II. n. 34. *Laicbart.* inf. tyr. I. n. 10.

Habitat in Germania. (Mera variet. *Crypt. decemp.* Vid. *Schneider* l. c. II. n. 4. b.)

12. C. *obscurus*, niger obscurus pedibus posticis elongatis. *Fabric.* E. S. II. n. 35. *Panzer* faun. germ. V. 12.

Habitat in Germaniae plantis. (An Cryptocephalus?)

13. C. *Vitis*, niger glaber, thorace globoso, elytris rufis. *Fabric.* E. S. II. n. 36. *Schäffer* Ic. Inf. Ratisb. tab. 86. fig. 6.

Habitat in Vite vinifera Germaniae quam misere saepius depascit. (Vid. *Schneider* l. c. II. n. 33. Crypt. villos. *Schrank* n. 181.)

14. C. *Coryli*, niger thorace elytrisque testaceis: sutura nigra. *Fabric.* E. S. II. n. 38. *Schäffer* Ic. Inf. Ratisb. tab. 187. fig. 4.

Habitat in Corylo. (Vid. *Schneider* l. c. n. 14. Omnino distinctus a praecedenti.)

15. C. *variegatus*, niger thorace linea dorsali abbreviata marginibusque rubris, elytris testaceis. *Fabric.* E. S. II. n. 40. *Panzer* faun. germ. XIII. 8.

Habitat in Germania. (Vid. *Schneid.* l. c. *Crypt. distinguendus.*)

16. C. *sexpunctatus*, niger thorace variegato, elytris rubris: maculis tribus nigris. *Fabric.* E. S. II. n. 44. *Schäffer* Ic. Inf. Ratisb. tab. 30. fig. 2. 3.

Habitat in Germaniae plantis. (Vid. *Schneider* l. c. n. 16.)

17. C. *flavescens*, supra flavescens, elytris pun-

ctis quinque nigris, marginalibus distinctis. *Fabric.* E. S. VI. app. p. 448.

Habitat in Germania.

18. C. *violaceus*, nigro cyaneus antennis pedibusque nigris, elytris substriatis. *Fabric.* E. S. II. n. 46.

Habitat in Germania. (An idem cum *Crypt. violaceo. Schneider* l. c. II. n. 27?)

19. C. *lobatus*, obscure cyaneus tibiis posticis apice lobatis. *Fabric.* E. S. II. n. 50. *Panzer* faun. germ. XIII. 9.

Habitat in Germania.

20. C. *sericeus*, viridi caeruleus antennis nigris. *Fabric.* E. S. II. n. 56. *Schäffer* Ic. Inf. Ratisb. tab. 65. fig. 2. 3. et tab. 198. fig. 6.

Habitat in floribus compositis. (Variat colore nigro cyaneo, et atro violaceo, et magnitudine minori. Vid. *Schneider* l. c. II. n. 26.)

21. C. *nitens*, viridis nitens ore pedibusque testaceis. *Fabric.* E. S. II. n. 57.

Habitat in Germania. (Variat fronte maculata. Vid. *Schneid.* l. c. II. n. 28.)

22. C. *vittatus*, niger elytris margine striaque abbre-

abbreviata flavis. *Fabric.* E. S. II. n. 59. *Herbst* im Archiv. IV. n. 10. tab. 23. fig. 23.

Habitat in Germania. (Variet. elytris vitta abbreviata, est *C. quadrum.* Mant. I. 82. *Schneid.* l. c. II. n. 8.)

23. C. *labiatus*, ater nitidus ore pedibus basique antennarum lutescentibus. *Fabric.* E. S. II. n. 62.

Habitat in Germaniae Betula. (Vid. *Schneider* l. c. n. 12.)

24. C. *flavilabris*, violaceus nitidus ore pubescente, antennis pedibusque nigris. *Fabric.* E. S. II. n. 63.

Habitat in Germania. (Vid. *Schneid.* l. c. n. 29.)

25. C. *flavipes*, ater nitidus, capite pedibusque luteis. *Fabric.* E. S. II. n. 64.

Habitat in Germania. (*C. parenthesis Schrank.* austr. n. 170. Vid. *Schneider* l. c. n. 11. et *Herbst* im Archiv. IV. n. 17.)

26. C. *flavifrons*, caeruleo ater nitidus fronte pedibusque flavis. *Fabric.* E. S. II. n. 65.

Habitat in Germania.

27. C. *Hübneri*, niger capite elytrorum apicibus pedibusque flavis. *Fabric.* E. S. II. n. 66.

Habitat in Germania.

28. C. *Moraei*, ater elytris maculis duabus flavis marginalibus. *Fabric.* E. S. II. n. 67. *Schäffer* Ic. Inf. Ratisb. tab. 30. fig. 7.

Habitat in Germaniae Hypericis. (Vid. *Schneider* l. c. n. 7.)

29. C. *octoguttatus*, ater elytris maculis quatuor flavis. *Fabric.* E. S. II. n. 68.

Habitat in Germania. (Vid. *Schneid.* l c. n. 6.)

30. C. *decempunctatus*, thorace testaceo: vitta marginali atra, coleoptris flavis: punctis decem nigris. *Fabric.* E. S. II. n. 70. *Herbst* im Archiv. VII. VIII, n. 22. tab. 45. fig. 4. a. b.

Habitat in Germania. (Vid. *Schneider* l. c. n. 4. qui *quinque* varietatibus speciem ditavit.)

31. C. *hieroglyphicus*, thorace flavo: punctis nigris quinque, coleoptris flavis: punctis nigris decem. *Fabric.* E. S. II. n. 71. *Herbst* im Archiv. IV. n. 18. tab. 23. fig. 26.

Habitat in Germania. (Variet. antecedd. Vid. *Schneider* l. c. n. 4. variet. 5.)

32. C. *duodecimpunctatus*, thorace fulvo: punctis

ctis duobus, elytris testaceis, punctis quinque nigris. *Fabric.* E. S. II. n. 72.

Habitat in Germania.

33. C. *haemorrhoidalis*, cyaneus, elytris apice pedibusque fulvis. *Fabric.* E. S. II. n. 73.

Habitat in Germania. (An idem cum C. *Schäfferi*?)

34. C. *bipustulatus*, ater elytris macula apicis rufa. *Fabric.* E. S. II. n. 74. *Herbst* im Archiv. VII. VIII. n. 20. tab. 44. fig. 6. i. k.

Habitat in Germania. (Variet. C. *lineolae.* Vid. *Schneid.* l. c. n. 15. c.)

35. C. *paracenthesis*, elytris flavis: lineola punctisque tribus nigris. *Fabric.* E. S. II. n. 81.

Habitat in Germania.

36. C. *Pini*, testaceus elytris vage punctatis pallidis, antennis fuscis. *Fabric.* E. S. II. n. 84. *Schäffer* Ic. Inf. Ratisb. tab. 109. fig. 7.

Habitat in Germania.

37. C. *pusillus*, thorace fulvo, elytris striatis testaceis nigro maculatis. *Fabric.* E. S. II. n. 86. *Herbst* im Archiv. IV. n. 31. tab. 23. fig. 19. *Chrysom. minuta.*

Habitat in Germania.

38. C. *minutus*, thorace fulvo, elytris striatis testaceis immaculatis. *Fabric.* E. S. II, n. 87.
Habitat in Germania.

XLVIII. Hispa (*Stachelkäfer*) *Fabric.* Gen. Inſ. p. 24.

Palpi aequales medio craſſiores, filiformes. Maxilla bifida. Labium corneum integrum. Antennae cylindricae.

1. H. *atra*, antennis fuſiformibus, thorace elytrisque ſpinoſis. *Fabric.* E. S. II. n. 1. Act. ſoc. nat. cur. berol. IV. tab. 7. fig. 6.
Habitat ad radices graminum.

XLIX. Dryops (*Steinkäfer*) *Fabric.* Ent. ſyſt. Gen. n. 58. p. 74.

Palpi quatuor inaequales, antici ſecuriformes, poſtici filiformes. Labium membranaceum late emarginatum. Antennae filiformes.

1. D. *femorata*, livida, fronte maculisque duabus thoracis atris, femoribus poſticis incraſſatis. *Fabric.* E. S. II. n. 1.
Habitat in Germania.

L.

L. Tillus (*Rauchkäfer*) *Fabric.* Ent. syst. Gen. n. 59. p. 77.

Palpi quatuor inaequales, antici filiformes, postici securiformes. Labium membranaceum inter palpos porrectum integrum. Antennae serratae.

1. T. *elongatus*, ater thorace villoso rufo. *Fabric.* E. S. II. n. 1.

Habitat in Germania.

2. T. *ambulans*, glaber ater elytris punctatis. *Fabric.* E. S. II. n. 2. *Panzer* faun. germ. VIII. 9. *Lagria atra.*

Habitat in Germania. (Variet. anteced.)

LI. Lagria (*Schmahlkäfer*) *Fabric.* Gen. Inf. p. 37.

Palpi quatuor inaequales, antici securiformes, postici extrorsum crassiores. Labium membranaceum integrum. Antennae filiformes.

1. L. *pubescens*, nigra villosa thorace tereti: puncto medio impresso, elytris testaceis. *Fabric.* E. S. II. n. 3.

Habitat in floribus.

2. L. *hirta*, villosa nigra thorace tereti, elytris pallidis. *Fabric.* E. S. II. n. 4. *Degeer*. Inf. V. n. 6. tab. 2. fig. 23. 24.

Habitat in floribus. (Magnitudine variat.)

3. L. *atra*, antennis ferratis hirta atra. *Fabric.* E. S. II. n. 10.

Habitat in spicis secalinis. (Magnitudine variat. Alter sexus tibiis posticis unco valido incurvo acuto.)

4. L. *nigra*, pilosa nigra elytris laeviusculis. *Fabric.* E. S. II. n. 11.

Habitat in floribus. (Praecedenti minor angustior et minus pilosa. Magnitudine variat.)

5. L. *flavipes*, villosa nigricans antennarum basi pedibusque testaceis. *Fabric.* E. S. II. n. 13.

Habitat in Germania.

6. L. *pallipes*, subaenea grisea antennis apice nigris, pedibus pallidis. *Panzer* faun. germ. VI. 11. *Lagria flavipes*.

Habitat in Germania. (Omnino distincta a praecedenti. Elytra aenea tomento greiseo tecta?)

7. L. *caerulea*, subvillosa cyanea antennis nigris. *Fabric.* E. S. II. n. 14.

Habitat

Habitat in floribus. (Variat elytris cyaneis, violaceis et viridibus.)

LII. Cerocoma (*Kronenkäfer*) *Fabric.* Gen. Inſ. p. 82.

Palpi aequales filiformes. Maxilla linearis integra. Labium membranaceum bifidum. Antennae moniliformes irregulares.

1. C. *Schäfferi*, viridis antennis pedibusque luteis. *Fabric.* E. S. II. n. 1. *Schäffer* Element. tab. 37.

Habitat in floribus. (Magnitudine et colore variat. Maris tibiae tarſique dilatatae appendiculatae.)

LIII. Lytta (*Pflaſterkäfer*) *Fabric.* Gen. Inſ. p. 80.

Palpi quatuor inaequales, poſtici clavati. Maxilla bifida. Labium truncatum. Antennae filiformes.

1. L. *veſicatoria*, viridis antennis nigris. *Fabric.* E. S. II. n. 1. *Schäffer* Ic. Inſ. Ratisb. tab. 47. fig. 1.

Habitat

Habitat in Germaniae Ligustro, Fraxino, Sambuco. Officinalis pro vesicatoriis.

2. L. *syriaca*, villosa viridi caerulea thorace rotundato ferrugineo. **Fabric.** E. S. II. n. 6. *Herbst* Archiv. VII. VIII. tab. 48. fig. 4. *Lytta ruficollis*.

Habitat in Austria. (*Herbstii L. ruficollis* l. c. omnino nostra est, et *Eiusdem L. syriaca*. Archiv. tab. 30. fig. 1. potius ad *L. ruficoll. Fabr.* amandanda.)

3. L. *erythrocephala*, atra, capite testaceo, thorace elytrisque cinereo lineatis. *Fabric.* E. S. II. n. 13. *Herbst* Archiv. V. n. 3. tab. 30. fig. 2.

Habitat in Austria (In meis speciminibus, elytris lineae cinereae desunt.)

LIV. Mylabris. (*Fliegenkäfer*) p. 91.

Palpi quatuor filiformes. Maxilla cornea compressa bifida. Labium membranaceum subemarginatum. Antennae moniliformes.

1. M. *Fueslini*, atra, elytris testaceis fasciis tribus undulatis nigris, prima interrupta. *Fueslin.* inf. helv. n. 398. tab. I. fig. a. b. c. d. e.

Habitat in Germaniae Euph. cypariss. (Variat magnitudine et fasciis elytrorum.)

LV.

LV. LYMEXYLON (*Holzbobrer*) *Fabric.* Gen. Inf. p. 58.

Palpi antici porrecti: articulo penultimo magno: appendiculo ovato fiſſo, ultimo ovato acuto. Antennae filiformes.

1. L. *dermeſtoides*, teſtaceum oculis alis pectoreque nigris. *Fabric.* E. S. II. n. 1. *Panzer* faun. germ. XXII. 2.

   Habitat in ligno putrido. (Femina ſequentis, ex obſervat. Cl. *Hellwig.*)

2. L. *proboſcideum*, nigrum elytris teſtaceis apice nigris. *Fabric.* E. S. II. n. 3. *Panzer* faun. germ. XXII. 3.

   Habitat cum praecedenti.

3. L. *barbatum*, fuſcum antennis tibiisque piceis. *Fabric.* E. S. II. n. 4. *Panzer* faun. germ. XXII. 4.

   Habitat cum praecedenti. (Varietas praecedentium. *Hellwig.*)

4. L. *flabellicorne*, nigrum, elytris rufis apice nigris, antennis flabelliformibus. *Panzer* faun. germ. XIII. 10.

   Habitat in Germaniae ligno antiquo putrido. (Vid. *Schneider* in prompt. I. p. 109.)

5. L.

5. L. *navale*, luteum capite elytrorumque margine apiceque nigris. *Fabric.* E. S. II. n. 5. *Panzer* faun. germ. XXII. 5.

Habitat in Germaniae Quercu.

6. L. *flavipes*, nigrum elytris basi, abdomine apice pedibusque flavis. *Fabric.* E. S. II. n. 6. *Panzer* faun. germ. XXII. 6.

Habitat in ligno putrido.

7. L. *morio*, nigrum pedibus anticis flavis. *Fabric.* E. S. II. n. 7.

Habitat in Saxoniae lignis.

8. L. *laevigatum*, corpore atro elytris laevibus. *Panzer* faun. germ. XXIV. 6.

Habitat in Germaniae lignis.

LVI. Cucuius (*Rindenkäfer*) *Fabric.* Gen. Inf. p. 59.

Palpi quatuor aequales, articulo ultimo truncato crassiori. Labium breve bifidum laciniis linearibus distantibus. Antennae moniliformes et filiformes.

1. C. *depressus*, thorace denticulato, elytris rufis, pedibus

pedibus simplicibus nigris. *Fabric.* E. S. II. n. 1. *Herbst* Archiv. II. p. 4. tab. 1. fig. 3. 4.

Habitat sub corticibus arborum.

2. C. *caeruleus*, thorace sulcato niger elytris striatis caeruleis, abdomine rufo. *Fabric.* E. S. II. n. 4. *Herbst* Archiv. II. p. 6. tab. I. fig. 5. 6.

Habitat sub cortice Salicis. (Variat elytris obscuris.)

3. C. *festivus*, thorace sulcato niger, elytris striatis caeruleis, abdominis margine tibiisque rufis. *Fabric.* E. S. II. n. 5.

Habitat in Germania.

4. C. *castaneus*, thorace sulcato niger, elytris striatis abdominis margine pedibusque testaceis. *Fabric.* E. S. II. n. 6.

Habitat in Germania.

5. C. *flavipes*, thorace denticulato nigro, pedibus flavescentibus, antennis filiformibus longitudine corporis. *Fabric.* E. S. II. n. 8. *Herbst* Archiv. II. tab. 1. fig. 7. 8.

Habitat sub corticibus arborum.

6. C. *pallens*, thorace serrato obscuro, elytris striatis, abdomine pedibusque testaceis. *Fabric.* E. S. II. n. 9.

Habitat

Habitat in Germania. (Nimis affinis *C. flavipes*, *eiusdemque mera varietas.*)

7. C. *dermestoides*, thorace sulcato fuscus, elytris laevibus testaceis. *Fabric.* E. S. II. n. 15. *Panzer* faun. germ. III. 13.

Habitat sub cortice Quercus.

8. C. *testaceus*, thorace subquadrato mutico testaceus, femoribus compressis. *Fabric.* E. S. II. n. 11.

Habitat sub Betulae corticibus.

9. C. *muticus*, thorace mutico nigro: puncto utrinque impresso, elytris striatis fuscis. *Fabric.* E. S. II. n. 12.

Habitat in Germania.

10. C. *monilis*, thorace mutico niger, thoracis margine elytrorumque macula ferrugineis. *Fabric.* E. S. II. n. 13. *Panzer* faun. germ. IV. 12.

Habitat sub Salicis et Quercus corticibus. (Thorax margine laterali omnino serratus.)

11. C. *bipustulatus*, thorace subquadrato dentato ferrugineus, coleoptris striatis bipustulatis, antennis moniliformibus. *Panzer* faun. germ. IV. 13.

Habitat in Germania. (Mera varietas praecedentis; teste *Hellwig*.)

LVII.

LVII. Lampyris. (*Leuchtkäfer*) *Fabric.* Gen. Inſ. p. 56.

Palpi quatuor ſubclavati. Maxilla bifida. Labium corneum integrum. Antennae filiformes.

1. L. *noctiluca*, oblonga fuſca clypeo cinereo. *Fabric.* E. S. II. n. 1. *Degeer* Inſ. IV. n. 1. tab. 1. fig. 19. 20.

Habitat in Germaniae iuniperetis.

2. L. *ſplendidula*, oblonga fuſca clypeo apice hyalino. *Fabric.* E. S. II. n. 2.

Habitat in Germaniae ſylvaticis, tempeſtate pluvioſa inprimis lucem ſpargens.

LVIII. Omalysus (*Glanzkäfer*) *Fabric.* Ent. ſyſt. Gen. 69. p. 103.

Palpi quatuor aequales extrorſum craſſiores. Maxilla membranacea bifida. Labium emarginatum. Antennae filiformes.

1. O. *ſuturalis*, *Fabric.* E. S. II. n. 1. *Geoffr.* Inſ. I. n. 1. p. 180. tab. 2. fig. 9.

Habitat in Auſtria.

LIX. Pyrochroa (*Feuerkäfer*) *Fabric.* Gen. Inf. p. 57.

Palpi quatuor fubfiliformes. Maxilla integra. Labium corneum lineare integrum. Antennae filiformes.

1. P. *coccinea*. nigra thorace elytrisque fanguineis immaculatis. *Fabric.* E. S. II. n. 1. *Panzer* faun. germ. XIII. 11.

Habitat in Germaniae fructicibus.

2. P. *rubens*, nigra capite thorace elytrisque fanguineis immaculatis. *Fabric.* E. S. II. n. 2. *Schaller* in act. Soc. nat. cur. hal. I. p. 301. *Lampyris rubens.*

Habitat in Germania. (Vix a praecedenti diftincta, forte varietas tantum fexus.)

3. P. *pectinicornis*, atra thorace elytrisque teftaceis, antennis pectinatis. *Fabric* E. S. II. n. 4. *Panzer* faun. germ. XIII. 12.

Habitat in Harcyniae dumetis.

LX. Lycus (*Brandkäfer*) *Fabric.* Ent. Syft. Gen. 71. p. 106.

Os roftro cylindrico incurvo. Palpi quatuor, articulo ultimo craffiori truncato. Antennae filiformes. 1. L.

1. L. *ſanguineus*, niger thoracis lateribus elytrisque glabris ſanguineis. *Fabric.* E. S. II. n. 10. *Schäffer* Ic. Ins. Ratisb. tab. 24. fig. 1.
Habitat in Germania.

2. L. *Aurora*, niger thoracis lateribus elytrisque reticulato ſtriatis rufis. *Fabric.* E. S. II. n. 11.
Habitat in Germania.

3. L. *minutus*, ater antennarum apicibus elytrisque ſanguineis. *Fabric.* E. S. II. n. 13. *Panzer* im Naturf. XXIV. n. 44. tab. I. fig. 44.
Habitat in Germania.

LXI. Ripiphorus (*Kammkäfer*) *Fabric.* Ent. ſyſt. Gen. 72. p. 109.

Palpi quatuor filiformes. Maxilla breviſſima ovata. Labium acutum. Antennae flabelliformes.

1. R. *paradoxus*, niger thoracis lateribus elytrisque teſtaceis. *Fabric.* E. S. II. n. 5. *Panzer* faun. germ. XXVI.
Habitat in Germaniae floribus.

2. R. *populneus*, niger elytris teſtaceis, faſciis tribus nigris, prima annulari. *Fabric.* E. S. II. n. 12.
Habitat in Germaniae Populo.

3. R. *carinthiacus*, ater capite thoraceque ferrugineis, coleoptris testaceis fascia maculisque duabus nigris. *Panzer* faun. germ. XXII. 7.

Habitat in Carinthiae floribus.

LXII. Mordella (*Stachelkäfer*) *Fabric.* Gen. Inf. p. 83.

Palpi quatuor inaequales, antici clavati, postici filiformes. Maxilla bifida. Labium membranaceum bifidum. Antennae moniliformes.

1. M. *aculeata*, ano aculeato, corpore atro immaculato. *Fabric.* E. S. II. n. 1. *Schäffer* Elem. ent. tab. 84.

Habitat in floribus compositis, et umbelliferis.

2. M. *fasciata*, ano aculeato nigra, elytris fasciis duabus cinereis. *Fabric.* E. S. II. n. 2.

Habitat cum praecedenti. (An praeced. varietas?)

3. M. *ventralis*, atra abdomine fulvo, ano aculeato. *Fabric.* E. S. II. n. 5.

Habitat in Germania.

4. M. *abdominalis*, ano aculeato nigra, thorace abdomineque fulvis. *Fabric.* E. S. II. n. 6. *Sulzer* hist. inf. tab. 7. fig. 15. *Mordella bicolor.*

Habitat

Habitat in Germaniae floribus.

5. M. *humeralis*, atra elytris basi flavescentibus. *Fabric.* E. S. II. n. 7.

Habitat in Germaniae floribus.

6. M. *lateralis*, atra ore thoracis lateribus pedibusque testaceis. *Fabric.* E. S. II. n. 8.

Habitat in Germaniae floribus.

7. M. *frontalis*, atra fronte pedibusque flavescentibus. *Fabric.* E. S. II. n. 9. *Panzer* faun. germ. XIII. 13.

Habitat in Germania.

8. M. *atra*, immaculata ano inermi. *Fabric.* E. S. II. n. 10.

Habitat in Germania.

9. M. *thoracica*, atra capite thoraceque flavis. *Fabric.* E. S. II. n. 11.

Habitat in Germania.

10. M. *ruficollis*, atra ore thorace pedibusque flavis. *Fabric.* E. S. II. n. 12.

Habitat in Germania. (Forte antecedent. mera varietas.)

11. M. *flava*, flava elytrorum apicibus nigris. *Fabric.* E. S. II. n. 13. *Panzer* faun. germ. XIII, 14.

Habitat in Germania.

12. M. *dorsalis*, grisea, elytris testaceis sutura margineque nigris. *Panzer* faun. germ. XIII. 15.
Habitat in Germaniae floribus.

LXIII. DONACIA (*Flusspflanzenkäfer*) *Fabric.* Gen. Inf. p. 54.

Palpi quatuor filiformes. Maxilla unidentata. Labium membranaceum integrum. Antennae setaceae.

1. D. *crassipes*, plana obscura elytris striatis viridi vel caeruleo nitidulis, abdomine argenteo villoso, femoribus posticis dentatis. *Fabric.* E. S. II. n. 1. *Degeer* Inf. V. n. 18. tab. 4. fig. 14. 15.
Habitat in plantis aquaticis. (Colore et magnitudine multoties variat.)

2. D. *Festucae*, caeruleo nigra femoribus posticis incrassatis dentatis. *Fabric.* E. S. II. n. 2.
Habitat in Germaniae Festuca aquatica.

3. D. *dentipes*, aenea elytris cupreis: margine omni viridi, femoribus posticis dentatis. *Fabric.* E. S. II. n. 3.
Habitat in Pseudacoro et Caricibus aquaticis.

(Elytra

(Elytra apice attenuata, (saepius margine omni) auro nitentia. Thorax canaliculatus. Pedes colorem abdominis servant.)

4. D. *ſtriata*, aenea abdomine argenteo, elytris argute ſtriatis, ſtriis violaceis interſtitiis punctatis viridibus.

Habitat in plantis aquaticis. (Maioribus adnumeranda. Thorax cylindricus canaliculatus, margineque laterali impreſſo et gibbo. Corpus ſubtus argenteo villoſum. Femora clavata dentata.)

5. D. *Nymphene*, thorace elytrisque cupreis, corpore cinereo villoſo, femoribus poſticis dentatis. *Fabric.* E. S. II. n. 4.

Habitat in Nymphaea et Potamogetone.

6. D, *Sagittariae*, ſupra aenea elytris ſubmicantibus, ſubtus viloſa aurea, femoribus poſticis dentatis. *Fabric.* E. S. II. n. 5.

Habitat in Sagittaria et Arund. Phragmit. (Elytra viridi-aenea punctato ſtriata ſubinaequalia. Caput cupreum. Thorax canaliculatus margine laterali integro.)

7. D. *nigra*, nigra elytris ſubſtriatis, abdomine pedibusque rufis. *Fabric.* E. S. II. n. 6.

Habitat in Germaniae aquis.

8. D. *clavipes*, aenea abdomine argenteo villoso, femoribus posticis clavatis inermibus. *Fabric.* E. S. II. n. 7.

Habitat in Germaniae plantis aquaticis.

9. D. *simplex*, aenea nitidula pedibus omnibus simplicibus. *Fabric.* E. S. II. n. 9.

Habitat in plantis aquaticis.

10. D. *Hydrocharis*, cinerascens subtus argenteo villosa pedibus simplicibus. *Fabric.* E. S. II. n. 10.

Habitat in Germaniae Typha, Hydrocharide intacta. (Femora apice rufa mutica.)

11. D. *collaris*, thorace cylindrico cyaneo, elytris viridi aeneis submicantibus.

Habitat in Germaniae Sparganio. (Affinis *D. Sagittariae.* Corpus subtus aureo nitidulum. Elytra subinaequalia striato punctata apice attenuata. Thorax cyaneus.)

12. D. *discolor*, obscure aenea, elytris cupreis crenato striatis, femoribus posticis dentatis.

Habitat in Caltha palustri primo vere. (Variat elytris aeneo nitidulis et obscure cupreis. Elytra linearia, obtusa nec apice attenuata. Femora postica in utroque sexu dentata.)

13. D.

13. D. *palustris*, abdomine pedibus antennisque rufis, elytris aeneo atris punctato substriatis.

Habitat in Germaniae plantis aquaticis. (Femora postica in utroque sexu clavata dentata. Affinis *D. nigrae*, ast distincta.)

14. D. *appendiculata*, atra coleoptris testaceis punctato striatis, apice appendiculo spinoso gemino. *Panzer* faun. germ. XXIV. 17.

Habitat in Equiseto limoso Germaniae. (Femora simplicia mutica.)

LXVI. Trichius. (*Schirmblumenkäfer*) *Fabric.* Gen. Inf. p. 8.

Palpi quatuor filiformes. Maxilla bifida. Antennae clavato lamellatae.

1. T. *Eremita*, aeneo ater thorace inaequali, scutello sulco longitudinali. *Fabric.* E. S. II. n. 1. *Roesel* Insekt. II. tab. 3. fig. 6.

Habitat in truncis putridis Salicis, Pyri.

2. T. *octopunctatus*, niger thorace utrinque puncto baseos, elytrisque duobus flavis. *Fabric.* E. S. II. n. 3. *Voet* Coleopt. I. n. 42. tab. 5. fig. 22.

Habitat in Germaniae ligno putrescenti. (Ex hac et praecedenti specie olim b. *a Linné Scarabaeum variabilem* composuit, dum praecedentem s. *Eremitam* pro *femina*, hanc S. *Variabilem* autem pro *mare* sibi adoptavit. Commode nunc *nota: mas femina quintuplo minor* (S. N. XII. holm. n. 79. p. 558.) interpretanda.)

3. T. *nobilis*, auratus abdomine postice albo punctato, elytris rugosis. *Fabric.* E. S. II. n. 2. *Roesel* Insect. II. tab. 3. fig. 1 — 5.

Habitat larva in ligno putrescenti, imago in floribus praesertim umbellatis.

4. T. *fasciatus*, niger tomentoso flavus, elytris fasciis tribus abbreviatis nigris. *Fabric.* E. S. II. n. 4. *Voet* Coleopt. n. 43. tab. 5. fig. 43.

Habitat in floribus cymosis et umbellatis.

5. T. *succinctus*, niger tomentoso cinereus elytris nigris, fasciis duabus flavis. *Fabric.* E. S. II. n. 5. *Pallas* Ic. inf. ross. p. 18. n. 19. tab. A. fig. 19.

Habitat in Germania. (Duplo minor praecedenti.)

6. T.

6. T. *hemipterus*, thorace tomentoſo: rugis duabus longitudinalibus, elytris abbreviatis. *Fabric.* E. S. II. n. 9. *Knoch.* ſymb. ent. II. p. 95. tab. 7. fig. 11. 12.

Habitat in Germaniae ligno putreſcenti. (Femina aculeo ani elongato.)

LXV. Cetonia (*Goldkäfer*) *Fabric.* Gen. Inſ. p. 9.

Maxilla apice ſetoſa. Labium coriaceum emarginatum palpos tegens. Antennae lamellatae.

1. C. *aurata*, aurata ſegmento abdominis primo lateribus unidentato, elytris lineolis transverſis albis. *Fabric.* E. S. II. n. 8. *Voet* Coleopt. I. n. 1. tab. I. fig. 1.

Habitat larva in ligno putreſcenti et formicarum acervis, imago in floribus. (Variat colore et magnitudine.)

2. C. *faſtuoſa*, aenea nitidiſſima immaculata. *Fabric.* E. S. II. n. 9. *Voet* Coleopt. I. n. 2. tab. I. fig. 2.

Habitat in Germania.

3. C. *marmorata*, aenea thorace elytrisque atomis numerosis albis sparsis. *Fabric.* E. S. II. n. 10. *Voet* Coleopt. I. n. 3. tab. 1. fig. 3.

Habitat in Germaniae Quercu.

4. C. *viridis*, viridis opaca subtus nitidior, elytris albo maculatis. *Fabric.* E. S. II. n. 11. *Herbst* N. d. K. III. n. 14. tab. 29. fig. 7. *Cet. hungarica.*

Habitat in Austria.

5. C. *hirta*, nigricans hirta elytris pallido maculatis, thorace carinato. *Fabric.* E. S. II. n. 81. *Panzer* faun. germ. I. 3. *Voet.* Coleopt. I. tab. tit. fig. 8.

Habitat in Pomonae floribus.

6. C. *stictica*, clypeo emarginato nigra albo maculata, abdomine subtus punctis quatuor albis. *Fabric.* E. S. II. n. 83. *Panzer* faun. germ. I. 4. *Voet.* Coleopt. I. tab. tit. fig. 1.

Habitat in floribus.

LXVI. Melolontha (*Maykäfer*) *Fabric.* Gen. Inf. p. 7.

Maxilla brevis cornea, apice multidentata, dentibus simplicibus acutis. Antennae lamellatae.

1. M.

1. M. *Fullo*, testacea albo maculata scutello macula duplici, antennis heptaphyllis. *Fabric.* E. S. II. n. 1. *Roesel* Insekt. IV. tab. 30. *Voet* Coleopt. I. tab. tit.

Habitat in Germaniae arenosis. (Larva hactenus latet.)

2. M. *vulgaris*, testacea thorace villoso, incisuris abdominis albis. *Fabric.* E. S. II. n. 3. *Roesel* Insekt. II. tab. 1.

Habitat in Germania. (Variat thorace rufo et nigro, et utraque varietas alternat annuatim, teste *Roesel.* Varietas elytris obscure fuscis singularis. *Herbst* l. c. tab. 23. fig. 2.)

3. M. *villosa*, testacea clypeo marginato reflexo, corpore subtus lanato, scutello albo. *Fabric.* E. S. II. n. 4. *Herbst* N. d. K. III. n. 6. tab. 22. fig. 8. *Voet* Coleopt. I. n. 50. tab. 6. fig. 50.

Habitat in Germaniae pinetis. (Acaro coleoptrat. infestatur. Variat elytris rufis.)

4. M. *solstitialis*, testacea thorace villoso, elytris luteo pallidis, lineis tribus pallidioribus. *Fabric.* E. S. II. n. 11. *Voet* Coleopt. I. tab. tit. fig. 3.

Habitat

Habitat in Germania, frequens tempore solstitii aestivi. (*M. inanis Brahm.* diar. entom. I. n. 276. huius mera varietas videtur.)

5. M. *ruficornis*, villosa testacea abdomine albicante. *Fabric.* E. S. II. n. 19. *Herbst* im Archiv. IV. n. 5. tab. 19. fig. 22. *Mel. marginata.*

Habitat in Germania.

6. M. *atra*, clypeo reflexo villosa nigra antennis ferrugineis. *Fabric.* E. S. II. n. 13. *Herbst* N. d. K. III. n. 37. tab. 24. fig. 1.

Habitat in Austria. (Magnitudo et statura *M. solstitialis.*)

7. M. *fusca*, scutello lineola transversa duplicata. *Scopoli*, delic. fl. et faun. insubr. I. tab. 21.

Habitat in Germania. (Vid. *Herbst* l. c. III. n. 21.)

8. M. *castanea*, thorace elytrisque castaneis, clypeo nigricante. *Herbst* N. d. K. III. n. 35. tab. 23. fig. II.

Habitat in Germania.

9. M. *oblonga*, oblonga glabra nigra elytris obsolete striatis. *Fabric.* E. S. II. n. 18. *Rossi* faun. etrusc. I. n. 43.

Habitat

Habitat in Germania. (Vid. *Herbst* l. c. III. n. 21.)

10. M. *brunnea*, glabra testacea, elytris striatis, thorace utrinque puncto notato. *Fabric.* E. S. II. n. 42. *Voet* Coleopt. I. n. 53. 54. tab. 7. fig. 53. 54.

Habitat in Germaniae arboretis.

11. M. *Iulii*, viridi aenea elytris substriatis obscuris. *Fabric.* E. S. II. n. 51. *Voet* Coleopt. I. n. 58. tab. 7. fig. 58.

Habitat in Germaniae Salice. (Variat elytris viridibus et atro caeruleis. Mera variet. sequentis.)

12. M. *Frischii*, nigro aenea nitida elytris testaceis. *Fabric.* E. S. II. n. 53. *Voet* Coleopt. I. n. 55. tab. 7. fig. 55.

Habitat cum antecedenti.

13. M. *Vitis*, viridis thoracis lateribus flavis. *Fabric.* E. S. II. n. 54. *Voet* Coleopt. I. n. 56. tab. 7. fig. 56.

Habitat in Germaniae Vite vinifera. (Distincta ab antecedenti!)

14. M. *horticola*, capite thoraceque caeruleo pilosis, elytris testaceis, pedibus nigris. *Fabric.* E. S. II. n. 68. *Voet* Coleopt. I. tab. tit. fig. 6.

Habitat

Habitat in Germaniae Rosa, Salice. (Variat thorace viridi et caeruleo.)

15. M. *floricola*, cyanea nigra glabra elytris rufis, abdomine punctis fasciculatis albis, clypeo reflexo. *Fabric.* E. S. II. n. 70. *Herbst* N. d. K. III. n. 49. tab. 24. fig. 8. *Mel austriaca.*

Habitat in Austria.

16. M. *fruticola*, capite thoraceque caeruleo pilosis, elytris lividis, clypeo apice reflexo. *Fabric.* E. S. II. n. 73. *Herbst* N. d. K. III. n. 52. tab. 24. fig. 12. 13. Archiv. IV. n. 10. b. c. tab. 19. fig. 24. 25. *Mel. seget. et campestr.*

Habitat in spicis secalinis. (Mel. campestr. *mas.* M. seget. *fem.* Similis *M. agricol.* ast distincta.)

17. M. *agricola*, thorace villoso, elytris lividis: limbo fasciaque nigris, clypeo apice reflexo. *Fabric.* E. S. II. n. 74. *Herbst* N. d. K. III. n. 51. tab. 24. fig. 10. 11.

Habitat in Germaniae graminibus.

18. M. *ruricola*, atra sericea elytris rufis: margine omni nigro. *Fabric.* E. S. II. n. 75. *Panzer* im Naturforscher XXIV. n. 10. tab. I. fig. 10.

Habitat

Habitat in Germaniae graminibus.

18. M. *ruricola*, atra sericea, elytris rufis: margine omni nigro. *Fabric.* E. S. II. n. 75. *Panzer* im Naturforscher XXIV. n. 10. tab. 1. fig. 10.

Habitat in Germaniae umbelliferis.

19. M. *farinosa*, supra caeruleo subtus argenteo squamosa nitens clypeo integro. *Fabric.* E. S. II. n. 77. *Voet* Coleopt. I. n. 73. tab. 9. fig. 73. *Drury* Inf. II. tab. 32. fig. 4.

Habitat in Germania. (*Mel. caerulea Herbst* l. c. n: 73. tab. 35. fig. 5. huc referenda.)

20. M. *squamosa*, supra viridi squamosa subtus pallido nitens, capite fusco. *Fabric.* E. S. II. n. 78. *Voet* Coleopt. I. n. 71. tab. 9. fig. 71. *Herbst* N. d. K. III. n. 74. tab. 25. fig. 6. *Mel. argentea.*

Habitat in Germania. (Magnitudine variat.)

21. M. *argentea*, clypeo marginato nigra subtus argenteo nitens elytris testaceis. *Fabric.* E. S. II. n. 80. *Herbst* N. d. K. III. n. 72. tab. 25. fig. 4. *Mel. Philanthus.*

Habitat in Germaniae Rosa rubiginosa L.

22. M. *graminicola*, argenteo squamosa clypeo

P reflexo.

reflexo. *Fabric.* E. S. II. n. 81. *Herbst* N. d. K. III. n. 71. tab. 25. fig. 3. *Mel. farinosa.*

Habitat in Germania.

23. M. *pulverulenta*, corpore polline virescenti argenteo, elytris pedibusque testaceis. *Fabric.* E. S. II. n. 93. *Panzer* im Naturf. XXIV. n. 11. tab. 1. fig. 11. *Mel. minuta.*

Habitat in Germania.

24. M. *chrysomelina*, pubescens obscure ferruginea antennis pedibusque testaceis. *Fabric.* E. S. II. n. 82.

Habitat in Austria. (*Schrankii* Synonym. infidum!)

25. M. *humeralis*, atra elytris basi punctoque medio pallidis. *Fabric.* E. S. II. n. 108.

Habitat in Austria (Puncta elytrorum fugacia.)

26. M. *variabilis*, nigricans, elytris cinereo nitentibus, antennis pedibusque testaceis. *Fabric.* E. S. II. n. 101. *Herbst* N. d. K. III. n. 40. tab. 24. fig. 4. *Melol. pellucid.*

Habitat in arenosis.

LXVII. Buprestis (*Prachtkäfer*) *Fabric.* Gen. Inf. p. 64.

Palpi quatuor filiformes, articulo ultimo obtuſo truncato. Maxilla obtuſa unidentata. Labium cylindricum acuminatum. Antennae filiformes ſerratae.

1. B. *berolinenſis*, elytris bidentatis viridi nigroque variis, ano tridentato. *Fabric.* E. S. II. n. 12. *Herbſt* Archiv. IV. n. 5. tab. 28. ſuppl. fig. 5. Act. ſoc. nat. cur. berolin. IV. tab. 7. fig. 5.

   Habitat Berolini. (Elytra apice attenuata.)

2. B. *rutilans*, elytris tridentatis ſerratisque viridibus nigro maculatis, margine aureo. *Fabric.* E. S. II. n. 27. *Panzer* faun. germ. XXII. 8.

   Habitat in Germania. (Variat coleoptrorum dorſo viridi et caeruleo.)

3. B. *flavomaculata*, elytris truncatis dentatis ſtriatis nigris: maculis quatuor flavis. *Fabric.* E. S. II. n. 33. *Panzer* faun. germ. XXII. 9.

   Habitat in Germania. (Variat numero, figura, nexu, ſitu, et colore punctorum.)

4. B. *mariana*, elytris ſerratis longitudinaliter rugoſis: maculis duabus impreſſis, thorace ſulcato,

cato. *Fabric.* E. S. II. n. 41. *Herbst* Archiv IV. n. 4. tab. 28. fig. 4.

Habitat in truncis arborum putridis Germaniae. (Maculae saepius vix manifestae. Variat colore obscuro.)

5. B. *novemmaculata*, elytris serratis nigra, fronte puncto unico, thorace duobus, elytris tribus flavis. *Fabric.* E. S. II. n. 54. *Panzer* im Naturforsch. XXIV. n. 47. tab. 1. fig. 48. b.

Habitat in Germaniae arboretis. (Novem maculis *femina*, sex *mas* dignoscitur.)

6. B. *chrysostigma*, elytris serratis longitudinaliter sulcatis: maculis duabus aureis impressis, thorace punctato. *Fabric.* E. S. II. n. 57. *Herbst* im Archiv IV. n. 6. tab. 28. suppl. fig. 6.

Habitat in Germaniae nemoribus. (Magnitud. variat, et numero macular. 2—4.)

7. B. *affinis*, elytris subserratis laevibus nigris. *Fabric.* E. S. VI. app. 450.

Habitat in Germania.

8. B. *taeniata*, elytris serratis cinereo villosa, elytris nigris, fasciis duabus ferrugineis. *Fabric.* E. S. II. n. 62. *Piller* it. p. 84. tab. 8. fig. 12.

Habitat in Austriae Achill. Millefol.

9. B.

9. B. *Trochylus*, elytris integris aureo nitidissima, thoracis dorso elytris pedibusque viridibus. *Fabric.* E. S. II. n. 70. *Schneider* prompt. II. p. 247.

Habitat in Austria. (Similis *B. nanae* ast duplo maior.)

10. B. *decostigma*, elytris integris elevato striatis fuscis: punctis quinque flavis. *Fabric.* E. S. II. n. 71.

Habitat in Austria. (Variat numero punctorum.)

11. B. *octoguttata*, elytris integris, maculis quatuor albis, corpore caeruleo. *Fabric.* E. S. II. n. 72. *Herbst* Archiv. IV. n. 7. tab. 28. fig. 7. a. b.

Habitat in Germaniae sylvis. (Magnitudine variat.)

12. B. *austriaca*, elytris integris sulcatis aeneis, capite thoraceque viridibus. *Fabric.* E. S. II. n. 77.

Habitat in Austria.

13. B. *rustica*, elytris emarginatis striatis obscure aeneis. *Fabric.* E. S. II. n. 81. *Degeer* Ins. IV. n. 4. tab. 4. fig. 10. *Herbst* Archiv. IV. n. 13. tab. 28. fig. 13. *B. Quercus.*

Habitat in Germaniae nemoribus. (In altero fexu anus five ultimum fegmentum prominet maculis duabus flavis. An *B. haemorrhoid Herbst?*)

14. B. *acuminata*, elytris integris attenuato acuminatis obfcuris, corpore cupreo. *Fabric.* E. S. II. n. 83. *Pallas* inf. roff. p. 69. tab. D. fig. 10.

Habitat in Germania.

15. B. *moesta*, elytris integris truncatis fupra obfcura, fubtus cuprea, thorace rugofo. *Fabric.* E. S. II. n. 85.

Habitat in Saxonia.

16. B. *lugubris*, elytris integris ftriatis obfcuris nigro fcabris, corpore fubtus cupreo. *Fabric.* E. S. Ii. n. 86. *Panzer* faun. germ. I. 21.

Habitat in Auftria. (Pallafii Synonym. incertum.)

17. B. *undata*, viridi aenea elytris integris apice obfcuris: ftrigis undatis albis. *Fabric.* E. S. II. n. 88.

Habitat in Auftria. (Vid. *Schneider* prompt. II. p. 248.)

18. B. *tenebrionis*, elytris integris truncatis atra thorace dilatato variolofo. *Fabric.* E. S. II.

S. II. n. 90. *Herbst* Archiv. IV. n. 15. tab. 28. suppl. fig. 15.

Habitat in Germania.

19. B. *rubi*, elytris integris: fasciis cinereis undatis, corpore cylindrico nigro. *Fabric.* E. S. II. n. 91.

Habitat in Germaniae Rubo.

20. B. *auruleata*, elytris integris: margine aureo, supra obscure viridis, subtus cuprea. *Fabric.* E. S. II. n. 92.

Habitat Halae Saxonum.

21. B. *cyanicornis*, elytris integris obscure viridibus, thorace lineis duabus obscurioribus antennis caeruleis. *Fabric.* E. S. II. n. 94. *Devill.* ent. I. n. 34. tab. 1. fig. 4. *B. femorata.*

Habitat in Germania.

22. B. *tarda*, elytris integris caerulescentibus, corpore obscure aeneo nigro. *Fabric.* E. S. II. n. 99.

Habitat Halae Saxonum.

23. B. *appendiculata*, elytris integerrimis subacuminatis, corpore laevi atro immaculato. *Fabric.* E. S. II. n. 102.

Habitat in Germania.

24. B. *quadripunctata*, elytris integris puncta-

tis: thorace punctis quatuor impressis, corpore obscuro. *Fabric.* E. S. II. n. 106. *Herbst* Archiv. IV. n. 17. tab. 28. fig. 17.

Habitat in floribus.

25. B. *manca*, elytris integris obscuris, thorace aureo: striis duabus nigris. *Fabric.* E. S. II. n. 109. *Panzer* faun. germ. XXII. 10.

Habitat in Germaniae Hippocastano.

26. B. *pygmaea*, elytris integris cyaneis, capite thoraceque aeneis nitidis. *Fabric.* E. S. II. n. 110.

Habitat in Germaniae dumetis.

27. B. *minuta*, elytris integris transverse rugosis, thorace subtrilobo laevi, corpore ovato nigro. *Fabric.* E. S. II. n. 111. *Herbst* Archiv IV. n. 19. tab. 28. fig. 19.

Habitat in Germaniae Corylo.

28. B. *viridis*, elytris integris linearibus punctatis, corpore viridi elongato. *Fabric.* E. S. II. n. 114. *Herbst* Archiv. IV. n. 21. tab. 28. fig. 21.

Habitat in Germaniae Betula. (Variat corpore obscuriore et cupreo.)

29. B. *biguttata*, elytris integris linearibus viridibus: puncto albo, abdomine cyaneo: punctis utrinque tribus albis. *Fabric.* E. S. II. n. 115. *Herbst* Archiv IV. n. 22. tab. 28. fig. 22.

Habi-

Habitat in Germaniae fepibus. (Variat corpore caeruleo et viridi.)

30. B. *linearis*, elytris integris linearibus viridibus, capite thoraceque obfcure aeneis. *Fabric.* E. S. II. n. 116.

Habitat in Auftria.

31. B. *atra*, elytris integris linearibus, corpore elongato atro. *Fabric.* E. S. II. n. 118.

Habitat in Germaniae floribus.

32. B. *elata*, elytris integris linearibus, corpore elongato aureo nitido. *Fabric.* E. S. II. n. 119.

Habitat Halae Saxonum.

33. B. *nitidula*, elytris integris, thorace marginato utrinque depreffo, corpore viridi nitido. *Fabric.* E. S. II. n. 123. *Herbft* Archiv. IV. n. 20. tab. 28. fig. 20.

Habitat in Germaniae fepibus.

34. B. *laeta*, elytris integris viridibus, capite thoraceque aureis. *Fabric.* E. S. II. n. 124.

Habitat in Germaniae fepibus. (Varietas praecedentis.)

35. B. *falicis*, elytris integris viridis nitens, coleoptris aureis bafi viridibus. *Fabric.* E. S. II. n. 125. *Panzer* faun. germ. I. 12.

Habitat in Germaniae Salice.

36. B. *lucidula*, elytris integris, thorace marginato utrinque impresso, corpore supra viridi, subtus auro. *Fabric.* E. S. IV. app. p. 451.

Habitat in Germania.

37. B. *cyanea*, elytris integris rugosis, corpore cyaneo. *Fabric.* E. S. II. n. 128.

Habitat in Germania. (Corpus totum cyaneum nitidum, oculis testaceis. F.)

38. B. *candens*, elytris integris cyanea thorace canaliculato, elytris aureis taenia suturali baseos cyanea. *Fabric.* E. S. VI. app. p. 451. *Panzer* faun. germ. I. 9.

Habitat in Pomonae floribus.

LXVIII. Elater (*Springkäfer*) *Fabric.* Gen. Inf. p. 63.

Palpi securiformes. Maxilla unidentata obtusa. Labium bifidum. Antennae filiformes.

1. E. *rufus*, ferrugineus capite thoraceque obscurioribus. *Fabric.* E. S. II. n. 17. *Panzer* faun. germ. X. 11.

Habitat in Germaniae ligno antiquo. (Maximus inter europ. huius generis.)

2. E.

2. E. *ferrugineus*, thorace elytrisque ferrugineis, thoracis margine postico corporeque nigris. *Fabric.* E. S. II. n. 18. *Panzer* faun. germ. X. 10.

Habitat in Germania. (Variat thorace toto nigro.)

3. E. *aterrimus*, thorace atro nitido, elytris striatis nigris. *Fabric.* E. S. II. n. 24.

Habitat in Germania.

4. E. *niger*, niger opacus elytris striatis, antennis pedibusque concoloribus. *Fabric.* E. S. II. n. 25.

Habitat in hortis. (Statura et summa affinitas praecedentis.)

5. E. *pulverulentus*, ater opacus, elytris atomis cinereis numerosis irroratus. *Herbst* in Act. soc. nat. cur. berol. IV. tab. 7. fig. E. *punctatus*.

Habitat in Germania. (Vid. E. *carbonar.* *Schrank.* inf. austr. n. 343. E. *fasciat.* paullo minor.)

6. E. *murinus*, thorace obscure cinereo, elytris cinereo nebulosis, plantis rufis. *Fabric.* E. S. II. n. 26. *Voet.* Coleopt. I. n. 26. tab. 44. fig. 26.

Habitat frequens in floribus.

7. E. *holosericeus*, obscurus thorace elytrisque

cinereo,

cinereo fuscoque nebulosis subholosericeis. *Fabric.* E. S. II. n. 27. *Herbst* Archiv. IV. n. 8. *E. undulatus.*

Habitat in Germaniae hortis. (Vid. *Geoffr.* I. n. 9. p. 135.)

8. E. *tessellatus*, elytris aeneis: maculis pallidioribus confertis, unguibus rubris. *Fabric.* E. S. II. n. 28. *Herbst* Archiv. IV. n. 7. tab. 27. fig. 5.

Habitat in hortis.

9. E. *fasciatus*, thorace nigro pallidoque vario, elytris nigricantibus: fascia undulata alba. *Fabric.* E. S. II. n. 29. *Panzer* Naturf. XXIV. n. 45. tab. 1. fig. 46.

Habitat in Germania.

10. E. *taeniatus*, ater thoracis margine elytrisque postice taenia obsoleta cinereis.

Habitat in Germania. (Summa affinitas praeced. ast triplo minor. Thorax haud canaliculatus et corpore subtus squamoso argenteo.)

11. E. *varius*, niger thoracis margine elytrorumque basi fasciaque postica villosa flavescentibus. *Fabric.* E. S. II. n. 30. *Herbst* Archiv. IV. n. 26. tab. 27. fig. 11. E. *Quercus*.

Habitat in Austria.

12. E.

12. E. *aeneus*, thorace elytrisque aeneis, antennis simplicibus nigris. *Fabric.* E. S. II. n. 31. *Sulzer* hist. inf. tab. 6. fig. 8.

Habitat in hortis. (E. *germ.* huius mera variet. teste F.)

13. E. *pectinicornis*, thorace elytrisque aeneis, antennis maris pectinatis. *Fabric.* E. S. II. n. 33. *Voet* Coleopt. I. n. 31. tab. 45. fig. 31.

Habitat in Germaniae hortis.

14. E. *vittatus*, fuscus elytrorum vitta pedibusque testaceis. *Fabric.* E. S. II. n. 36.

Habitat in Germania.

15. E. *cupreus*, cupreus elytris dimidiato flavis. *Fabric.* E. S. II. n. 37. *Schäffer* Ic. Inf. Ratisb. tab. 38. fig. 2.

Habitat in Germania.

16. E. *cruciatus*, thorace nigro, lateribus ferrugineis, coleoptris flavis margine cruceque nigris. *Fabric.* E. S. II. n. 38. *Linn.* Amoen. Acad. V. tab. III. 209. 12.

Habitat in Germania.

17. E. *castaneus*, thorace testaceo pubescente, elytris flavis apice nigris corpore nigro. *Fabric.* E. S. II. n. 40. *Schäffer* Ic. Inf. Ratisb. tab. 11. fig. 9. *Voet* Coleopt. I. n. 14. tab. 43. fig. 14.

Habitat

Habitat in hortis.

18. E. *livens*, niger thorace glaberrimo rubro, elytris testaceis. *Fabric.* E. S. II. n. 41. *Schäffer* Ic. Inf. Rat. tab. 11. fig. 8.

Habitat in hortis.

19. E. *mesomelus*, thorace margineque elytrorum ferrugineis, corpore elytrisque nigris. *Fabric.* E. S. II. n. 42. *Panzer* faun. germ. VII. 6.

Habitat in Germaniae floribus.

20. E. *denticollis*, linearis ater thorace elytrisque rufis. *Fabric.* E. S. VI. app. p. 451. *Panzer* faun. germ. VIII. 10.

Habitat in Quercus truncis putridis.

21. E. *bicolor*, ater thorace rufo, elytris testaceis. *Panzer* faun. germ. VIII. 11.

Habitat in truncis Fagi et Quercus.

22. E. *linearis*, thorace rufo medio fusco elytris linearibus testaceis. *Fabric.* E. S. II. n. 43. *Herbst* Archiv. IV. 1. tab. 26. fig. 28. *Lepturoides*.

Habitat in Germania.

23. E. *obscurus*, piceus thorace elytrisque obscure nigris. *Fabric.* E. S. II. n. 44. *Schäffer* Ic. Inf. Ratisb. tab. 19. fig. 2.

Ha-

Habitat in hortis.

24. E. *tristis*, thorace atro nitido, elytris basi margineque exteriori lividis. *Fabric.* E. S. II. n. 49. *Schäffer* Ic. Inf. Ratisb. tab. 194. fig. 1.

Habitat in ligno putrescenti.

25. E. *marginatus*, thorace luteo, elytris testaceis margine undique nigro. *Fabric.* E. S. II. n. 50.

Habitat in Germaniae plantis.

26. E. *suturalis*, piceus thorace elongato atro opaco, elytris testaceis, margine laterali suturaque nigris.

Habitat Manhemii.

27. E. *lineola*, obscurus, elytris testaceis, taenia suturali nigra, thoracis margine pedibusque pallidis.

Habitat in Germania.

28. E. *thoracicus*, niger thorace ruso. *Fabric.* E. S. II. n. 51. *Voet* Coleopt. I. n. 6. tab. 42. fig. 6. *Panzer* faun. germ. VI. 12.

Habitat in Germaniae hortis.

29. E. *sanguinicollis*, niger thorace toto sanguineo. *Panzer* faun. germ. VI. 13.

Habitat Brunsvigiae. (Affinis anteced. ast tamen distinctus.)

30.

30. E. *ruficollis*, niger thorace postico rubro nitido. *Fabric.* E. S. II. n. 52.

Habitat in Germania.

31 E. *brunneus*, thorace rufo: medio nigro, elytris corporeque ferrugineis. *Fabric.* E. S. II. n. 53. *Herbst* Archiv. IV. n. 17. tab. 27. fig. 6.

Habitat in floribus.

32. E. *haematodes*, niger thorace pubescente fulvo elytris striatis sanguineis. *Fabric.* E. S. II. n. 54. *Herbst* Archiv. IV. n. 25. tab. 27. fig. 10. E. *purpureus.*

Habitat in Germania.

33. E. *sanguineus*, ater elytris striatis sanguineis immaculatis. *Fabric.* E. S. II. n. 55. *Panzer* faun. germ. V. 13.

Habitat in Germaniae truncis putridis.

34. E. *ephippium*, ater elytris striatis sanguineis: macula communi dorsali nigra. *Fabric.* E. S. II. n. 56. *Panzer* faun. germ. V. 14.

Habitat cum priori, cuius mera varietas videtur.

35. E. *praeustus*, ater elytris striatis sanguineis apice nigris. *Fabric.* E. S. II. n. 57.

Habitat in Germaniae pinis putrescentibus.

37. E.

36. E. *testaceus*, niger elytris striatis pedibusque testaceis. *Fabric.* E. S. II. n. 58.

Habitat in Germania.

37. E. *inunctus*, niger nitens glaberrimus, thorace atro elytris striatis pedibusque rufis.

Habitat Brunsvigiae.

38. E. *balteatus*, elytris antice dimidiato rufis, corpore nigro. *Fabric.* E. S. II. n. 59. *Voet* Coleopt. I. n. 10. tab. 43.

Habitat in floribus.

39. E. *trifasciatus*, niger thorace griseo, elytris cinereis fasciis tribus undulatis ferrugineis. *Panzer* faun. germ. III. 14.

Habitat in Harcyniae plantis.

40. E. *elongatulus*, ater elytris testaceis apice nigris. *Fabric.* E. S. II. n. 60.

Habitat in Austria.

41. E. *gliscerous*, ater elytris striatis testaceis apice pedibusque nigris.

Habitat in Germania.

42. E. *lateralis*, niger obscurus elytris striatis macula oblonga marginali baseos flavicante. *Fabric.* E. S. VI. app. p. 452.

Habitat in Germania.

43. E. *sputator*, thorace fusco nitido, elytris cinereis corpore nigro. *Fabric.* E. S. II. n. 62. *Schäffer* Ic. Inf. Ratisb. tab. 19. fig. 2.
Habitat in hortis frequens.

44. E. *analis*, niger elytris ano pedibusque testaceis. *Fabric.* E. S. II. n. 63.
Habitat in Germania.

45. E. *variabilis*, thorace fusco obscuro, elytris striatis testaceis. *Fabric.* E. S. II. n. 65.
Habitat in Germaniae truncis emortuis.

46. E. *pilosus*, fuscus cinereo subvillosus elytris striatis. *Fabric.* E. S. II. n. 66. *Leske* it. I. p. 11. tab. A. fig. 1.
Habitat in Lusatiae montibus.

47. E. *striatus*, niger elytris fuscis. *Fabric.* E. S. II. n. 69.
Habitat in Germania.

48. E. *rufipes*, ater thorace nitido, elytris striatis, pedibus rufis. *Fabric.* E. S. II. n. 70.
Habitat Halae Saxonum.

49. E. *picipes*, ater elytris testaceis, antennis pedibusque piceis.
Habitat in Germania.

50. E. *minutus*, thorace atro nitido, elytris pedibusque nigris. *Fabric.* E. S. II. n. 71.

Habitat

Habitat in Germania.

51. E. *limbatus*, thorace atro nitido, elytris testaceis, limbo nigro. *Fabric*. E. S. II. n. 73.

Habitat in Germania.

52. E. *bructeri*, subaeneus nigricans, thorace nitido, elytris striatis pilosis, pedibus obscuris.

Habitat in Bructeri plantis. (Affinis E. *ripario* F.)

53. E. *pulchellus*, capite thoraceque atris, elytris nigris: maculis flavescentibus, pedibus flavis. *Fabric*. E. S. II. n. 77. *Herbst* Archiv. IV. n. 22. tab. 27. fig. 7.

Habitat in Germaniae hortis.

54. E. *trimaculatus*, niger elytris striatis testaceis: maculis tribus nigris. *Fabric*. E. S. II. n. 80.

Habitat Halae Saxonum.

55. E. *buprestoides*, cylindricus niger immaculatus capite retracto. *Fabric*. E. S. II. n. 84.

Habitat Halae Saxonum. (Ab. E. *buprestoide Linn*. omnino diversus.)

56. E. *pygmaeus*, niger obscurus tibiis piceis. *Fabric*. E. S. II. n. 85.

Habitat in Germaniae truncis putrescentibus.

57. E. *bipustulatus*, niger nitidus elytris puncto

bafeos rubro. *Fabric.* E. S. II. n. 88. *Herbst* Archiv IV. n. 23. tab. 27. fig. 8. *Voet* Coleopt. I. n. 22. tab. 44. fig. 22.

Habitat in Germaniae nemoribus.

18. E. *quadripuftulatus*, niger elytris ftriatis: punctis duobus teftaceis. *Fabric.* E. S. II. n. 89.

Habitat Halae Saxonum.

LXIX. Lucanus (*Schröter*) *Fabric.* Gen. Inf. p. 4.

Palpi duo fub labio palpigeri. Antennae pectinato fiffiles.

1. L. *Cervus*, mandibulis exfertis unidentatis apice bifurcatis, labio deflexo, ruga transverfa elevata. *Fabric.* E. S. II. n. 2.

Habitat in ligno putrefcenti. (*Femina* olim pro peculiari fpecie fub nomine *Dorcas* (*Müll. Zool. dan. prodr.* 444.) aft inique propofita, mare multo minor eft, et mandibulis haud exfertis gaudet. *Luc. bircus Scrib.* et *Brahm.* varietas rarior morbofa.)

2. L. *parallelipipedus*, mandibulis dente laterali elevato, corpore depreffo. *Fabric.* E. S. II. n. 11.

2. 11. *Voet* Coleopt. I. n. 7. tab. 29. fig. 7. *Panzer* faun. germ. II. 19.

Habitat in Germaniae fylvis.

3. L. *tenebroides*, mandibulis lunatis unidentatis ater thorace marginato, elytris fubftriatis. *Fabric.* E. S. II. n. 13. *Panzer* fymb. ent. I. tab. 3. fig. 3. 4. 5. *Naturforfcher* XXIV. 1. tab. 1. fig. 1. *Lucanus Tarandus.*

Habitat in auftriae fylvis montofis.

4. L. *caraboides*, caerulefcens mandibulis lunatis, thorace marginato. *Fabric.* E. S. II. n. 14. *Panzer* fymb. ent. I. tab. 3. fig. 1. 2.

Habitat in Germania. (Variat virefcens abdomine pedibusque rufefcentibus, at vix distinctus.)

5. L. *fcarabaeoides*, mandibulis fupra dente elevato fufcus, elytris ftriis interruptis pilofis. *Panzer* faun. germ. XXVI.

Habitat in Auftriae ligno putrido quercino.

LXX. Prionus (*Forftkäfer*) *Fabric.* Gen. Inf. p. 46.

Palpi quatuor filiformes. Maxilla cylindrica integra. Labium breviffimum membranaceum. Antennae fetaceae.

1. P. *Faber*, thorace marginato utrinque unidentato, elytris piceis antennis mediocribus. *Fabric.* E. S. II. n. 6. *Panzer* faun. germ. IX. 5.
Habitat in Germaniae ſylvis.

2. P. *Serrarius*, thorace marginato ſerrato ater, elytris fuſcis, antennis longis. *Panzer* faun. germ. IX. 6.
Habitat in truncis putrid. Pini et Abietis. (Vid. *Schneider* in prompt. V. p. 623. qui perperam P. *Serrar.* pro mare P. *Faber.* habet.)

3. P. *ſcabricornis*, thorace ſubmarginato unidentato ſubvilloſus nigricans elytris fuſcis: lineis duabus elevatis, antennis mediocribus. *Fabric.* E. S. II. n. 7. *Fuesl.* inſ. helv. n. 241. tab. 1. fig. 3. a. b. *Panzer* faun. germ. XII. 7.
Habitat in truncis putridis Tiliae, Hippocaſt.

4. P. *depſarius*, thorace ſubmarginato unidentato pubeſcente, corpore nigricante, antennis brevibus rubris. *Fabric.* E. S. II. n. 8. *Panzer* faun. germ. IX. 7.
Habitat in Germania.

5. P. *coriarius*, thorace marginato tridentato, cor-

corpore piceo antennis brevibus. *Fabric.* E. S. II. n. 15. *Panzer* faun. germ. IX. 8.

Habitat in fylvis.

LXXI. Cerambyx (*Bockkäfer*) *Fabric.* Gen. Inf. p. 47.

Palpi quatuor filiformes. Maxilla obtufa unidentata. Labium bifidum. Antennae fetaceae.

1. C. *mofchatus*, thorace fpinofo viridis nitens antennis mediocribus cyaneis. *Fabric.* E. S. II. n. 1. *Voet* Coleopt. II. n. 14. tab. 6. fig. 14.

   Habitat in Salice emortuo.

2. C. *Cerdo*, thorace fpinofo rugofo niger elytris rotundatis, antennis longis. *Fabric.* E. S. II. n. 14. *Voet* Coleopt. II. n. 5. tab. 4. fig. 5.

   Habitat in Germaniae pinetis.

3. C. *Heros*, thorace fpinofo rugofo niger elytris fubfpinofis piceis, antennis longis. *Fabric.* E. S. II. n. 15. *Voet* Coleopt. II. n. 9. tab. 5. fig. 9.

   Habitat in Germaniae Quercu.

4. C. *alpinus*, thorace ſpinoſo, coleoptris faſcia maculisque quatuor atris, antennis longis. *Fabric.* E. S. II. n. 20. *Panzer* faun. germ. II 22.
Habitat in Germaniae montoſis.

5. C. *Kaehleri*, thorace ſpinoſo niger elytris ſanguineis: macula nigra. *Fabric.* E. S. II. n. 24. *Schäffer* Ic. Inſ. Ratisb. tab. 1. fig. 1. *Voet* Coleopt. II. tab. tit. fig. 4. 5. 6.
Habitat in Germania. (Variat elytris immaculatis.)

6. C. *budenſis*, thorace ſpinoſo pubeſcente, elytris ſanguineis, macula apicis antennis pedibusque nigris. *Naturforſch.* XIX. p. 70. tab. 4. fig. 1. 2. 3. 4. 5.
Habitat in Germania. (Affinis praecedenti aſt diſtinctus et minor. Variat thorace nigro, et ſanguineo. Vid. *Lamia hungarica. Herbſt* Archiv. IV. 4. tab. 25. fig. 1.)

7. C. *nebuloſus*, thorace ſpinoſo, elytris punctis faſciisque nigris, antennis longioribus. *Fabric.* E. S. II. n. 35. *Panzer* faun. germ. XIV. 13.
Habitat in Abietum truncis.

8. C. *griſeus*, thorace ſpinoſo fuſco, elytris laevibus, faſciis griſeis nigro punctatis, antennis lon-

giſſimis. *Fabric.* E. S. II. n. 37. *Panzer* faun. germ. XIV. 14.

Habitat in Germania.

9\. C. *coſtatus*, thorace ſpinoſo griſeo, elytris lineis elevatis nigro punctatis apice ſuſcis, antennis longiſſimis. *Fabric.* E. S. II. n. 38.

Habitat in Germania. (An ſatis diverſus a *Lam. atomar. F?*)

10\. C. *faſcicularis*, thorace ſpinoſo, elytris integris: punctis tribus hiſpidis, antennis mediocribus hirtis. *Fabric.* E. S. II. n. 39. *Panzer* faun. germ. XIV. 15.

Habitat in Germania.

11\. C. *hiſpidus*, thorace ſpinoſo, elytris baſi albidis apice bidentatis, antennis mediocribus hirtis. *Fabric.* E. S. II. n. 40. *Panzer* faun. germ. XIV. 16.

Habitat in truncis pini et abietis.

12\. C. *piloſus*, thorace biſpinoſo, elytris griſeis apice unidentatis, antennis mediocribus hirtis. *Fabric.* E. S. II. n. 41.

Habitat Halae Saxonum.

13\. C. *crinitus*, thorace ſpinoſo elytris cinereis fuſcoque variis piloſis, antennis longis, pedibusque rufis.

Habitat in Germania. LXXII.

LXXII. LAMIA (*Zauberkäfer.*) *Fabric.* Gen. Inf. p. 48.

Palpi quatuor filiformes. Maxilla cornea bifida. Labium corneum bifidum. Antennae setaceae.

1. L. *Textor*, thorace fpinofo, elytris convexis atris, antennis mediocribus. *Fabric.* E. S. II. n. 8. *Panzer* faun. germ. XIX. 1.

Habitat in truncis arborum.

2. L. *aedilis*, thorace fpinofo, punctis quatuor luteis, elytris obtufis nebulofis, antennis longis. *Fabric.* E. S. II. n. 16. *Voet* Coleopt. II. tab. 4. fig. A. B. C. D. 1. 2. 3.

Habitat in ligno antiquo.

3. L. *atomaria*, thorace fpinofo tuberculatoque cinerea, elytris fufco variis, punctis elevatis nigris fcabris. *Fabric.* E. S. II. n. 17.

Habitat in Germania.

4. L. *varia*, thorace fpinofo tuberculatoque, corpore nigro cinereoque vario, femoribus clavatis, antennis mediocribus. *Fabric.* E. S. II. n. 18.

Habitat in Germania.

5. L. *nebulofa*, thorace inermi ferrugineo nigro lineato,

lineato, elytris fusco ferrugineoque variis, macula marginali cinerea, antennis mediocribus. *Fabric.* E. S. II. n. 38. *Schäffer* Ic. Inf. Ratisb. tab. 55, fig. 4.

Habitat in Germania.

6. L. *Sutor*, thorace spinoso, elytris atris ferrugineo maculatis, scutello luteo, antennis longissimis. *Fabric.* E. S. II. n. 41. *Panzer* faun. germ. XIX. 2. *Voet* Coleopt. II. tab. tit. fig. 1.

Habitat in sylvis.

7. L. *Sartor*, thorace spinoso niger, scutello flavo, elytris immaculatis antennis longissimis. *Fabric.* E. S. II. n. 42. *Panzer* faun. germ. XIX. 3. *Voet* Coleopt. II. tab. tit. fig. 2.

Habitat in Hippocastano. (Pro varietate sexus praecedentis a nonnullis, quamvis in vita natura, habetur.)

8. L. *curculionoides*, thorace mutico fusca, thorace coleoptrisque ocellis quatuor atris. *Fabric.* E. S. II. n. 60. *Schäffer* Ic. Inf. Ratisb. tab. 39. fig. 1. *Voet* Coleopt. T. II. n. 104. tab. 21. fig. 104.

Habitat in Germaniae sylvis.

9. L. *tristis*, thorace spinoso fusca, elytris scabris.

bris: maculis duabus atris, antennis mediocribus. *Fabric.* E. S. II. n. 64. *Herbst* Archiv. IV. n. 6. tab. 25. fig. 7.

Habitat in Germania australi. (Variat coleopterorum maculis pene deletis, magnitudine corporis atque longitudine antennarum.)

10. L. *Fuliginator*, thorace subspinoso nigra, elytris cinerascentibus, antennis brevibus. *Fabric.* E. S. II. n. 72. *Voet* Coleopt. II. n. 30. tab. 8. fig. 30.

Habitat in Germaniae ligno antiquo. (Variat aetate tota nigra.)

11. L. *pedestris*, thorace spinosa atra, vitta integra alba, antennis mediocribus. *Fabric.* E. S. II. n. 82.

Habitat in Germaniae sylvaticis montosis. (Elytra villosa.)

12. L. *rufipes*, thorace spinoso nigra, elytrorum sutura alba, antennarum basi pedibusque rufis. *Fabric.* E. S. II. n. 83. *Voet* Coleopt. II. n. 31. tab. 9. fig. 31.

Habitat in Germania.

13. L. *Morio*, thorace spinoso nigra elytris unicoloribus, antennis brevibus. *Fabric.* E. S. II. n. 84. *Herbst* Archiv. IV. n. 11. tab. 25. fig. 10.

Habitat

Habitat in Germania.

14. L. *Scopoli*, nigra antennarum basi, elytris pedibus abdomineque rufo testaceis. *Scop.* carn. n. 170. ic. 170. *Ceramb. fulvus.*

Habitat in Germania. (Satis utique distincta a praeced.)

15. L. *lineata*, thorace spinoso atra, elytris marginibus lineisque duabus utrinque coeuntibus albis. *Fabric.* E. S. II. n. 85. *Herbst* Archiv. n. 12. tab. 25. fig. 11. *Lamia Scopoli.*

Habitat in Germania.

LXXIII. Stenocorus (*Zahnbock*) *Fabric.* Gen. Inf. p. 49.

Palpi quatuor, antici filiformes, postici clavati. Antennae setaceae.

1. S. *Lamed*, thorace spinoso pubescente, elytris fastigiatis lividis: taenia obscura longitudinali sinuata. *Fabric.* E. S. II. n. 2. *Panzer* faun. germ. XXII. 11.

Habitat in Germania. (Marem in fauna delineavi, femina duplo mare maior est.)

2. S. *dispar*, thorace spinoso inaequali, elytris bidentatis testaceis. *Panzer* faun. germ. XVII. 1. 2.

Habitat

Habitat in truncis arborum. (Illustr. *Fabric.* pro variet. *Rhag noctis* E. S. II. n. 6. declaravit.)

LXXIV. CALOPUS (*Holzbock*) *Fabric.* Gen. Inſ. p. 50.

Palpi quatuor antici clavati, poſtici filiformes. Maxilla bifida. Labium membranaceum bifidum. Antennae filiformes.

1. C. *ſerraticornis*, *Fabric.* E. S. II. n. 1. *Panzer* faun. germ. III. 15.

Habitat in Germaniae montoſis.

LXXV. RHAGIUM (*Zangenbock*) *Fabric.* Gen. Inſ. p. 51.

Palpi quatuor capitati. Maxilla unidentata. Labium membranaceum bifidum. Antennae ſetaceae.

1. R. *mordax*, thorace ſpinoſo griſeum elytris nebuloſis teſtaceo ſubfaſciatis, *Fabric.* E. S. II. n. 1. *Herbſt* Archiv. IV. n. 2. tab. 25. fig. 14.

Habitat in Germania.

2. R. *inquiſitor*, thorace ſpinoſo nigrum elytris nebu-

nebulosis testaceo subfasciatis. *Fabric.* E. S. II. n. 2. *Schäffer* Ic. Inf. Ratisb. tab. 2. fig. 10.

Habitat in truncis arbor. conifer.

3. R. *indagator*, thorace spinoso cinereum, elytris lineis tribus elevatis, atomis fasciisque duabus nigris. *Fabric.* E. S. II. n. 3. *Degeer* Inf. V. tab. 4. fig. 7. *Voet* Coleopt. T. II. tab. 25. fig. II.

Habitat in Germania.

4. R. *cursor*, thorace spinoso, elytris rufis, sutura lineaque nigris. *Fabric.* E. S. II. n. 4. *Sulzer* hist. inf. tab. 5. fig. 7. *Voet* Coleopt. T. II. tab. 25. fig. IV.

Habitat in Germaniae sylvaticis.

5. R. *cinctum*, thorace spinoso nigrum elytris subferrugineis, fascia flava, femoribus posticis unidentatis. *Fabric.* E. S. II. n. 5.

Habitat in Austria.

6. R. *noctis*, thorace spinoso nigrum, antennarum basi ferruginea. *Fabric.* E. S. II. n. 6. *Panzer* faun. germ. XVII. 3.

Habitat in Germania.

7. R. *bifasciatum*, thorace spinoso, elytris fasciis duabus obliquis flavis. *Fabric.* E. S. II. n. 7. *Herbst* Archiv. VII. VIII. n. 6. tab. 45. fig. 12.

Habitat

Habitat in Quercuum truncis ubi profunde nidulat.

8. R. *clathratum*, thorace subspinoso nigrum elytris flavo subreticulatis, pedibus rufis. *Fabric.* E. S. II. n. 8.

Habitat in Austria.

9. R. *minutum*, thorace spinoso, elytris elevato striatis cinereis nigro undatis. *Fabric.* E. S. II. n. 10. *Panzer* faun. germ. VIII. 5. *Lept. signata.*

Habitat in Germania.

LXXVI. SAPERDA. (*Schneckenkäfer*) *Fabric.* Gen. Inf. p. 52.

Palpi quatuor filiformes. Maxilla membranacea bifida. Labium cordatum truncatum. Antennae setaceae.

1. S. *Carcharias*, corpore griseo nigro punctato, antennis mediocribus. *Fabric.* E. S. II. n. 1. *Voet* Coleopt. II. n. 71. tab. 17. fig. 71.

Habitat in Germaniae sylvis.

2. S. *scalaris*, coleoptris linea suturali dentata punctisque flavis, antennis mediocribus. *Fabric.* E. S. II. n. 2. *Voet* Coleopt. II. n. 78. tab. 17. fig. 78.

Habitat in Germaniae Populo.

3. S.

3. S. *occulata*, thorace luteo: punctis duobus atris, elytris nigris. *Fabric.* E. S. II. n. 8. *Panzer* faun. germ. I. 18.

Habitat in sylvis.

4. S. *affinis*, thorace rufo punctis duobus elevatis atris, elytris atris, pedibus rufis. *Schäffer* Ic. Inf. Ratisb. tab. 101. fig. 5. *Voet* Coleopt. II. n. 105. tab. 21. fig. 105.

Habitat in Germania. (Affinis praecedenti, ast distincta.)

5. S. *linearis*, cylindrica nigra pedibus luteis, antennis mediocribus. *Fabric.* E. S. II. n. 12. *Panzer* faun. germ. VI. 14.

Habitat in Corylo.

6. S. *cylindrica*, cylindrica nigra pedibus anticis luteis. *Fabric.* E. S. II. n. 14.

Habitat in Pyri, Pruni ramis.

7. S. *erythrocephala*, thorace villoso rufa, antennis pectore elytrisque nigris. *Fabric.* E. S. II. n. 19.

Habitat in Germania.

8. S. *Cardui*, fusca thorace lineato, scutello flavo, antennis longis. *Fabric.* E. S. II. n. 31. *Voet* Coleopt. II. n. 98. tab. 20. fig. 98.

Habitat in Carduis.

9. S. *nigricornis*, cinerea thorace lineato, elytris fuscis unicoloribus, antennis mediocribus. *Fabric.* E. S. II. n. 32.

Habitat in Germania.

10. S. *suturalis*, thorace rotundato lineato virescens, elytris acuminatis, sutura alba. *Fabric.* E. S. II. n. 32. *Panzer* faun. germ. XXIII. n. 16.

Habitat in Germania.

11. S. *populnea*, thorace flavo lineato, elytris punctis quatuor flavis, antennis mediocribus. *Fabric.* E. S. II. n. 37. *Schäffer* Ic. Inf. Ratisb. tab. 48. fig. 5.

Habitat in Germaniae populetis. (Puncta quina in elytris numerat *Laichard.* tyr. inf. II. p. 39.

12. S. *tremula*, viridis thorace punctis duobus, elytris quatuor nigris. *Fabric.* E. S. II. n. 38. *Panzer* faun. germ. I. 7.

Habitat in Germaniae Tilia. (Variat magnitudine et colore elytrorum.)

13. S. *punctata*, viridis punctis nigris numerosis, antennis mediocribus. *Fabric.* E. S. II. n. 39. *Sulzer* hist. inf. tab. 5. fig. 10.

Habitat

Habitat in Germania.

14. S. *virescens*, thorace villoso cinereo, elytris subattenuatis viridibus. *Fabric.* E. S. II. n. 40. *Panzer* im Naturforsch. XXIV. n. 37. tab. 1. fig. 37.

Habitat in Austria.

15. S. *dubia*, thorace nigro villoso, elytris atro caerulescentibus, pedibus nigris. *Laicbard.* tyr. Inf. II. n. 13. *Geoffr.* I. n. 2. p. 208.

Habitat in Germania.

16. S. *ferruginea*, thorace subspinoso ferruginea, antennis pedibusque nigris. *Fabric.* E. S. II. n. 44.

Habitat in Germania.

17. S. *brunnea*, thorace subspinoso ferruginea antennis pedibusque concoloribus. *Fabric.* E. S. II. n. 45.

Habitat in Harcyniae Crataego Oxyacantha.

18. S. *testacea*, nigra elytris testaceis. *Fabric.* E. S. II. n. 46.

Habitat in Germania.

19. S. *praeusta*, nigra elytris flavis apice nigris. *Fabric.* E. S. II. n. 48. *Voet* Coleopt. II. n. 83. tab. 18. fig. 83.

Habitat in Pomonae arboribus.

20. S. *Ephippium*, nigra thoracis linea dorſali ſcutelloque cinereis, femoribus ferrugineis. *Fabric.* E. S. II. n. 49. *Panzer* faun. germ. XXIII. 17.

Habitat in Germania.

21. S. *ſcutellata*, thorace ſubſpinoſo nigra, antennis elytris pedibusque cineraſcentibus, ſcutello albo. *Fabric.* E. S. II. n. 52.

Habitat in Germania.

22. S. *lineola*, nigra thoracis linea dorſali femoribusque apice rufis. *Fabric.* E. S. II. n. 53. *Panzer* faun. germ. XXIII. 18.

Habitat in Germania.

LXXVII. Callidium (*Liſtkäſer*) *Fabric.* Gen. Inſ. p. 53.

Palpi quatuor clavati. Maxilla membranacea bifida. Labium bifidum, laciniis tenuiſſimis. Antennae ſetaceae.

1. C. *Baiulus*, thorace villoſo, tuberculis duobus, corpore fuſco. *Fabric.* E. S. II. n. 1. *Voet* Coleopt. II. n. 111. 112. tab. 22. fig. 111, 112.

Habitat in truncis arborum carioſis.

2. C. *fennicum*, thorace tuberculato rufo, elytris

tris violaceis, antennis mediocribus. *Fabric.* E. S. II. n. 3. *Voet* Coleopt. II. n. 97. tab. 20. fig. 97.

Habitat in truncis arborum.

3. C. *clavipes*, nigrum opacum femoribus omnibus clavatis, antennis longioribus. *Fabric.* E. S. II: n. 7. *Herbst* Archiv. IV. n. 3. tab. 26. fig. 9.

Habitat in Germania.

4. C. *spinosum*, thorace spinoso nudo atrum antennis brevibus. *Fabric.* E. S. II. n. 8.

Habitat in Austria.

5. C. *violaceum*, thorace subpubescente, corpore violaceo, antennis brevibus. *Fabric.* E. S. II. n. 9. *Voet* Coleopt. II. n. 123. tab. 23. fig. 123.

Habitat in sylvis.

6. C. *femoratum*, thorace nudo corpore atro opaco, femoribus rubris, antennis mediocribus. *Fabric.* E. S. II. n. 10. *Schäffer* Ic. Inf. Ratisb. tab. 55. fig. 7.

Habitat in Germaniae nemoribus.

7. C. *fulcratum*, thorace nudo nitido, corpore atro, femoribus rufis, antennis mediocribus. *Fabric.* E. S. II. n. 11.

Habitat Halae Saxonum.

8. C. *variabile*, thorace glabro, corpore fusco aeneo, antennis pedibusque fuscis. *Fabric.* E. S. II. n. 16. *Herbst* Archiv. IV. n. 7. tab. 26. fig. 12. *C. aeneum.*

Habitat in Germania. (Vid. *Callid. cognat. Laichard.* tyr. Inf. II. n. 2.)

9. C. *rusticum*, thorace nudo corpore lurido, antennis brevibus. *Fabric.* E. S. II. n. 19. *Schäffer* Ic. Inf. Ratisb. tab. 63. fig. 6.

Habitat in Germania.

10. C. *agreste*, thorace nudo nigrum elytris striatis fuscis, antennis brevibus. *Fabric.* E. S. II. n. 21.

Habitat Halae Saxonum.

11. C. *sanguineum*, thorace subtuberculato elytrisque sanguineis, antennis mediocribus. *Fabric.* E. S. II. n. 35. *Voet* Coleopt. II. n. 122. tab. 23. fig. 122.

Habitat in Germaniae Salice.

12. C. *testaceum*, thorace subtuberculato, corpore testaceo, antennis mediocribus fuscis. *Fabric.* E. S. II. n. 36. *Schäffer* Ic. Inf. Ratisb. tab. 64. fig. 6.

Habitat in Germania.

13. C.

13. C. *praeustum*, thorace subtuberculato testaceum, elytris apice violaceis. *Fabric.* E. S. II. n. 38.

Habitat in Austria.

14. C. *luridum*, thorace subtuberculato nudo nigrum elytris laevibus testaceis. *Fabric.* E. S. II. n. 41.

Habitat in Germaniae sylvis.

15. C. *fuscum*, thorace subtuberculato canaliculato nudo nigrum, elytris striatis obscure testaceis, antennis mediocribus. *Fabric.* E. S. II. n. 42.

Habitat Halae Saxonum.

16. C. *triste*, thorace subtuberculato nudo, elytris substriatis, corpore lurido immaculato. *Fabric.* E. S. II. n. 44. - *Panzer* im Naturf. XXIV. n. 41. tab. I. fig. 41. C. *arvense*.

Habitat in Germaniae Quercu.

17. C. *hafniense*, thorace subvillosο nigro, lineis quatuor albis, intermediis abbreviatis. antennis brevibus. *Fabric.* E. S. II. n. 46. *Panzer* im Naturf. XXIV. n. 38. tab. I. fig. 38.

Habitat in Germania.

18. C. *rufipes*, thorace laevi nitido, elytris violaceis, tibiis rufis, antennis brevibus. *Fabric.* E. S. II. n. 47.

Habitat in Germania.

19. C. *striatum*, thorace glabro, corpore nigro, elytris striatis, antennis brevibus. *Fabric.* E. S. II. n. 48. *Herbst* Archiv V. n. 11. tab. 26. fig. 13.

Habitat in Germania.

20. C. *Salicis*, thorace tuberculato spinosoque rufum, pectore elytrisque nigris. *Fabric.* E. S. II. n. 51. *Herbst* Archiv. V. n. 9. tab. 25. fig. 13.

Habitat in Germaniae Salicibus.

21. C. *pusillum*, thorace rotundato nigrum antennis tibiisque testaceis. *Fabric.* E. S. II. n. 53.

Habitat in Germania.

22. C. *undatum*, thorace tuberculato, elytris nigris, fasciis undatis duabus albis, antennis brevibus. *Fabric.* E. S. II. n. 56. *Voet.* Coleopt. II. n. 87. tab. 19. fig. 87.

Habitat in Germania.

23. C. *florale*, thorace globoso albo fasciato, elytris nigris, fasciis quinque albis, secunda tertiaque lunatis. *Fabric.* E. S. II. n. 61. *Herbst* Archiv. V. n. 17. tab. 26. fig. 17. *Voet.* Coleopt. II. n. 93. tab. 19. fig. 93.

Habitat in Austria.

24. C. *atomarium*, thorace globoso cinereo maculato

culato, elytris punctis strigaque postica flexuosa albidis. *Fabric.* E. S. II. n. 63.

Habitat Halae Saxonum.

25. C. *arcuatum*, thorace rotundato, elytris fasciis quatuor flavis: prima interrupta, reliquis retrorsum arcuatis. *Fabric.* E. S. II. n. 64. *Herbst* Archiv. V. n. 13. tab. 26. fig. 14. *Voet.* Coleopt. II. n. 89. 92. tab. 19. fig. 89. et 92. *Panzer* faun. germ. IV. 14.

Habitat in Germaniae Salice.

26. C. *arietis*, thorace rotundato nigro, elytris nigris, fasciis flavis, secunda antrorsum arcuata, pedibus totis ferrugineis. *Fabric.* E. S. II. n. 65. *Herbst* Archiv. V. n. 14. tab. 26. fig. 15. *Voet.* Coleopt. II. n. 88. tab. 19. fig. 88.

Habitat in Germaniae pinetis.

27. C. *Gazella*, thorace rotundato nigro, elytris nigris: fasciis flavis, secunda antrorsum arcuata, pedibus ferrugineis, femoribus nigris. *Fabric.* E. S. II. n. 66. *Panzer* faun. germ. IV. 15.

Habitat cum praecedenti cuius mera varietas.

28. C. *tropicum*, thoraco rotundato nigro flavo fasciato, elytris nigris strigis fasciisque flavis, secunda retrorsum arcuata, antennis pedibusque fer-

ferrugineis. *Schäffer* Ic. Inf. Ratisb. tab. 38. fig. 7.

Habitat in Germania.

29. C. *speciosum*, thorace rotundato nigro, albo maculato, elytris nigris, scutello striga humerali fasciisque albis, secunda retrorsum flexa, antennis pedibusque rufis. *Schäffer* Ic. Inf. Ratisb. tab. 151. fig. 7.

Habitat in Germania.

30. C. *plebeium*, thorace globoso immaculato, elytris nigris, strigis tribus punctoque humerali albis. *Fabric.* E. S. II. n. 67. *Schäffer* Ic. Inf. Ratisb. tab. 2. fig. 7. *Voet.* Coleopt. II. n. 94. tab. 19. fig. 94.

Habitat in Germania.

31. C. *massiliense*, thorace globoso immaculato, elytris nigris, strigis tribus albis, anteriore incurva. *Fabric.* E. S. II. n. 68.

Habitat in Germania.

32. C. *detritum*, thorace rotundato flavo fasciato, elytris nigris, fasciis quinque flavis pedibus ferrugineis. *Fabric.* E. S. II. n. 72. *Voet.* Coleopt. II. n. X. tab. 26. fig. X.

Habitat in Germaniae sylvis.

33. C.

33. C. *Verbasci*, thorace rotundato nigro trimaculato, elytris rotundatis subvirescentibus, fasciis tribus abbreviatis nigris, prima lunari. *Fabric.* E. S. II. n. 76. *Herbst* Archiv. V. n. 10. tab. 26. fig. 19.

Habitat in Germaniae Verbasco, Ulmo.

34. C. *ornatum*, thorace rotundato, fascia nigra elytris virescentibus, fasciis tribus integris nigris, prima annulari. *Fabric.* E. S. II. n. 77. *Herbst* Archiv. V. n. 16. tab. 26. fig. 16. *Sulzer* hist. inf. tab. 5. fig. 12.

Habitat in Germania.

35. C. *quadripunctatum*, thorace rotundato virescens, elytris punctis quatuor nigris. *Fabric.* E. S. II. n. 78.

Habitat in Germania.

36. C. *mysticum*, thorace rotundato, elytris fuscis, fasciis apiceque cinereis basi rufis. *Fabric.* E. S. II. n. 81. *Voet.* Coleopt. II. n. VIII. tab. 26. fig. VIII.

Habitat in hortis. (C. *hieroglyphic. Herbst* l. c. tab. 26. fig. 20. huius mera varietas videtur.)

37. C. *Alni*, thorace rotundato nigrum, elytris fasciis

fasciis duabus albis, elytrorum basi antennis tibiisque ferrugineis. *Fabric.* F. S. II. n. 86. *Voet* Coleopt. II. n. 80. tab. 18. fig. 80. et n. 116. tab. 22. fig. 116.

Habitat in Germaniae Alno.

LXXVIII. LEPTURA (*Schmalbock*) *Fabric.* Gen. Ins. p. 55.

Palpi quatuor filiformes. Maxilla unidentata apice setosa. Labium membranaceum bifidum. Antennae setacae.

1. L. *unipunctata*, nigra elytris rufis, puncto medio nigro. *Fabric.* E. S. II. n. 1.

Habitat Dresdae.

2. L. *hastata*, atra elytris rubris, apice suturaque media nigra. *Fabric.* E. S. II. n. 2. *Panzer* faun. germ. XXII. 12.

Habitat in Germania.

3. L. *melanura*, nigra elytris rubescentibus lividisve, sutura apiceque nigris. *Fabric.* E. S. II. n. 5.

Habitat in floribus praesertim umbellatis. (Vid. *Herbst* im Archiv. V. n. 1.)

4. L.

4. L. *laevis*, nigra elytris pedibusque lividis, elytris sutura apiceque nigris. *Fabric.* E. S. II. n. 6.
Habitat in Germania.

5. L. *livida*, nigra elytris testaceis immaculatis, pedibus nigris. *Fabric.* E. S. II. n. 7. *Herbst* Archiv. V. n. 3. tab. 26. fig. 23.
Habitat in floribus.

6. L. *sanguinolenta*, nigra elytris sanguineis. *Fabric.* E. S. II. n. 10. *Schäffer* Ic. Inf. Ratisb. tab. 39. fig. 8. et 9.
Habitat in floribus. (Mas elytris testaceis apice nigris.)

7. L. *meridiana*, thorace subspinoso, elytris fastigiatis, pectore nitente. *Fabric.* E. S. II. n. 11. *Schäffer* Ic. Inf. Ratisb. tab. 3. fig. 13. *Herbst* Archiv. IV. n. 5. tab. 25. fig. 15.
Habitat in floribus. (Mas nigricans. Femina testacea.)

8. L. *villica*, ferruginea antennis elytris pectoreque fuscis. *Fabric.* E. S. II. n. 12. *Panzer* faun. germ. XXII. 13.
Habitat in Germania. (Eadem cum *Lept. revestita Linn.*)

9. L. *rubra*, nigra thorace elytris tibiisque pur-

purcis.

pureis. *Fabric.* E. S. II. n. 13. *Schäffer* Ic. Inf. Ratisb. tab. 39. fig. 2.

Habitat in floribus.

10. L. *testacea*, nigra elytris testaceis, tibiis rufis, thorace posticè rotundato. *Fabric.* E. S. II. n. 14. *Schäffer* Ic. Inf. Ratisb. tab. 39. fig. 3.

Habitat cum praecedenti cuius mas.

11. L. *virens*, sericeo virescens antennis fusco viridique variis. *Fabric.* E. S. II. n. 16. *Panzer* im Naturf. XXIV. n. 42. tab. I. fig. 42.

Habitat in Austriae umbelliferis.

12. L. *atra*, corpore toto nigro. *Fabric.* E. S. II. n. 18. *Voet* Coleopt. II. n. 9. tab. 26. fig. 9.

Habitat in floribus.

13. L. *humeralis*, nigra humeris abdomineque ferrugineis. *Fabric.* E. S. II. n. 19. *Göz* im Naturf. XIX. p. 74. tab. 4. fig. 5. 6. *Ceramb. Quercus.*

Habitat in German. Quercu. (Ad *Stenocor.* cum *L. merid.* potius revocanda.)

14. L. *suturalis*, cinerea elytris testaceis, sutura nigra. *Fabric.* E. S. II. n. 21.

Habitat Halae Saxonum.

15. L. *scutellata*, nigra scutello albo. *Fabric.* E. S. II. n. 22.

Ha-

Habitat in Germania.

16. L. *lurida*, ferruginea elytris testaceis. *Fabric.* E. S. II. n. 23.

Habitat in Harcyniae sylvis.

17. L. *femorata*, nigra femoribus basi rufis. *Fabric.* E. S. II. n. 24. *Schaller* in act. soc. nat. cur. hal. I. p. 299. L. *humila.*

Habitat Halae Saxonum.

18. L. *marginata*, nigra elytrorum margine tibiisque posticis rufis. *Fabric.* E. S. II. n. 26. *Schäffer* Ic. Inf. Ratisb. tab. 55. fig. 8.

Habitat in Germania.

19. L. *nigra*, elytris attenuatis, corpore nigro nitido, abdomine rubro. *Fabric.* E. S. II. n. 27. *Schäffer* Ic. Inf. Ratisb. tab. 39. fig. 7.

Habitat in Germaniae plantis.

20. L. *obscura*, atra elytris attenuatis laevibus, corpore subtus auro villoso.

Habitat in Germania. (Tota atra glabra nitens, thorace et abdomine auro villoso. Femina mare triplo minor.)

21. L. *praeusta*, aureo pubescens capite elytrorumque apicibus nigris. *Fabric.* E. S. II. n. 28. *Schaller* in act. soc. nat. cur. hal. I. p. 298. L. *ustulata.*

Ha-

Habitat Halae Saxonum.

22. L. *quadriguttata*, fusca elytris nigris, punctis duobus baseos ferrugineis. *Fabric.* E. S. II. n. 29. *Schaller* in act. soc. nat. cur. hal. I. p. 299. L. *humeralis*.

Habitat Halae Saxonum.

23. L. *quadrimaculata*, nigra elytris testaceis, maculis duabus nigris. *Fabric.* E. S. II. n. 32. *Schäffer* Ic. Ins. Ratisb. tab. I. fig. 7. *Scop.* carn. 171. ic. 171. *Cer. timidus*. *Voet.* Coleopt. II. tab. 26. fig. XI.

Habitat in floribus umbellifer. cymos. et compositis. (Magnitud. variat.)

24. L. *octomaculata*, nigra elytris lividis, maculis quatuor nigris. *Fabric.* E. S. II. n. 34.

Habitat in Germania. (*Schäfferi* Synonyma praecedentis sunt.)

25. L. *interrogationis*, nigra elytris flavis, linea longitudinali arcuata maculisque quatuor marginalibus nigris. *Fabric.* E. S. II. n. 35. *Panzer* faun. germ. XXII. 14.

Habitat in Germania.

26. L. *sexmaculata*, nigra elytris testaceis, fasciis tribus dentatis nigris, anteriore subinterrupta.

rupta. *Fabric.* E. S. II. n. 37. *Voet* Coleopt. tab. 26. fig. XII. et tab. XXI. fig. 108.

Habitat in floribus.

27. L. *attenuata*, elytris attenuatis, fasciis quatuor nigris, pedibus testaceis. *Fabric.* E. S. II. n. 40. *Schaeffer* Ic. Inf. Ratisb. tab. 39. fig. 6. et tab. 65. fig. 11.

Habitat in Germaniae floribus.

28. L. *calcarata*, nigra coleoptris attenuatis flavis, fasciis quatuor nigris, anteriori punctata, secunda interrupta, tibiis posticis bidentatis. *Fabric.* E. S. II. n. 41. *Herbst* Archiv. V. n. 11. tab. 26. fig. 24. *Lept. armata.*

Habitat in Germania.

29. L. *subspinosa*, nigra coleoptris testaceis, fasciis quatuor nigris, anteriore punctata, antennis pedibusque flavis. *Fabric.* E. S. II. n. 42. *Voet* Coleopt. II. tab. 26. fig. VII.

Habitat in dumetis.

30. L. *sinuata*, nigra elytris maculis duabus punctisque duobus flavis. *Fabric.* E. S. II. n. 43.

Habitat in Germania.

31. L. *quadrifasciata*, nigra elytris testaceis, fas-

 ciis

ciis quatuor dentatis nigris. *Fabric.* E. S. II. 44. *Schaeffer* Ic. Inf. Ratisb. tab. 59. fig. 6.

Habitat in Germaniae plantis.

32. L. *arcuata*, atra elytris nigris fasciis quatuor flavis prima arcuata, antennis pedibusque flavis. *Panzer* faun. germ. VIII. 12.

Habitat in Austriae et Harcyniae sylvis.

33. L. *aurulenta*, atra thoracis margine antico posticoque aureis, elytris testaceis, fasciis quatuor simplicibus nigris. *Fabric.* E. S. II. n. 45.

Habitat in Germania.

34. L. *sexguttata*, nigra elytris maculis tribus flavis. *Fabric.* E. S. II. n. 47. *Herbst* Archiv. V. n. 13. tab. 26. fig. 25.

Habitat in Germaniae floribus.

35. L. *trifasciata*, atra elytris fasciis tribus flavis, anteriore interrupta. *Fabric.* E. S. II. n. 48. *Schaeffer* Ic. Inf. Ratisb. tab. 39. fig. 10.

Habitat in Germania.

36. L. *costata*, atra elytris testaceis baseos margine laterali sutura apiceque nigris.

Habitat in floribus Germaniae. (*L. sanguinmari* similis, ast diversus.)

37. L. *maculicornis*, atra elytris testaceis, antennis flavo nigroque variis, pedibus nigris.

Ha-

Habitat in Germania.

38. L. *limbata*, atra elytris testaceis, sutura margine omni pedibusque nigris. *Laichard* tyr. inf. II. n. 16.

Habitat in floribus.

39. L. *chrysomeloides*, atra elytris testaceis sutura margineque laterali nigris, pedibus flavis. *Schrank*. inf. austr. n. 297.

Habitat in Germania.

40. L. *Pastinacae*, atra elytris testaceis immaculatis, tibiis anticis testaceis.

Habitat in Germaniae Pastinaca.

41. L. *sericea*, viridi caerulea elytris subfastigiatis. *Fabric.* E. S. II. n. 49. *Schaeffer* Ic. Inf. Ratisb. tab. 84. fig. 1.

Habitat in Germaniae floribus.

42. L. *collaris*, thorace globoso abdomineque rubris, elytris nigris. *Fabric.* E. S. II. n. 51. *Schaeffer* Ic. Inf. Ratisb. tab. 58. fig. 9.

Habitat in Germaniae floribus.

43. L. *virginea*, thorace globoso nigro, elytris violaceis abdomine rufo. *Fabric.* E. S. II. n. 52

Habitat in floribus.

LXXIX. Necydalis (*Fliegenkäfer*) *Fabric.* Gen. Inf. p. 46.

Palpi quatuor filiformes. Maxilla unidentata. Labium membranaceum late emarginatum. Antennae filiformes.

1. N. *thalassina*, thorace canaliculato, corpore viridi, pedibus nigris. *Fabric.* E. S. II. n. 1. *Panzer* faun. germ. V. 15.

   Habitat in floribus. (Variat colore inprimis thoracis.)

2. N. *viridissima*, thorace teretiusculo, corpore viridi, pedibus anticis testaceis. *Fabric.* E. S. II. n. 2. *Degeer* Inf. V. n. 4. tab. 1. fig. 13.

   Habitat in hortis.

3. N. *caerulescens*, thorace teretiusculo, corpore caeruleo subopaco. *Fabric.* E. S. II. n. 3.

   Habitat in Germania.

4. N. *virescens*, thorace inaequali, corpore virescenti obscuro, antennis pedibusque nigris. *Fabric.* E. S. II. n. 4.

   Habitat in Germania.

5. N. *cyanea*, thorace ovato cyanea antennis pedibusque nigris. *Fabric.* E. S. II. n. 5.

   Habitat in Germania.

6. N.

6. N. *sanguinicollis*, thorace teretiusculo rufo, corpore fusco. *Fabric.* E. S. II. n. 6.

Habitat Halae Saxonum.

7. N. *seladonia*, thorace inaequali, corpore viridi nitidulo, elytris apice incrassatis caeruleis. *Fabric.* E. S. II. n. 8.

Habitat in Germania.

8. N. *ruficollis*, thorace teretiusculo abdomineque rufis, capite elytrisque viridi aeneis. *Fabric.* E. S. II. n. 9.

Habitat in Germania.

9. N. *atra*, elytris subulatis atra femoribus omnibus clavatis. *Fabric.* E. S. II. n. 11.

Habitat in Germania.

10. N. *melanocephala*, nigra thorace abdomineque fulvis, elytris testaceis. *Fabric.* E. S. VI. app. p. 453.

Habitat in Germania.

11. N. *humeralis*, elytris subulatis nigris basi flavis. *Fabric.* E. S. II. n. 12.

Habitat in Germania.

12. N. *ustulata*, nigra elytris basi suturaque late testaceis. *Fabric.* E. S. II. n. 13. *Schrank* inf. austr. n. 319.

Habitat in Germania. (Femina differt a mare thorace testaceo, elytrisque apice tantum nigris.)

13. N. *melanura*, nigra thorace elytrisque testaceis, his apice nigris. *Fabric.* E. S. II. n. 14.

Habitat in Germania.

14. N. *notata*, capite thoraceque ferrugineis, elytris testaceis apice nigris. *Fabric.* E. S. II. n. 15.

Habitat in Germania.

15. N. *fulvicollis*, atra thorace anoque fulvis, elytris subcaerulescentibus. *Fabric.* E. S. II. n. 16.

Habitat in Germania.

16. N. *collaris*, atra thorace abdomineque flavis, elytris testaceis apice nigris.

Habitat in Germania. (Caput atrum. Antennae atrae articulo primo rufo. Pectus atrum. Abdomen flavum apice nigrum.)

17. N. *flavicollis*, atra thorace flavo punctis tribus impressis, elytris obscure caerulescentibus lineis tribus elevatis, pedibus fuscis. *Panzer* faun. germ. XXIV. 18.

Habitat in Germania.

18. N. *rufa*, elytris subulatis nigra, femoribus omni-

omnibus clavatis, elytris antennisque rufis. *Fabric.* E. S. II. n. 17. *Schäffer* Ic. Inf. Ratisb. tab. 94. fig. 8.

Habitat in Germania.

19. N. *adusta*, atra capite thoraceque nigris elytris fubulatis teftaceis apice nigris.

Habitat in Germania.

20. N. *femorata*, atra elytris fubulatis teftaceis margine omni nigro, femoribus pofticis clavatis.

Habitat in Germania.

21. N. *caerulea*, elytris fubulatis caerulea, femoribus pofticis clavatis arcuatis. *Fabric.* E. S. II. n. 19. *Sulzer* hift. Inf. p. 48. tab. 6. fig. 2.

Habitat in Germania. (Variat pedibus fimplicibus.)

22. N. *Podagrariae*, elytris fubulatis teftaceis, corpore nigro, femoribus pofticis clavatis bafi teftaceis. *Fabric.* E. S. II. n. 20.

Habitat in Germania.

23. N. *flavipes*, nigra elytris attenuatis virefcentibus, femoribus pofticis incraffatis arcuatis. *Fabric.* E. S. II. n. 22.

Habitat in Germania.

24. N. *testacea*, nigra thorace elytris testaceis, pedibus rufis. *Fabric.* E. S. II. n. 23.

Habitat in Germania.

25. N. *glaucescens*, elytris subulatis glaucis, corpore nigro, abdomine incisuris albis. *Fabric.* E. S. II. n. 24. *Schäffer* Ic. Inf. Ratisb. tab. 94. fig. 7.

Habitat in Germania.

26. N. *simplex*, elytris subulatis testaceis, pedibus simplicibus. *Fabric.* E. II. n. 25.

Habitat in Germania, forte variet. sexus *N. Podagrar.*)

LXXX. Molorchus (*Halbkäfer*) *Fabric.* Ent. syst. Gen. 92. p. 356.

Palpi quatuor inaequales filiformes. Maxilla membranacea bifida. Labium membranaceum bifidum. Antennae setaceae.

1. M. *abbreviata*, elytris dimidiatis ferrugineis immaculatis, antennis brevibus. *Fabric.* E. S. II. n. 1. *Schäffer* Ic. Inf. Ratisb. tab. 10. fig. 10. 11.

Habitat in Germaniae floribus.

2. M.

2. M. *dimidiata*, elytris dimidiatis testaceis apice lineola alba, antennis longis. *Fabric.* E. S. II. n. 3. *Schäffer* Ic. Inf. Ratisb. tab. 95. fig. 5.
Habitat in Germaniae hortis.

3. M. *umbellatarum*, elytris dimidiatis testaceis immaculatis, antennis longis. *Fabric.* E. S. II. n. 4. *Schäffer* Ic. Inf. Ratisb. tab. 95. fig. 4.
Habitat in Germaniae floribus. (Praecedente duplo minor.)

LXXXI. Spondylis (*Waldkäfer*) *Fabric.* Gen. Inf. p. 45.

Palpi quatuor filiformes. Maxilla conica crassa integra. Labium corneum bifidum. Antennae moniliformes.

1. S. *Impressoides*, thorace subgloboso. *Fabric.* E. S. II. n. 1. *Voet* Coleopt. II. tab. 41. fig. VI. VII.
Habitat in Germania.

LXXXII. Sinodendron (*Sägekäfer*) *Fabric.* Ent. syst. Gen. n. 94. p. 358.

Palpi filiformes inaequales. Maxilla unidentata. Labium filiforme corneum, apice palpigerum. Antennae lamellatae.

1. S. *cylindricum*, thorace antice truncato quinquedentato, capitis cornu recto. *Fabric.* E. S. II. n. 1. *Panzer* faun. germ. I. 1. II. 9.
   Habitat in truncis arborum. (Femina mutica.)

2. S. *muricatum*, thorace muricato gibbo, elytris ante apicem bispinosis. *Fabric.* E. S. II. n. 2. *Herbst* N. d. K. V. n. 4. tab. 46. fig. 10. g. G. *Ligniperda muricatus.*
   Habitat in Citro medica et aurantio Austriae. (Vid. *Hellwig* apud *Rossi* n. 92.)

3. S. *chalcographum*, atrum elytris praemorso dentatis rufis. *Fabric.* E. S. II. n. 5. *Bostrichus chalcographus.* *Panzer* faun. germ. XV. 4.
   Habitat in Germaniae lignis. (Magnitudine atque colore variat.)

LXXXIII. Apate (*Splintkäfer*) *Fabric.* Gen. Inf. p. 11.

Palpi filiformes aequales. Maxilla unidentata. Labium membranaceum truncatum. Antennae perfoliatae.

1. A. *hamatus*, elytris ante apicem unifpinofis, thoracis margine antico bihamato dentato. *Fabric.* E. S. II. n. 3.

Habitat in Saxoniae lignis.

2. A. *Capucinus*, niger elytris abdomineque rufis, thorace emarginato retufo. *Fabric.* E. S. II. n. 7. *Geoffr.* Inf. T. I. n. 1. p. 302. tab. 5. fig. 1. *Herbft* N. d. K. V. n. 1. tab. 46. fig. 7.

Habitat in Germaniae truncis emortuis. (Emendetur *Herbftii* menfura huius. *A. Cap.* gigantea, in *lineas*, loco unciar. l. c. p. 35.)

3. A. *difpar*, ater thorace gibbo antice fcabro, tibiis teftaceis. *Fabric.* E. S. II. n. 11.

Habitat in Germaniae truncis. (Vid. *Kugelann* in *Schneid.* prompt. IV. n. 3. p. 494.)

4. A. *Signatus*, niger thorace teftaceo: punctis duobus lineolaque media nigris, elytris pallidis, linea poftica nigra. *Fabric.* E. S. II. n. 12.

Habitat in Germania.

5. A. *limbatus*, ater elytris integris pallidis, margine omni nigris. *Fabric.* E. S. II. n. 13. *Herbst* N. d. K. V. n. 3. tab. 48. fig. 3. c. *Archiv.* IV. n. 7. tab. 20. fig. 11. *Bostrichus limbatus.*

Habitat in lingno antiquo carioso.

6. A. *Tiliae*, fuscus subhirsutus, elytris integris punctato striatis, thorace gibbo, medio plaga rufescente scabra. *Panzer* faun. germ. VIII. 14.

Habitat in Tiliae iunioribus truncis, quos devastat. (*Herbst.* figura N. d. K. V. tab. 48. fig. 5. multum ab illa faunae l. c. abludit. Ad Bostrich. revocand.)

7. A. *linearis*, niger elytris integris punctatis, thorace scabro, antennis, ore palpisque flavescentibus. *Kugelann* in *Schneid.* prompt. IV. n. 4. p. 495.

Habitat Osterodae.

LXXXIV. Bostrichus (*Borkenkäfer*). *Fabric.* Gen. Inf. p. 14.

Maxilla cornea. Labium cylindricum integrum apice palpigerum. Antennae clava solida.

1. B. *cylindrus*, cylindricus ater elytris striatis apice

apice villosis dentatis, pedibus compressis testaceis. *Fabric.* E. S. II. n. 2. *Panzer* faun. germ. XV. 1. *Herbst* N. d. K. V. n. 1. tab. 49. fig. 3. C. *Platypus cylindrus.*

Habitat in Quercus truncis putridis.

2. B. *Typographus,* testaceus pilosus elytris striatis retusis praemorso dentatis. *Fabric.* E. S. II. n. 3. *Panzer* faun. germ. XV. 2. *Herbst* N. d. K. V. n. 1. tab. 48. fig. 1. 8. *Kob* Naturg. d. Forlphal. tab. III.

Habitat intra cortices arborum coniferarum labyrinthos daedaleos pulvere repletos formans. (Variat colore et magnitudine. Necroseos arborum effectus nec causa.)

3. B. *Laricis,* niger elytris retusis praemorso dentatis, pedibus piceis. *Fabric.* E. S. II. n. 4. *Panzer* faun. germ. XV. 3.

Habitat sub cortice Pini Laricis Germaniae.

4. B. *Poligraphus,* nigricans elytris glaucis obtusiusculis. *Fabric.* E. S. II. n. 6. *Panzer* faun. germ. XV. 5.

Habitat in truncis arborum iunioribus.

5. B. *Monographus,* nigricans thorace ruso, elytris apice retuso dentatis. *Fabric.* E. S. II. n.

7.

7. *Herbst* N. d. K. V. 12. tab. 47. fig. 12. l. *B. tuberculosus.*

Habitat in Germaniae arboribus.

6. B. *Micrographus*, ferrugineus elytris integris testaceis. *Fabric.* E. S. II. n. 8.

Habitat in Germaniae arboribus.

7. B. *Scolytus*, glaber nigricans elytris truncatis integris, abdomine retuso, fronte villoso cinerascente. *Fabric.* E. S. II. n. 9. *Panzer* faun. germ. XV. 6. *Herbst* N. d. K. V. n. 1. tab. 49. fig. 1. a. *Ekkoptogaster Scolytus.*

Habitat in arboribus iam necrosi infectis.

8. B. *crenatus*, glaber ater elytris integris crenato striatis. *Fabric.* E. S. II. n. 10. *Panzer* faun. germ. XV. 7.

Habitat in Germaniae Fraxino.

9. B. *pygmaeus*, ater nitidus elytris integris rufis, abdomine retuso. *Fabric.* E. S. II. n. 13.

Habitat sub cortici Pyri Mali.

10. B. *ligniperda*, villosus nigricans tibiis quatuor posticis serratis. *Fabric.* E. S. II. n. 14.

Habitat in Germania.

11. B. *abietinus*, villosus niger elytris laevibus piceis. *Fabric.* E. S. II. n. 15.

Ha-

Habitat in Germaniae Abiete.

12. B. *villosus*, villosus piceus pedibus testaceis. *Fabric.* E. S. II. n. 16. *Panzer* faun. germ. XV. 8.

Habitat sub corticibus arborum.

13. B. *piniperda*, subvillosus niger elytris crenato striatis plantis rufis. *Fabric.* E. S. II. n. 17. *Panzer* faun. germ. XV. 9.

Habitat in ramulis Pini inferioribus, quos perforat, exsiccat, destruit.

14. B. *bidentatus*, niger coleoptris fuscis apice retusis bidentatis. *Herbst* Archiv IV. n. 6. tab. 20. fig. 10. N. d. K. V. n. 7. tab. 48. fig. 7. f.

Habitat in truncis arborum Germaniae. (A *Sinodendr. muric.* et *B. bidenti* F. omnino diversus.)

15. B. *angustatus*, ater thorace cylindrico punctato, elytris integris crenato striatis, tibiis dentatis. *Herbst* N. d. K. V. n. 9. tab. 48. fig. 9. h.

Habitat sub cortice Pini sylvestr. (Tibiae omnino dentatae. Thorax punctatus laevis carina dorsali glaberrima.)

16. B. *dispar*, obscure castaneus, thorace orbiculato, elytris obsolete punctato striatis. *Herbst* N. d. K. V. n. 11. tab. 48. fig. 11. k.

Ha-

Habitat in Germania.

17. B. *Aesculi*, niger elytris integris striatis pilosis subcinereis, antennis ferrugineis. *Kugelann* in *Schneid.* prompt. V. n. 16. p. 525.

Habitat et Osterodae.

18. B. *micans*. niger flavo pilosus, elytris integris striatis, antennis tarsisque ferrugineis. *Kugelann* l. c. n. 12. p. 523. *Herbst* N. d. K. V. n. 5. tab. 48. fig. 5.

Habitat Osterodae. (B. *lignip.* *Fabric.* duplo maior, et maximus in hoc genere.)

19. B. *thoracicus*, nigricans, thorace atro globoso antice scabro, elytris fuscis integris punctato striatis, antennis pedibusque piceis.

Habitat in Germania.

20. B. *serratus*, piceus thorace ferrugineo antice scabro, elytris laevibus testaceis.

Habitat in Germania.

21. B. *brevis*, nigricans, thorace fusco scabro, elytris obscure ferrugineis punctatis substriatis, antennis pedibusque piceis.

Habitat in Germania.

22. B. *testaceus*, glaber testaceus, elytris laevibus longitudine abdominis. *Fabric.* E. S. II. n. 18.

Ha-

Habitat in Pini truncis.

23. B. *pubescens*, villosus niger, antennis pedibusque flavescentibus, fronte villosa. *Fabric.* E. S. II. n. 19. *Panzer* faun. germ. XV. 10.

Habitat in Germaniae ligno.

24. B. *melanocephalus*, villosus griseus capite nigro, pedibus flavescentibus. *Fabric.* E. S. II. n. 21. *Herbst* Nat. d. K. V. n. 14. tab. 48. fig. 14. n.

Habitat in Germania.

25. B. *bicolor*, thorace fusco, margine antice plicato, elytris antice fuscis postice nigris. *Herbst* N. d. K. V. n. 16. tab. 48. fig. 16. p.

Habitat in Austria.

26. B. *elongatus*, capite thoraceque punctato nigro, elytris obscure fuscis punctatis pilosis. *Herbst* N. d. K. V. n. 17. tab. 48. fig. 17. q.

Habitat in Germania.

27. B. *vittatus*, subvillosus fuscus elytris vitta abbreviata cinerea. *Fabric.* E. S. II. n. 22.

Habitat in Germania.

28. B. *minutus*, elytris integris glaber ater immaculatus. *Fabric.* E. S. II. n. 25. *Panzer* faun. germ. XV. 11.

Habitat in Germaniae truncis.

29. B. *bidens*, fuscus elytris apice retusis ante apicem unidentatis. *Fabric.* E. S. II. n. 24.

Habitat in Germaniae ligno.

LXXXV. Bruchus (*Muffelkäfer*) *Fabric.* Gen. Inf. p. 19.

Palpi aequales filiformes. Maxilla membranacea bifida. Labium acuminatum. Antennae filiformes.

1. B. *Pisi*, elytris nigris albo maculatis, podice albo, punctis binis nigris. *Fabric.* E. S. II. n. 5. *Lederm.* microsc. T. II. tab. 99. fig. 2.

Habitat in Pisi et Vic. fabae seminibus, quae destruit.

2. B. *marginellus*, niger elytris cinereis: maculis tribus nigris margine connexis. *Fabric.* E. S. II. n. 10.

Habitat in Germania.

3. B. *bipunctatus*, cinereus elytris fuscis, puncto baseos ocellari atro. *Fabric.* E. S. II. n. 12. *Sulzer* hist. inf. tab. 4. fig. 2.

Habitat in Germaniae plantis.

4. B.

4. B. *granarius*, elytris nigris atomis albis, femoribus posticis unidentatis. *Fabric.* E. S. II. n. 15.

Habitat in plantarum seminibus.

5. B. *Cisti*, ater immaculatus femoribus muticis. *Fabric.* E. S. II. n. 16.

Habitat in Cisto helianthemo.

6. B. *suturalis*, niger sutura elytrorum flavescente. *Fabric.* E. S. II. n. 17.

Habitat in Austria.

7. B. *seminarius*, ater antennarum basi pedibusque anticis testaceis, femoribus muticis. *Fabric.* E. S. II. n. 19.

Habitat in Austria.

8. B. *villosus*, villosus cinereus immaculatus. *Fabric.* E. S. II. n. 20.

Habitat in Germania.

9. B. *rufipes*, niger obscurus antennis pedibusque rufis, femoribus posticis incrassatis nigris. *Fabric.* E. S. II. n. 21.

Habitat in Austria. (Femora postica mutica.)

10. B. *luteicornis*, nigricans, antennis pedibusque flavis, femoribus posticis incrassatis dentatis nigris.

gris. *Hellwig* in *Schneid.* prompt. V. n. 22. p. 619. *Panzer* faun. germ. XXV. 23.

Habitat Brunsvigiae.

11. B. *imbricornis*, ater elytris atomis albis, thorace antice attenuato, antennis pedibusque flavis. *Panzer* faun. germ. XXV. 24.

Habitat in Germania. (Femora basi nigra. Antennae articulis imbricatis.)

12. B. *flavicornis*, antennis pectinatis flavis, corpore atro, pedibus testaceis. *Fabric.* E. S. II. n. 24.

Habitat Halae Saxonum.

LXXXVI. Anthribus (*Bürstenkäfer.*) *Fabric.* Ent. syst. Gen. n. 98. p. 375.

Palpi quatuor aequales filiformes. Maxilla brevissima bifida. Labium bifidum. Antennae articulis subaequalibus, ultimis tribus ovatis, longioribus crassioribus; ultimo acuto, insidentes rostro brevi plano.

1. A. *albinus*, niger fronte anoque albis, thorace tuberculato. *Fabric.* E. S. II. n. 1. *Panzer* faun. germ. III. 16.

Habitat in Germania.

2. A. *latirostris*, rostro latissimo plano, elytris apice

apice albis, punctis duobus nigris. *Fabric.* E. S. II. n. 2. *Panzer* faun. germ. XV. 12.

Habitat in truncis putridis Betulae, Fagi, Fraxin.

3. A. *albirostris*, rostro latissimo plano elytrisque postice albis nigro variis. *Fabric.* E. S. II. n. 3. *Panzer* faun. germ. XV. 13.

Habitat in Betulae et Salic. iun. truncis.

4. A. *planirostris*, rostro plano latissimo nigro aeneus, rostro pedibusque testaceis. *Fabric.* E. S. II. n. 5. *Panzer* faun. germ. XV. 14.

Habitat in Betula et Hippocastano Germaniae.

5. A. *ruficollis*, nigro aeneus capite thoraceque rufis, elytris atro caeruleis punctato striatis, pedibus testaceis. *Panzer* faun. germ. XXIV 19.

Habitat in Germania.

6. A. *scabrosus*, niger elytris elevato striatis rufis, punctis nigris sparsis. *Fabric.* E. S. II. n. 6. *Panzer* faun. germ. XV. 15.

Habitat in Germaniae Salice.

7. A. *varius*, elytris nigris, punctis albis nigrisque alternis striatis. *Fabric.* E. S. II. n. 8. *Panzer* faun. germ. XV. 16.

Habitat in Germaniae plantis.

8. A. *sepicola*, cinereo fuscoque varius, punctis elevatis pilosis. *Fabric.* E. S. II. n. 9.

Habitat in Germania.

9. A. *undulatus*, obscurus ater, strigis obsoletis transversis cinereis.

Habitat in Germania.

LXXXVII. Attelabus (*Afterrüsselkäfer*) *Fabric.* Gen. Ins. p. 42.

Palpi filiformes. Maxilla bifida. Labium corneum palpos tegens. Antennae moniliformes rostro insidentes.

1. A. *Coryli*, niger elytris rufis reticulatis. *Fabric.* E. S. II. n. 1. *Degeer* Ins. V. n. 46. tab. 8. fig. 3.

Habitat in Germaniae Corylo. (Variat pedibus rubris. *Attel. Avellanae.*)

2. A. *intermedius*, elytris rubris nitidis punctato striatis, corpore capite thorace pedibusque nigris. *Hellwig* in *Schneid.* prompt. V. n. 19. p. 615. *Panzer* faun. germ. XXV. 22.

Habitat in Corylo. (Vid. *Hellwig* apud *Rossi* n. 349.)

3. A.

3. A. *curculionoides*, niger, thorace elytrisque rubris. *Fabric.* E. S. II. n. 12. *Schäffer* Ic. Inſ. Ratisb. tab. 75. fig. 8.

Habitat in Corylo, Salice, Germaniae.

4. A. *pubeſcens*, violaceus hirtus roſtro atro. *Fabric.* E. S. II. n. 14.

Habitat in Germania.

5. A. *Bacchus*, aureus roſtro plantisque nigris. *Fabric.* E. S. II. n. 15. *Panzer* faun. germ. XX. 5.

Habitat in Germaniae Vite vinifera, quam deſtruit, et in Corylo, Salice. (Femina thorace ſpinoſo gaudet.)

6. A. *Betuleti*, corpore viridi aurato ſubtus concolore. *Fabric.* E. S. II. n. 16. *Panzer* faun. germ. XX. 6.

Habitat in Betula, Corylo et in Vite. (Alter ſexus thoracem antrorſum ſpinoſum gerit. Variat ſaepe colore caeruleo.)

7. A. *Populi*, corpore viridi ignito, ſubtus atro caeruleſcente. *Fabric.* E. S. II. n. 17. *Panzer* faun. germ. XX. 7.

Habitat in Populo tremula, Betula, Salice. (Thorax ſpinoſus feminae.)

8. A. *aequatus*, cupreo niger elytris rufis. *Fabric.* E. S. II. n. 20. *Panzer* faun. germ. XX. 8.
Habitat in Germaniae Salicibus.

9. A. *caeruleocephalus*, violaceus nitens thorace elytrisque testaceis. *Fabric.* E. S. II. n. 21. *Schaller* in act. soc. nat. cur. hal. I. p. 282.
Habitat in Crataego Saxoniae.

10. A. *cupreus*, obscure aeneus subtus obscurior. *Fabric.* E. S. II. n. 22. *Panzer* faun. germ. XX. 9.
Habitat in Germaniae Betula, Corylo.

11. A. *aeneus*, niger elytris aeneis. *Fabric.* E. S. II. n. 23.
Habitat in Austria.

12. A. *tristis*, niger obscurus elytris striatis cyaneis. *Fabric.* E. S. VI. app. p. 454.
Habitat in Germania. (Magnitudo *A. Populi.*)

13. A. *sellatus*, obscurus elytris striatis cinereis, fascia media lata atra. *Fabric.* E. S. VI. app. p. 454.
Habitat in Germania.

14. A. *fuscirostris*, griseus pedibus rufis, rostro femoribusque basi nigris. *Fabric.* E. S. II. n. 24.
Habitat in Germania.

15. A.

15. A. *cuprirostris*, viridiaeneus elytris striatis, rostro cupreo. *Fabric.* E. S. II. n. 25.

Habitat in Germaniae Betula.

16. A. *Alliariae*, pubescens cyaneus elytris striatis. *Fabric.* E. S. II. n. 27.

Habitat in Erysimo Alliaria.

17. A. *Craccae*, niger obscurus elytris striatis obscure caeruleis, rostro apice depresso. *Fabric* E. S. II. n. 28. *Panzer* faun. germ. XX. 10.

Habitat in Germaniae Viciis.

18. A. *Sorbi*, ater elytris striatis obscure caerulescentibus, rostro arcuato longitudine abdominis. *Fabric.* E. S. II. n. 29. *Panzer* faun. germ. XX. 11.

Habitat in Sorbo aucuparia, et Pomonae floribus.

19. A. *cyaneus*, ater elytris cyaneis nitidulis. *Fabric.* E. S. II. n. 30. *Panzer* faun. germ. XX. 12.

Habitat in Alcea Rosea Germaniae.

20. A. *globosus*, gibbus supra ater subtus cinereus. *Fabric.* E. S. II. n. 31.

Habitat in Germaniae plantis.

21. A. *Malvae*, griseus elytris pedibusque testaceis. *Fabric.* E. S. II. n. 92.

Habitat in Germaniae plantis.

22. A. *flavipes*, ater femoribus luteis. **Fabric.** E. S. II. n. 33. **Panzer** faun. germ. XX. 13.

Habitat in Salice, Populo, primo vere.

23. A. *purpureus*, purpureus nitens rostro longissimo. *Fabric.* E. S. II. n. 34.

Habitat in Germania. (An satis a sequenti distinctus?)

24. A. *frumentarius*, sanguineus elytris crenato striatis. *Fabric.* E. S. II. n. 35. **Panzer** faun. germ. XX. 14.

Habitat in frumento diutius asservato.

25. A. *vernalis*, nigricans elytris cinereis, fasciis duabus nigris, pedibus rufis. **Fabric.** E. S. II. n. 36.

Habitat in Germaniae Urtica, primo vere.

26. A. *Betulae*, pedibus saltatoriis corpore atro. *Fabric.* E. S. II. n. 37. **Panzer** faun. germ. XX. 15. **Voet** Coleopt. II. tab. 34. fig. V.

Habitat in Betulae foliis quae rodendo pulchre crispa reddit.

LXXXVIII.

LXXXVIII. Rhinomacer (*Dickkäfer*) *Fabric.* Gen. Inſ. p. 55.

Palpi quatuor extrorſum craſſiores, articulo ultimo truncato. Antennae ſetaceae roſtro inſidentes.

1. R. *curculioides*, villoſo griſeus antennis pedibusque nigris. *Fabric.* E. S. II. n. 1. *Panzer* faun. germ. XII. 8.
Habitat in Germaniae ſepibus.

LXXXIX. Curculio (*Rüſſelkäfer*) *Fabric.* Gen. Inſ. p. 41.

Palpi quatuor filiformes. Maxilla cylindrica unidentata. Antennae clavatae: articulo primo longiſſimo, inſidentes roſtro corneo.

* *Longiroſtres femoribus ſimplicibus.*

1. C. *Pini*, longiroſtris elytris ruſeſcentibus, faſciis nebuloſis. *Fabric.* E. S. II. n. 21. *Schäffer* Ic. Inſ. Ratisb. tab. 25. fig. 7.
Habitat in Germaniae Pino. (Forte mera varietas ſexus C. *Abietis?*)

2. C. *Iaceae*, longiroſtris niger cinereo irroratus, elytris puncto baſeos diſtincto. *Fabric.* E. S. II. n. 24. *Panzer* faun. germ. XVIII. 2.

Habitat

Habitat in Centaur. Iacea.

3. C. *planus*, longirostris niger immaculatus rostro cylindrico, elytris striatis. *Fabric.* E. S. II. n. 25.

Habitat in Germania.

4. C. *Colon*, longirostris griseus elytris puncto albo. *Fabric.* E. S. II. n. 29. *Herbst* Archiv. IV. n. 3. tab. 24. fig. 1.

Habitat in Germania.

5. C. *bimaculatus*, longirostris fuscus, elytris puncto cinereo, rostro pedibusque atris. *Fabric.* E. S. II. n. 30.

Habitat in Germania.

6. C. *punctum*, longirostris ater, elytris striatis, puncto medio albo, antennis pedibusque rubris. *Fabric.* E. S. II. n. 31.

Habitat in Germania.

7. C. *bilineatus*, longirostris fuscus, elytris lineis duabus punctorum alborum. *Fabric.* E. S. II. n. 33.

Habitat in Germania.

8. C. *tessellatus*, longirostris cinereus, elytris apice striis albis nigro punctatis. *Fabric.* E. S. II. n. 36.

Habitat in Germania.

9. C.

9\. C. *abbreviatus*, longirostris ater thorace plano punctato, elytris abbreviatis substriatis. *Fabric.* E. S. II. n. 37.

Habitat in Germania.

10\. C. *Equiseti*, longirostris thorace laevi, elytris muricatis nigris: punctis duobus apiceque albis. *Fabric.* E. S. II. n. 39. *Herbst* Archiv. IV. n. 5. tab. 20. fig. 8.

Habitat in Germaniae Equiseto.

11\. C. *atrirostris*, longirostris cinereus rostro arcuato atro. *Fabric.* E. S. II. n. 42.

Habitat in Germania.

12\. C. *aeneus*, longirostris niger elytris aeneis. *Fabric.* E. S. II. n. 46.

Habitat in Austria.

13\. C. *Pruni*, longirostris ater antennis ferrugineis, thorace bituberculato. *Fabric.* E. S. II. n. 50.

Habitat in Cerasi foliis.

14\. C. *Armeniacae*, longirostris ater immaculatus elytris crenato striatis. *Fabric.* E. S. II. n. 51.

Habitat in Germania.

15\. C. *Camelus*, longirostris fuscus thorace elytrisque tuberculatis, rostro apice rufo. *Fabric.* E. S. II. n. 52.

Habitat in Germaniae hortis.

16\. C.

16. C. *quadrituberculatus*, longirostris thorace quadrituberculato nigro, elytris striatis cinereo variegatis. *Fabric.* E. S. II. n. 53.

Habitat in Germania.

17. C. *quadridens*, longirostris cinereo tomentosus, coleoptris striatis basi apiceque bituberculatis.

Habitat in Germania. (Thorax tuberculatus margine antico elevato. Rostrum atrum. Antennae ferrugineae.)

18. C. *Campanulae*, longirostris ovatus niger elytris striatis obtusis. *Fabric.* E. S. II. n. 55.

Habitat in Campanulae rotundifol. pericarpiis.

19. C. *nigrirostris*, longirostris viridis rostro atro. *Fabric.* E. S. II. n. 56. *Herbst* Archiv. IV. n. 8. tab. 24. fig. 3.

Habitat in Germania.

20. C. *variabilis*, longirostris subtestaceus thorace viridi lineato, rostro apice fusco. *Fabric.* E. S. II. n. 57.

Habitat in Germania. (Varietas praecedentis, ut videtur.)

21. C. *Salicariae*, longirostris niger antennarum

basi,

basi, coleoptrorum disco tibiisque testaceis. *Fabric.* E. S. II. n. 59. *Panzer* faun. germ. XVII. 4.

Habitat in Lythri Salicariae floribus.

22. C. *Pseudacori*, longirostris supra niger thoracis lateribus ferrugineis, elytris striatis, sutura basi alba. *Fabric.* E. S. II. n. 61. *Panzer* faun. germ. XVII. 5.

Habitat in Germaniae plantis aquaticis.

23. C. *Castor*, longirostris ovatus thorace tuberculato, coleoptris striatis, sutura basi albida, pedibus rufis. *Fabric.* E. S. II. n. 62.

Habitat in Germania.

24. C. *pericarpius*, longirostris subglobosus nebulosus elytrorum sutura basi alba. *Fabric.* E. S. II. n. 63. *Herbst* Archiv. IV. n. 9. tab. 24. fig. 4.

Habitat in Scrophulariis.

25. C. *Commari*, longirostris cinereo nebulosus, coleoptris striatis, antennis tibiisque piceis.

Habitat in Germania.

26. C. *Sisymbrii*, longirostris albo fuscoque varius, elytris puncto baseos elevato atro, rostro nigro. *Fabric.* E. S. II. n. 66. *Panzer* faun. germ. XVII. 6.

Habitat

Habitat in Germaniae Sisymbrio amphibio.

27. C. *Linariae*, longirostris ater cinereo tomentosus, elytris sulcatis, rostro depresso. *Panzer* faun. germ. XXVI.

Habitat in Germaniae Antirrhini Linariae radicibus, metamorphosin ibidem in folliculis gallisormibus subiens.

28. C. *bipunctatus*, longirostris villosus cinereus, elytris macula media fusca. *Fabric*. E. S. II. n. 68.

Habitat in Germania.

29. C. *Carpini*, longirostris villosus virescens rostro nigro, pedibus testaceis. *Fabric*. E. S. II. n. 69.

Habitat in Germania.

30. C. *Erysimi*, longirostris niger thorace bituberculato virescente, elytris cyaneis. *Fabric*. E. S. II. n. 70. *Panzer* faun. germ. XVII. 7.

Habitat in Germania.

31. C. *quadrimaculatus*, longirostris nigricans coleoptris maculis quatuor albidis. *Fabric*. E. S. II. n. 71.

Habitat in Germania.

32. C. *unifasciatus*, longirostris supra fuscus elytris fascia media cinerea. *Fabric*. E. S. II. n. 72.

Habitat Halae Saxonum.

33. C.

33. C. *Lythri*, longirostris ater, elytris fascia media abbreviata punctoque postico albis, pedibus flavis. *Fabric.* E. S. II. n. 73. *Panzer* faun. germ. XVII. 8.

Habitat in Lythri floribus.

34. C. *bifasciatus*, longirostris niger elytris fasciis duabus cinereis, baseos maiore undata. *Fabric.* E. S. II. n. 74.

Habitat in Germania.

35. C. *acridulus*, longirostris niger antennis pedibusque piceis, abdomine ovato. *Fabric.* E. S. II. n. 75. *Herbst* Archiv. IV. n. 24. tab. 24. fig. 12.

Habitat in floribus tetradynamis.

36. C. *scabratus*, longirostris fuscus thorace tuberculato, elytris scabris, pedibus piceis. *Fabric.* E. S. II. n. 76.

Habitat in Germania.

37. C. *Alauda*, longirostris supra ater thorace bituberculato margineque antico elevato. *Fabric.* E. S. II. n. 77.

Habitat in Germania.

38. C. *dorsalis*, longirostris elytris rubris, sutura dimidiata nigra. *Fabric.* E. S. II. n. 78.

Habitat in Germaniae Ranunculo Ficaria.

39. C. *Quercus*, longirostris cinereus, thoracis

dorſo fuſco, elytris teſtaceis cinereo undatis. *Fabric* E. S. II. n. 79.

Habitat in Germaniae Quercu.

40. C. *ſuturalis*, longiroſtris ovatus fuſcus, linea longitudinali alba. *Fabric*. E. S. II. n. 80.

Habitat in Germaniae Salice.

41. C. *Crux*, longiroſtris ater, thorace punctis duobus baſeos, elytris ſutura punctisque ſparſis albis. *Fabric*. E. S. II. n. 81.

Habitat Hamburgi.

42. C. *Lemnae*, longiroſtris ater roſtro apice plano, elytris ſtriatis. *Fabric*. E. S. II. n. 82. *Panzer* faun. germ. XVII. 10.

Habitat in Germaniae Lemna.

43. C. *venuſtus*, longiroſtris fuſcus thorace elytrisque albo lineatis, pedibus teſtaceis. *Fabric*. E. S. II. n. 84. *Herbſt* Archiv. V. n. 32. p. 74. C. *albovittatus*.

Habitat in Germania.

44. C. *parallelus*, longiroſtris albidus, thorace elytrisque fuſco teſtaceis, vittis tribus candidis, his duplicatis parallelis. *Panzer* faun. germ. XVIII. 5.

Habitat in Germania. (*Voet* Caleopt. II. tab.

tab. 35. fig. 7. eundem Curc. sistit, lente vero auctum.)

45. C. *Plantaginis*, longirostris elytris cinereis, macula media fusca. *Fabric*. E. S. II. n. 85. *Degeer*. Ins. V. n. 24. tab. 7. fig. 17. 18.

Habitat in Germaniae Plantagine.

46. C. *Rumicis*, longirostris griseus nigro nebulosus antennis fuscis. *Fabric*. E. S. II. n. 86. *Degeer*. Ins. V. n. 20. tab. 7. fig. 10. 11.

Habitat in Germaniae Rumice.

47. C. *adspersus*, longirostris griseus thorace nigro cinereo lineato, elytris punctis nigris tessellatis. *Fabric*. E. S. II. n. 87.

Habitat in Germania.

48. C. *granarius*, longirostris piceus thorace punctato longitudine elytrorum. *Fabric*. E. S. II. n. 88. *Panzer* faun. germ. XVII. 11.

Habitat in Granariis.

49. C. *paraplecticus*, longirostris cylindricus subcinereus elytris mucronatis. *Fabric*. E. S. II. n. 91. *Panzer* faun. germ. VI. 15. *Voet* Coleopt. II. tab. 37. fig. 20. 21. 22.

Habitat larva intra caulem umbelliferarum aquaticarum.

50. C. *anguinus*, longiroſtris cylindricus canus fuſco linearus. *Fabric.* E. S. II. n. 92. *Panzer* im Naturf. XXIV. n. 26. tab. 1. fig. 26.

Habitat in Germania (Omnino diverſus a praecedenti, nunc ipſo Illuſtr. *Fabricio* annuente, quem dedi.)

51. C. *ferrugatus*, longiroſtris niger ferrugineo villoſus elytris obtuſis. *Fabric.* E. S. II. n. 96.

Habitat in Auſtria.

52. C. *brunneus*, longiroſtris brunneus, coleoptris punctato ſtriatis, apice punctis duobus elevatis, roſtro apice nigro. *Panzer* faun. germ. XXVI.

Habitat Mannhemii.

53. C. *filiformis*, longiroſtris cylindricus ſubcinereus, thorace lineis tribus fuſcis. *Fabric.* E. S. II. n. 102.

Habitat in Germania.

54. C. *ſignatus*, longiroſtris obſcure fuſcus, elytris ſtriato-punctatis, apice puncto ferrugineo.

Habitat in Germania.

55. C. *anguſtatus*, longiroſtris cylindricus ater, elytris obtuſis punctatis. *Fabric.* E. S. II. n. 106. *Herbſt* Archiv. IV. n. 18. tab. 24. fig. 7.

Ha-

Habitat in Germania.

56. C. *Bardanae*, longiroſtris cylindricus griſeo tomentoſus, pedibus anticis elongatis. *Fabric.* E. S. II. n. 107. *Panzer* faun. germ. XVIII. 3.

Habitat in Bardana Germaniae.

57. C. *Aſcanii*, longiroſtris cylindricus ater lateribus ſubcaeruleſcentibus. *Fabric.* E. S. II. n. 108. *Herbſt* Archiv. IV. n. 19. tab. 24. fig. 8.

Habitat in Germania.

58. C. *bicolor*, longiroſtris cylindricus ferrugineo fuſcus, thoracis elytrorumque margine flavo. *Panzer* faun. germ. XVIII. 4.

Habitat in Germaniae Pino ſylveſtri.

59. C. *Arctii*, longiroſtris ater ferrugineo irroratus, thoracis margine, elytrorumque puncto laterali albis. *Panzer* im Naturf. XXIV. n. 27. tab. I. fig. 27.

Habitat in Germaniae Carduis. (Roſtrum carinatum. Elytra punctato ſtriata. Abdomen cinereum punctis nigris.)

60. C. *linearis*, longiroſtris elongatus niger antennis pedibusque piceis, roſtro baſi attenuato. *Fabric.* E. S. II. n. 110. *Panzer* faun. germ. XVIII. 7.

Habitat in Germania.

61. C. *Chloris*, longirostris elongatus obscure aeneus, elytris viridibus striatis. *Panzer* faun. germ. XVIII. 8.

Habitat in Germania.

62. C. *Apsinthii*, longirostris elongatus ater subaeneus thorace pectoreque punctato, elytris striatis, clava antennarum cinerea. *Panzer* faun. germ. XVIII. 9.

Habitat in Germaniae Apsinthio.

63. C. *Artemisiae*, longirostris elongatus ater nitidus, thorace punctato, elytris striatis inter strias punctatis. *Panzer* faun. germ. XVIII. 10.

Habitat Brunsvigiae.

64. C. *deflexus*, longirostris ater, coleoptris striato-punctatis subacuminatis deflexis, antennis tarsisque piceis.

Habitat in Germania.

65. C. *crassipes*, longirostris femoribus anticis subclavatis, corpore atro. *Fabric.* E. S. II. n. 111.

Habitat in Germania.

66. C. *Atriplicis*, longirostris elongatus ater thorace nitido, elytris striatis obtusis. *Fabric.* E. S. II. n. 112.

Habitat in Germania.

67. C. *Pusio*, longirostris obscure ferrugineus, thorace antice reflexo; elytris striatis sutura atra.

Habitat in Germania.

68. C. *Lymexylon*, longirostris elongatus griseus thorace scabro, elytris striatis. *Fabric.* E. S. II. n. 113. *Panzer* faun. germ. XVIII. 11.

Habitat in ligno quercino Germaniae.

** *Longirostres femoribus dentatis.*

69. C. *Abietis*, longirostris femoribus dentatis niger elytris fasciis linearibus interruptis albis. *Fabric.* E. S. II. n. 144. *Schaeffer* Ic. Inf. Ratisb. tab. 25. fig. 1.

Habitat in Germaniae Pini sylvestris Cortice et Resina.

70. C. *binotatus*, longirostris femoribus dentatis fuscus, elytris subdepressis, pone medium puncto albo notatis. *Rossi* faun. etrusc. Mant. n. 97. p. 39.

Habitat in Austria.

71. C. *Lapathi*, longirostris femoribus bidentatis albo nigroque variis, thorace elytrisque muricatis. *Fabric.* E. S. II. n. 149. *Degeer* Inf. V. n. 16. tab. 7. fig. 1. 2.

Habitat in Germania.

72. C. *humeralis*, longirostris femoribus dentatis ater, elytris striatis, apice cinereo subfasciatis, puncto humerali tibiisque rubris, scutello albo.

Habitat in Germania.

73. C. *pectoralis*, longirostris femoribus dentatis ferrugineus, elytris crenato striatis, pectore oculis apiceque rostri atris.

Habitat in Germania.

74. C. *incurvus*, longirostris femoribus dentatis ater, elytris cinereo fasciatis, tibiis anticis incurvis.

Habitat in Germania.

75. C. *germanus*, longirostris femoribus dentatis ater, thorace punctis duobus testaceis. *Fabric.* E. S. II. n. 166. *Voet* Coleopt. II. tab. 38. fig. 34.

Habitat in Germania.

76. C. *Scrophulariae*, longirostris femoribus dentatis, thorace albido, coleoptris maculis duabus atris albae connatis. *Fabric.* E. S. II. n. 167. *Degeer* Inf. V. n. 3. tab. 6. fig. 17 - 20.

Habitat in Germaniae Scrophularia.

77. C. *Thapsus*, longirostris femoribus dentatis, coleoptris maculis duabus dorsalibus atris simplicibus. *Fabric.* E. S. II. n. 168.

Ha-

Habitat in Scrophulariis, Verbasco. (Mera variet. praeced.)

78. C. *Verbasci*, longirostris femoribus dentatis niger, thorace lateribus flavescentibus, elytris punctis albis nigrisque alternis striatis. *Fabric.* E. S. II. n. 169. *Voet* Coleopt. II. tab. 30. fig. 30.

Habitat cum praeced.

79. C. *Blattariae*, longirostris femoribus dentatis albidus, coleopteris nigro variis, macula dorsali baseos apicisque nigris. *Fabric.* E. S. II. n. 170. *Voet* Coleopt. II. tab. 38. fig. 32.

Habitat in Germania.

80. C. *Solani*, longirostris femoribus dentatis obscurus, elytris lineis elevatis nigris cinereo punctatis. *Fabric.* E. S. II. n. 171.

Habitat Halae Saxonum.

81. C. *clavatus*, longirostris femoribus dentatis rufus, elytris striatis pallido fasciatis, oculis antennarumque clava atris.

Habitat in Germania.

82. C. *quinquepunctatus*, longirostris femoribus dentatis, elytris sutura punctisque duobus albis. *Fabric.* E. S. II. n. 173. *Schaeffer* Ic. Inf. Ratisb. tab. 1. fig. 12. *Herbst* Archiv. IV. n. 40. tab. 24. fig. 18.

Habitat in Germaniae plantis.

83. C. *guttula*, longirostris femoribus dentatis, thorace tuberculato niger, elytris striatis, puncto postico albo. *Fabric.* E. S. II. n. 174.

Habitat Halae Saxonum.

84. C. *abbreviatulus*, longirostris femoribus dentatis fuscus atomis griseis irroratus, elytris abbreviatis. *Fabric.* E. S. II. n. 175.

Habitat Halae Saxonum.

85. C. *Echii*, longirostris femoribus dentatis niger thorace elytrisque albolineatis. *Fabric.* E. S. II. n. 176. *Panzer* faun. germ. XVIII. 12.

Habitat in Germaniae Echio vulgari.

86. C. *didymus*, longirostris femoribus dentatis supra fuscus elytris striatis: macula laterali transversa alba. *Fabric.* E. S. II. n. 177.

Habitat in Germaniae Vrtica urente.

87. C. *Lamii*, longirostris femoribus dentatis niger thorace tuberculato, elytris cinereo variis, rostro arcuato atro. *Fabric.* E. S. II. n. 178. *Panzer* faun. germ. XVII. 13.

Habitat in Germaniae Lamio.

88. C. *Brassicae*, longirostris femoribus dentatis cinereo villosus, rostro arcuato atro. *Fabric.* E. S. II. n. 179.

Ha-

Habitat in Germania.

89. C. *trimaculatus*, longirostris femoribus dentatis, coleoptris nigris, maculis tribus cinereis, postica communi lunata. *Fabric.* E. S. II. n. 182.

Habitat in Germania.

90. C. *litura*, longirostris femoribus dentatis albo nigroque varius rostro atro. *Fabric.* E. S. II. n. 183.

Habitat in Germaniae Carduis.

91. C. *villosus*, longirostris femoribus dentatis villosus griseus scutello fasciaque elytrorum postica albis. *Fabric.* E. S. II. n. 184. *Herbst* Archiv. IV. n. 41. tab. 24. fig. 19.

Habitat in Germania.

92. C. *Raphani*, longirostris femoribus dentatis nigricans thorace tuberculato, rostro arcuato atro. *Fabric.* E. S. II. n. 185.

Habitat in Germaniae Raphano.

93. C. *varians*, longirostris femoribus dentatis niger elytris rufis, margine omni nigro. *Fabric.* E. S. II. n. 186.

Habitat in Germaniae pinetis. (Variat rarius forsan aetate elytris nigris totis. F.)

94. C. *Troglodytes*, longirostris fermoribus dendatis

ratis fuſcus, thorace linea dorſali cinerea, elytris pedibusque teſtaceis. *Fabric.* E. S. II. n. 187.

Habitat in Germania.

95. C. *ſegetis*, longiroſtris femoribus dentatis ciliatisque obſcurus, elytris cinereo nebuloſis, antennis tarſisque flavis.

Habitat Brunsvigiae.

96. C. *carbonarius*, longiroſtris femoribus dentatis oblongus ater antennarum clava villoſa, elytris crenato ſtriatis. *Fabric.* E. S. II. n. 188.

Habitat in Germania.

97. C. *aterrimus*, longiroſtris femoribus dentatis ater, thorace apice bidentato, elytris nitidis. *Fabric.* E. S. II. n. 189.

Habitat in Germania.

98. C. *Ceraſi*, longiroſtris femoribus dentatis ater, thorace apice bidentato, elytris oblongis opacis. *Fabric.* E. S. II. n. 190. *Friſch* inſ. XI. tab. 23. fig. 1. 3.

Habitat in Germaniae Ceraſo.

99. C. *violaceus*, longiroſtris femoribus dentatis niger, elytris ſtriatis violaceis. *Fabric.* E. S. II. n. 191. *Bergſträſſer* nomencl. I. 16. 13. tab. 2. fig. 13.

Ha-

Habitat in Germaniae sylvis.

100. C. *nucum*, longirostris femoribus dentatis, corpore griseo longitudine rostri. *Fabric.* E. S. II. n. 192. *Schaeffer* Ic. Inf. Ratisb. tab. 50. fig. 4.

Habitat in Coryli Avellanae nucibus.

101. C. *Cerasorum*, longirostris femoribus dentatis fuscus scutello elytrorumque fasciis obsoletis cinereis. *Fabric.* E. S. II. n. 200.

Habitat in Germania.

102. C. *Druparum*, longirostris femoribus dentatis, elytris testaceis obsolete fasciatis. *Fabric.* E. S. II. n. 205. *Voet* Coleopt. II. tab. 36. fig. 16.

Habitat in Pruni Padi nucleis.

103. C. *Fraxini*, longirostris femoribus dentatis ferrugineo fuscus, capite dorsoque nigris. *Fabric.* E. S. II. n. 206.

Habitat in Germaniae Fraxino.

104. C. *melanocephalus*, longirostris femoribus dentatis brunneus, capite fusco, rostro atro. *Fabric.* E. S. II. n. 207. *Panzer* faun. germ. XVIII. 12.

Habitat in Germaniae sylvis.

105. C. *Pomorum*, longirostris femoribus anticis dentatis, corpore griseo nebuloso. *Fabric.* E. S. II. n. 209. *Frisch* Inf. I. tab. 8.

Ha-

Habitat in Pomonae floribus.

106. C. *vorax*, longirostris femoribus dentatis griseo fuscoque maculatus, rostro arcuato atro. *Fabric*. E. S. II. n. 210. *Panzer* faun. germ. XVIII. 13.

Habitat in Germaniae Corylo.

108. C. *tortrix*, longirostris femoribus dentatis, corpore testaceo, pectore fusco. *Fabric*. E. S. II. n. 211. *Panzer* faun. germ. XVIII. 14.

Habitat in Germaniae Populo, huius folia contorquens.

108. C. *taeniatus*, longirostris femoribus dentatis, thorace nigro: margine antico posticoque rufis, elytris pallidis nigro maculatis. *Fabric*. E. S. II. n. 214.

Habitat in Germania.

*** *Longirostres femoribus posticis saltatoriis.*

109. C. *Alni*, longirostris pedibus saltatoriis niger, coleoptris testaceis, maculis duabus obscuris. *Fabric*. E. S. II. n. 216.

Habitat in Germaniae Alno.

110. C. *Betuleti*, longirostris pedibus saltatoriis ferrugineus, elytris hirtis, pectore nigro, femoribus incrassatis dentatis.

Habitat in Germania.

111. C. *hortorum*, longirostris pedibus saltatoriis ater, elytrorum fascia sesquialtera pedibusque testaceis. *Fabric.* E. S. II. n. 218.

Habitat in Germania.

112. C. *Calcar*, longirostris pedibus saltatoriis niger, antennis plantisque testaceis, femoribus dentatis. *Fabric.* E. S. II. n. 219.

Habitat in Germania.

113. C. *Saliceti*, longirostris pedibus saltatoriis niger tibiis testaceis. *Fabric.* E. S. II. n. 220.

Habitat in Germania Salicibus primo vere.

114. C. *Beccabungae*, longirostris pedibus saltatoriis niger, coleoptris ante apicem rufis. *Fabric.* E. S. II. n. 221.

Habitat in Austria.

115. C. *Salicis*, longirostris pedibus saltatoriis elytris atris, fasciis duabus albis. *Fabric.* E. S. II. n. 222. *Panzer* faun. germ. XVIII. 15.

Habitat in amentis Salicum.

116. C. *viminalis*, longirostris pedibus saltatoriis, corpore testaceo. *Fabric.* E. S. II. n. 223. *Degeer* Inf. V. n. 48. tab. 8. fig. 5.

Habitat in Germaniae Salice. (Nimis affinis C. *Alni* et forte mera varietas. Differt tantum elytris immaculatis. F.)

117. C. *Ilicis*, longiroſtris pedibus ſaltatoriis nigricans, elytris ſtriatis cinereo variis, ſutura baſi alba. *Fabric.* E. S. II. n. 224.

Habitat in Germaniae Quercu.

118. C. *Iota*, longiroſtris pedibus ſaltatoriis ater, elytris ſtriatis, ſutura baſi alba. *Fabric.* E. S. II. n. 225. *Panzer* faun. germ. XVIII. 16.

Habitat in Germania.

119. C. *Fagi*, longiroſtris pedibus ſaltatoriis, corpore atro femoribus albis. *Fabric.* E. S. II. n. 226.

Habitat in Germaniae Fago.

120. C. *Fragariae*, longiroſtris pedibus ſaltatoriis fuſcus, antennis tarſisque teſtaceis. *Fabric.* E. S. II. n. 227.

Habitat in Germaniae Fragariis.

121. C. *Populi*, longiroſtris pedibus ſaltatoriis ater, ſcutello albo, antennis pedibusque teſtaceis. *Fabric.* E. S. II. n. 228. *Panzer* faun. germ. XVIII. 17.

Habitat in Germaniae Populo.

**** *Breviroſtres femoribus muticis.*

122. C. *pollinoſus*, breviroſtris ſquamoſo flaveſcens elytris acuminatis. *Fabric.* E. S. II. n. 252. *Panzer* faun. germ. XX. 4.

Ha-

Habitat in Austria.

123. C. *viridis*, brevirostris virescens thoracis elytrorumque lateribus flavis. *Fabric.* E. S. II. n. 254. *Voet* Coleopt. II. tab. 45. fig. 50.

Habitat in Pomonae arboribus.

124. C. *palliatus*, brevirostris fuscus thoracis elytrorumque margine cinereo. *Fabric.* E. S. II. n. 257. *Panzer* faun. germ. XIX. 5.

Habitat in Germania.

125. C. *nebulosus*, brevirostris canus, elytris fasciis obliquis nigris. *Fabric.* E. S. II. n. 265. *Knoch.* symb. ent. I. tab. 6. fig. 8.

Habitat in Germania.

126. C. *roridus*, brevirostris oblongus nigricans, elytris fasciis abbreviatis punctisque albis. *Fabric.* E. S. II. n. 266. *Pall.* Ic. ins. ross. tab. B. fig. 8.

Habitat in Austria.

127. C. *marmoratus*, brevirostris thorace nigro scabro albo lineato, elytris albis maculis nigris sparsis subquadratis. *Fabric.* E. S. II. n. 267. *Panzer* Naturf. XXIV. n. 29. tab. 1. fig. 29. C. *tigrinus*.

Habitat in Germania.

128. C. *sulcirostris*, brevirostris oblongus cinereus

 sub-

ſubnebuloſus roſtro triſulcato. *Fabric.* E. S. II. n. 268. *Voet.* Coleopt. II. tab. 39. fig. 38.

Habitat in Germaniae plantis. (Statura et magnitudo omnino C. *nebuloſi* at roſtrum triſulcatum F.)

129. C. *incaneſcens*, breviroſtris oblongus ater, roſtro carinato, elytris rugoſis punctisque impreſſis albis, puncto poſtico elevato.

Habitat in Germania.

130. C. *emarginatus*, breviroſtris oblongus fuſcus coleoptrorum dorſo cinereo, lineis duabus punctorum impreſſorum atrorum. *Fabric.* E. S. II. n. 270.

Habitat Halae Saxonum.

131. C. *glaucus*, breviroſtris, roſtro carinato thoraceque inaequali obſcuris, elytris glaucis, puncto poſtico elevato. *Fabric.* E. S. II. n. 273. *Panzer* Naturf. XXIV. n. 30. tab. 1. fig. 30. faun. germ. XIX. 6. *Voet* Coleopt. II. tab. 40. fig. 52.

Habitat in Germania,

132. C. *obliquus*, breviroſtris cinereus, elytrorum dorſo albido; ſtrigis obliquis punctoque poſtico fornicato nigris. *Fabric.* E. S. II. n. 274.

Habitat in Germania.

133.

133. C. *albidus*, brevirostris oblongus fuscus elytris albidis, fascia media lituraque baseos apicisque fuscis. *Fabric.* E. S. II. n. 275. *Panzer* faun. germ. XIX. 7.

Habitat in Germaniae plantis.

134. C. *incanus*, brevirostris oblongus fuscus, thoracis dorso plano. *Fabric.* E. S. II. n. 281. *Panzer* faun. germ. XIX. 8.

Habitat in Germaniae oleribus.

135. C. *articulatus*, brevirostris ater thorace punctato, rostro basi articulato. *Fabric.* E. S. II. n. 282.

Habitat in Austria.

136. C. *costatus*, brevirostris cinereus thorace nigro, lineis quatuor cinereis. *Fabric.* E. S. II. n. 283. *Rossi* faun. etrusc. mant. n. 102. *Voet* Coleopt. II. tab. 39. fig. 37.

Habitat Mannhemii.

137. C. *grammicus*, brevirostris ater ferrugineo irroratus, thoracis margine coleoptris baseos punctis duobus cinereis. *Panzer* Naturf. XXIV. n. 28. tab. I. fig. 28.

Habitat in Austria.

138. C. *melancholicus*, brevirostris fuscus elytris tibiisque testaceis. *Fabric.* E. S. II. n. 284.

Habitat in Germania.

139. C. *micans*, brevirostris fusco aureus pedibus ferrugineis. *Fabric.* E. S. II. n. 289. *Panzer* faun. germ. XIX. 9.

Habitat in Pomonae arboribus.

140. C. *murinus*, brevirostris fuscus thorace trilineato, elytris pallido striatis nigroque punctatis. *Fabric.* E. S. II. n. 290.

Habitat in Germania.

141. C. *Polygoni*, brevirostris thorace lineato, elytris cinereis, lineolis fascia suturaque nigro punctata. *Fabric.* E. S. II. n. 291. *Panzer* faun. germ. XIX. 10.

Habitat in Germaniae Polygono.

142. C. *griseus*, brevirostris supra griseo fuscus subtus cinereus rostro canaliculato. *Fabric.* E. S. II. n. 292.

Habitat in Germania.

143. C. *triguttatus*, brevirostris nigricans elytris griseis, maculis duabus albis, posteriori maiori communi. *Fabric.* E. S. II. n. 293. *Schäffer* Ic. Inf. Ratisb. tab. 43. fig. 9.

Habitat in Germaniae sylvis.

144. C. *Arundinis*, brevirostris lutescens, thorace

race lineis duabus dorſalibus fuſcis. *Fabric.* E. S. II. n. 294. *Panzer* faun. germ. XIX. 11.

Habitat in Germaniae Arundinetis.

145. C. *moerens*, breviroſtris ſupra fuſco cinereus ſubtus niger roſtro ſubſulcato. *Fabric.* E. S. II. n. 295.

Habitat Halae Saxonum.

146. C. *geminatus*, breviroſtris cinereus thorace trilineato, elytris ſtriis numeroſis fuſcis per paria approximatis. *Fabric.* E. S. II. n. 297.

Habitat in Germania.

147. C. *gramineus*, breviroſtris niger elytris ſtriatis, antennis pedibusque ferrugineis. *Fabric.* E. S. II. n. 298.

Habitat in Germaniae graminoſis.

148. C. *Meles*, breviroſtris griſeus thoracis dorſo fuſco, linea albida, elytris nigro punctatis, ſutura ante apicem albida. *Fabric.* E. S. II. n. 300.

Habitat in Germania.

149. C. *Coryli*, breviroſtris cinereo fuſcoque varius, elytrorum ſutura dimidiata atra. *Fabric.* E. S. II. n. 301. *Panzer* faun. germ. XIX. 12.

Habitat in Germaniae Corylo.

150. C. *globatus*, breviroſtris ater, thorace glo-

 boſo,

boſo, elytris fuſco cinereis lineatis apice ſcabris, antennis rufis. *Herbſt* Archiv. IV. n. 76. tab. 24. fig. 32.

Habitat in Germania. (Magnitudine variat.)

151. C. *arenarius*, breviroſtris cinereo nigroque varius, thorace globoſo carinato, antennis pedibusque fuſcis. *Herbſt* Archiv. IV. n. 74.

Habitat in Germania.

152. C. *globulus*, breviroſtris ater laevis, coleoptris ſubgloboſis punctato ſtriatis, antennis rufis.

Habitat in Germania.

153. C. *lineatus*, breviroſtris fuſcus, thorace ſtriis tribus pallidioribus. *Fabric.* E. S. II. n. 302. *Schäffer* Ic. Inſ. Ratisb. tab. 103. fig. 8.

Habitat in Germaniae plantis.

154. C. *caninus*, breviroſtris fuſcus thorace lineis elytrisque brunneis. *Fabric.* E. S. II. n. 304.

Habitat in Germania.

155. C. *fulvipes*, breviroſtris tomentoſo cinerascens pedibus teſtaceis. *Fabric.* E. S. II. n. 306.

Habitat Halae Saxonum.

156. C. *ruficollis*, breviroſtris teſtaceus capite elytrisque ſtriatis cinereo fuſcis. *Fabric.* E. S. II. n. 307.

Ha-

Habitat Halae Saxonum.

157. C. *fulvicornis*, brevirostris brunneus elytris fasciis undatis cinereis. *Fabric.* E. S. II. n. 308.

Habitat in Germania.

158. C. *pilosus*, brevirostris cinereus pilosus antennis nigris. *Fabric.* E. S. II. n. 309.

Habitat in Germania.

159. C. *undatus*, brevirostris fuscus elytris apice pallidis, striga undata fusca. *Fabric.* E. S. II. n. 310.

Habitat in Germania.

160. C. *hispidulus*, brevirostris fuscus, thorace cinereo lineato, elytris hispidis punctis obscurioribus striatis. *Fabric.* E. S. II. n. 311.

Habitat in plantis aquaticis.

161. C. *hirsutulus*, brevirostris cinereus hispidus, elytris striatis, antennis pedibusque flavescentibus. *Fabric.* E. S. II. n. 312. *Panzer* faun. germ. VII. 7. *Herbst* Archiv. VII. VIII. n. 99. tab. 45. fig. 7. c. d. C. *scabriculus*.

Habitat in Germania.

162. C. *scabriculus*, brevirostris cinereus capite thoraceque canaliculatis, elytris hispidis. *Fabric.* E. S. II. n. 313.

Habitat in Auftria.

163. C. *limbatus*, brevirostris ater elytris vitta marginali fcutelloque inauratis. *Fabric.* E. S. II. n. 314.

Habitat in Germaniae arboribns.

164. C. *viridicollis*, brevirostris thorace viridi fquamofo, elytris ftriatis nigris. *Fabric.* E. S. II. n. 316. *Panzer* faun. germ. XIX. 13.

Habitat in Germaniae Quercu.

165. C. *cervinus*, brevirostris grifeus, elytris puncto obfoleto bafeos albo, antennis bafi rufefcentibus. *Fabric.* E. S. II. n. 317.

Habitat in Germaniae plantis.

166. C. *Seminulum*, brevirostris niger immaculatus elytris ovatis punctato ftriatis. *Fabric.* E. S. II. n. 321.

Habitat in Auftria.

167. C. *ruficornis*, brevirostris ater antennis rufis, thorace utrinque bituberculato. *Fabric.* E. S. II. n. 322.

Habitat in Germania.

168. C. *cloropus*, brevirostris cylindricus niger elytris ftriatis, antennis pedibusque rufis. *Fabric.* E. S. II. n. 323. *Panzer* faun. germ. XIX. 14.

Ha-

Habitat in Germaniae Quercu.

169. C. *brunnipes*, brevirostris piceus, thorace subgloboso, coleoptris ovatis punctato striatis, antennis tibiisque piceis.

Habitat Mannhemii.

170. C. *flavipes*, brevirostris ater, elytris cinereis, thorace cylindrico antennis pedibusque flavis.

Habitat in Germania.

171. C. *multipunctatus*, brevirostris niger obscurus, elytris punctis plurimis griseo albis. *Fabric.* E. S. II. n. 325.

Habitat Halae Saxonum.

172. C. *tristis*, brevirostris niger elytris sulcatis cinereis. *Fabric.* E. S. II. n. 326.

Habitat in Germania.

173. C. *raucus*, brevirostris niger elytris striatis fuscis cinereo maculatis. *Fabric.* E. S. II. n. 327.

Habitat Halae Saxonum.

174. C. *punctatus*, brevirostris fuscus elytris punctis elevatis holosericeis. *Fabric.* E. S. II. n. 329.

Habitat in Austria.

175. C. *niger*, brevirostris ovatus scaber niger pedibus rufis. *Fabric.* E. S. II. n. 332.

Habitat in Germania.

176. C. *laevigatus*, brevirostris ater nitidus rostro emarginato. *Fabric.* E. S. II. n. 333.
Habitat in Germania.

177. C. *Senex*, brevirostris, supra obscurus, subtus ater, thorace amplo subcarinato, elytris lineis et punctis elevatis scabris. *Rossi* faun. etrusc. mant. n. 337. *Geoffr.* Inf. T. I. n. 37.
Habitat in Austria. (Variat magnitudine minori et lineis et elytrorum obliteratis.)

178. C. *rotundatus*, brevirostris niger elytris punctato striatis, antennis tibiisque rufis. *Fabric.* E. S. II. n. 334.
Habitat in Germania.

179. C. *catenulatus*, brevirostris ater opacus laevis, elytris punctis connexis striatis.
Habitat in Germania.

180. C. *coriaceus*, brevirostris ater opacus, thorace globoso, elytris punctatis striis nullis.
Habitat in Germania.

181. C. *variolosus*, brevirostris niger thorace carinato varioloso, elytris striatis. *Fabric.* E. S. II. n. 335.
Habitat in Saxonia.

182. C. *depressirostris*, brevirostris fusco cineroque

que varius, roſtro depreſſo plano apice atro. *Fabric.* E. S. II. n. 351.

Habitat Halae Saxonum.

***** *Breviroſtres femoribus dentatis.*

183. C. *fuſcomaculatus*, breviroſtris femoribus ſubdentatis ater, thorace elytrisque laevibus fuſco maculatis. *Fabric.* E. S. II. n. 376. *Schäffer* Ic. Inſ. Ratisb. tab. 101. fig. 6.

Habitat in Germania. (Variat elytris immaculatis. Vid. *Schäffer* Ic. Inſ. Ratisb. tab. 62. fig. 11.)

184. C. *Liguſtici*, breviroſtris ſemoribus dentatis, corpore obſcuro. *Fabric.* E. S. II. n. 377. *Schäffer* Ic. Inſ. Ratisb. tab. 2. fig. 12.

Habitat in Liguſtico leviſtico.

185. C. *Zebra*, breviroſtris femoribus dentatis niger elytris albo variis. *Fabric.* E. S. II. n. 378.

Habitat in Germania.

186. C. *binotatus*, breviroſtris femoribus dentatis obſcurus elytris puncto poſtico cinereo. *Fabric.* E. S. II. n. 379.

Habitat in Germania.

187. C. *nubilus*, breviroſtris femoribus dentatis griſeus, elytris punctis obſcurioribus numeroſis ſub-

subquadratis. *Fabric.* E. S. II. n. 380. *Schäffer* Ic. Inf. Ratisb. tab. 2. fig. 11.

Habitat in Germania.

188. C. *nigrita*, brevirostris femoribus dentatis niger obscurus thorace scabro, elytris crenato striatis. *Fabric.* E. S. II. n. 381.

Habitat in Austria.

189. C. *sulcatus*, brevirostris femoribus dentatis ater elytris striatis ferrugineo maculatis. *Fabric.* E. S. II. n. 382.

Habitat in Saxonia.

190. C. *calcaratus*, brevirostris femoribus acute dentatis, antennis pedibusque rufis. *Fabric.* E. S. II. n. 383.

Habitat in Austria.

191. C. *gemmatus*, brevirostris femoribus dentatis, elytris punctis viridibus. *Fabric.* E. S. II. n. 384. *Voet* Coleopt. II. tab. 40. fig. 48.

Habitat in Germania.

192. C. *picipes*, brevirostris femoribus dentatis griseus, elytris nebulosis, punctis subocellatis striatis. *Fabric.* E. S. II. n. 385.

Habitat in Germania.

193. C. *Morio*, brevirostris femoribus dentatis ater

ater nitens elytris glabris, roſtro biſulcato. *Fabric.* E. S. II. n. 386.

Habitat in Germania.

194. C. *biſulcatus*, breviroſtris femoribus dentatis niger, thorace elytrisque ſcabris, roſtro biſulcato. *Fabric.* E. S. II. n. 387.

Habitat in Auſtria.

195. C. *collaris*, breviroſtris femoribus dentatis, thorace cinereo ſcabro, elytris nigris, roſtro carinato. *Fabric.* E. S. II. n. 388.

Habitat in Germania.

196. C. *Iris*, breviroſtris femoribus dentatis cinereus elytris teſſelatis. *Fabric.* E. S. II. n. 389.

Habitat in Germania.

197. C. *Pyri*, breviroſtris femoribus dentatis viridi aeneus pedibus rufis. *Fabric.* E. S. II. n. 390.

Habitat in Pyro communi.

198. C. *lepidopterus*, breviroſtris femoribus acute dentatis niger, elytris viridi ſquamoſis, pedibus rufis. *Fabric.* E. S. VI. append. p. 454.

Habitat in Auſtria.

199. C. *Alneti*, breviroſtris femoribus dentatis niger

niger caeruleo squamosus antennis pedibusque nigris. *Fabric.* E. S. II. n. 391.

Habitat in Germaniae Alno.

200. C. *vespertinus*, brevirostris femoribus dentatis cinereo subvillosus, scutello albo. *Fabric.* E. S. II. n. 392.

Habitat in Germania.

201. C. *Mali*, brevirostris femoribus dentatis subpubescens fuscus antennis pedibusque testaceis. *Fabric.* E. S. II. n. 393.

Habitat in Germania.

202. C. *pallidus*, brevirostris femoribus dentatis squamosus pallidus, antennis tibiisque rufis. *Fabric.* E. S. II. n. 394.

Habitat in Germania.

203. C. *argentatus*, brevirostris femoribus dentatis, corpore viridi argentato. *Fabric.* E. S. II. n. 398.

Habitat in Germaniae arboribus.

204. C. *oblongus*, brevirostris femoribus dentatis, antennis elytris pedibusque ferrugineis. *Fabric.* E. S. II. n. 400. *Panzer* faun. germ. XIX. 15.

Habitat in Germaniae plantis.

205. C. *muricatus*, brevirostris femoribus dentatis

tis griseus elytris striis elevatis hispidis, antennis rufis. *Fabric*, E. S. II. n. 401.

Habitat in Germania.

206. C. *ovatus*, brevirostris femoribus dentatis niger thorace scabro. *Fabric*. E. S. II. n. 402.

Habitat in Germaniae Rosis.

207. C. *corvinus*, brevirostris femoribus dentatis, ater opacus laevis, elytris striato punctatis, thorace punctatissimo.

Habitat in Germaniâ.

208. C. *Lar*, ater cinereo villosus, elytris subacuminatis, antennis pedibusque flavis.

Habitat Mannhemiae.

206. C. *albolineatus*, brevirostris femoribus dentatis cinereus, thorace elytrisque albolineatis, rostro subtus atro. *Fabric*. E. S. II. n. 403.

Habitat Halae Saxonum.

210. C. *Picus*, brevirostris femoribus dentatis niger, elytris albomaculatis. *Fabric*. E. S. II. n. 404.

Habitat in Germania.

XC. Colydium (*Drahtkäfer*) *Fabric.* Ent. syst. Gen. n. 104. p. 495.

Palpi quatuor clavati: articulo ultimo maiori. Labium membranaceum emarginatum. Antennae perfoliatae.

1. C. *sulcatum*, ferrugineum thorace sulcato. *Fabric.* E. S. II. n. 1.
   Habitat in Germania sub arborum corticibus.
2. C. *elongatum*, atrum pedibus ferrugineis. *Fabric.* E. S. II. n. 2. *Panzer* faun. germ. III. 17.
   Habitat in Germaniae ligno antiquo. (Colore variat.)
3. C. *filiforme*, atrum elytris sulcatis, basi pedibusque ferrugineis. *Fabric.* E. S. II. n. 3.
   Habitat in Germaniae quercuum truncis.

XCI. Mycetophagus (*Pfifferkäfer*) *Fabric.* Ent. syst. Gen. n. 105. p. 497.

Palpi quatuor inaequales. Maxilla membranacea unidentata. Labium rotundatum integrum. Antennae extrorsum crassiores.

1. M. *quadrimaculatus*, rufus thorace elytrisque nigris,

nigris, his maculis duabus rufis. *Fabric.* E. S. II. n. 1. *Panzer* faun. germ. XII. 9. *Herbst* Archiv. IV. tab. 21. fig. L. l. *Silphoides Boleti.*

Habitat in Germaniae Boletis.

2. M. *dermestoides*, fuscus abdomine pedibusque testaceis. *Fabric.* E. S. II. n. 3.

Habitat in Germaniae Boletis.

3. M. *atomarius*, niger elytris punctis fasciaque postica fulvis. *Fabric.* E. S. II. n. 4. *Panzer* faun. germ. XII. 10.

Habitat in Germaniae Boletis. (Vid. *Hellwig in Schneid.* prompt. IV. p. 399.)

4. M. *multipunctatus*, rufus elytris substriatis, punctis rufis numerosis. *Fabric.* E. S. II. n. 5. *Panzer* faun. germ. XII. 11.

Habitat in Germaniae Boletis.

5. M. *sanguinicollis*, ater thorace elytrorumque maculis duabus pedibusque rufis. *Fabric.* E. S. II. n. 7. *Schaller* in Act. soc. nat. cur. hal. I. p. 255. *Silpha glabra.*

Habitat Halae Saxonum.

6. M. *fulvicollis*, niger thorace rufo elytris striatis, margine maculisque duabus flavis. *Fabric.* E. S. II. n. 8.

Habitat in Germania. (Statura M. *multipunctati*. *Pedes rufi*. F.)

7\. M. *piceus*, piceus elytris striatis nigris, basi fasciaque postica ferrugineis. *Fabric*. E. S. II. n. 9. *Panzer* faun. germ. I. 22. II. 5.

Habitat in Germaniae Boletis. (Variabilis species. Vid. *Hellwig*. l. c. p. 397.)

8\. M. *punctatus*, piceus elytris subpunctatis nigris basi ferrugineis. *Fabric*. E. S. II. n. 10. *Panzer* faun. germ. XII. 12. *Herbst* N. d. K. IV. n. 7. tab. 42. fig. 15. p. *Kryptophagus pilosus*.

Habitat in Germaniae Boletis.

9\. M. *nigricornis*, flavus antennis nigris. *Fabric*. E. S. II. n. 11.

Habitat Halae Saxonum.

10\. M. *castaneus*, ater elytris striatis antennis pedibusque castaneis. *Fabric*. E. S. II. n. 12.

Habitat in Germania.

11\. M. *spinipes*, ater elytris punctato striatis rufis, antennis pedibusque piceis, tibiis omnibus spinosis. *Panzer* faun. germ. XXIV. 20.

Habitat Mannhemii. (An Varietas praecedentis?)

12\. M. *metallicus*, aeneus pedibus ferrugineis. *Fabric*. E. S. II. n. 13.

Ha-

Habitat Halae Saxonum.

13. M. *testaceus*, testaceus immaculatus. *Fabric.* E. S. II. n. 14.

Habitat in Germaniae Boletis.

14. M. *bifasciatus*; niger elytris fasciis duabus punctoque apicis ferrugineis. *Fabric.* E. S. II. n. 15. *Panzer* faun. germ. II. 24. *Ips marginalis.* *Herbst* N. d. K. IV. n. 4. tab. 42. fig. 12. m. M. *Kryptophagus bifasciatus.*

Habitat in Germaniae Boletis.

XCII. Hypophloeus (*Pochkäfer*) *Fabric.* Ent. syst. Gen. n. 106. p. 500.

Palpi quatuor aequales clavati. Labium elongatum membranaceum integrum. Antennae extrorsum crassiores utrinque serratae.

1. H. *castaneus*, laevis nitidus castaneus antennis nigris. *Fabric.* E. S. II. n. 1. *Panzer* faun. germ. XII. 13.

Habitat sub corticibus Quercus et Fagi (Variat colore testaceo.)

2. H. *linearis*, laevis ater elytris antennis pedibusque testaceis. *Fabric.* E. S. II. n. 2. *Panzer* faun. germ. VI. 16.

Habitat sub Pini sylvestris cortice.

3. H. *fasciatus*, laevis ater elytris testaceis, fascia atra. *Fabric.* E. S. II. n. 3. *Panzer* faun. germ. VI. 17.

Habitat sub cortice Quercus Germaniae.

4. H. *depressus*, laevis ferrugineus elytris substriatis. *Fabric.* E. S. II. n. 4. *Panzer* faun. germ. I. 23.

Habitat sub cortice Quercus. Frequens est in cistis farina plenis, in quibus larvae Tenebr. Molitor. lusciniarum causa educantur.

5. H. *bicolor*, oblongus rufus elytris testaceis apice atris, *Fabric.* E. S. II. n. 5. *Panzer* faun. germ. XII. 14.

Habitat sub cortice Tiliae Germaniae.

6. H. *Fraxini*, testaceus thorace marginato, elytris subpunctatis. *Kugelann* in *Schneid.* promp. V. n. 5. p. 527.

Habitat in Germaniae Fraxino.

XCII. Lyctus. (*Kielkäfer.*) *Fabric.* Ent. syst. Gen. n. 107. p. 502.

Palpi quatuor brevissimi filiformes. Maxilla brevis membranacea bifida. Labium integrum. Antennae clava solida.

* *Antennarum articulo unico crassiori.*

1. L. *politus*, niger antennis pedibusque ferrugineis, thorace plano oblongo punctato. *Fabric.* E. S. II. n. 1. *Panzer* faun. germ. IV. 18. *Herbst* N. d. K. V. n. 2. tab. 45. fig. 10. K.

Habitat in Boletis et sub corticibus arborum.

(Variat corpore toto ferrugineo. F.)

2. L. *depressus*, brunneus pectore abdomineque nigricantibus, thorace oblongo plano. *Fabric.* E. S. II. n. 2.

Habitat Dresdae.

3. L. *bipustulatus*, glaber ater elytris puncto ferrugineo. *Fabric.* E. S. II. n. 3. *Herbst* N. d. K. V. n. 1. tab. 45. fig. 9. i. I. *Rizophagus bipunctatus.*

Habitat sub corticibus. Quercus et Fagi.

4. L. *abbreviatus*, glaber ater elytris abbreviatis, lineola baseos marginali punctoque ante apicem, apicisque margine rufis. *Panzer* faun. germ. XXIV. 21.

Habitat Mannhemii.

5. L. *terebrans*, oblongus ferrugineus elytris punctato striatis. *Fabric.* E. S. II. n. 6.

Habitat sub corticibus arborum.

6. L. *Iuglandis*, obscurus elytris striatis, antennis

 pedibus

pedibusque testaceis. *Fabric.* E. S. II. n. 7. *Panzer* faun. germ. V. 17. *Herbst* N. d. K. V. n. 1. tab. 46. fig. 3. c. C. *Monotoma striata.*

Habitat sub cortice Pyri, Inglandis.

7. L. *bisteroides*, ater nitidus antennis pedibusque piceis. *Fabric.* E. S. II. n. 8. *Panzer* faun. germ. V. 16. *Herbst* N. d. K. n. 3. tab. 45. fig. 11. l. L. *Rizophagus bisteroides.*

Habitat sub corticibus Fagi et Pini.

* *Antennarum articulis duobus crassioribus.*

8. L. *crenatus*, niger thorace rugoso, elytris striato crenatis, maculis duabus rufis. *Fabric.* E. S. II. n. 9. *Panzer* faun. germ. I. 24. *Monotoma crenata. Herbst* N. d. K. V. n. 4. tab. 46. fig. 6. f. F. *Bitoma crenata.*

Habitat sub cortice Fagi. (Variat colore magis vel minus obscuro.)

9. L. *canaliculatus*, obscurus thorace canaliculato, elytris striatis brunneis. *Fabric.* E. S. II. n. 11. *Panzer* faun. germ. IV. 16. *Herbst* N. d. K. V. n. 1. tab. 46. fig. 3. c. C. *Bitoma unipunctata.*

Habitat sub arborum corticibus.

10. L.

10. L. *nitidus*, ater glaber nitidus antennis pedibusque ferrugineis. *Fabric.* E. S. II. n. 12. *Panzer* faun. germ. VI. 18.

Habitat sub arborum corticibus.

11. L. *contractus*, oblongus ferrugineus elytris punctato striatis, sutura nigra. *Fabric.* E. S. II. n. 13. *Herbst* N. d. K. V. n. 3. tab. 46. fig. 5. e. E. *Bitoma bipunctata.*

Habitat sub arborum corticibus.

12. L. *pubescens*, oblongus fuscus, thorace pubescente elytris striatis. *Panzer* faun. germ. IV. 17. *Geoffr.* I. n. 9. p. 103.

Habitat in Germaniae ligno antiquo.

XCIV. Tritoma (*Staubkäfer*) *Fabric.* Gen. Inf. p. 22.

Palpi anteriores securiformes. Labium emarginatum. Antennae clava perfoliata.

1. T. *bipustulata*, atra elytris macula laterali coccinea. *Fabric.* E. S. II. n. 1. *Panzer* im Naturf. XXIV. n. 17. tab. 1. fig. 17. *Herbst* N. I. K. IV. p. 193. tab. 43. fig. 11. I. L.

Habitat in Boletis arboreis et sub arborum imprimis Fagi corticibus.

2. T. *glabra*, glabra atra antennis pedibusque piceis. *Fabric.* E. S. II. n. 2. *Panzer* faun. germ. XXIII. 19. *Herbst* N. d. IV. n. 4. tab. 38. fig. 4. D. *Tetratoma atra.*

Habitat in Boletis arborum putrescent.

3. T, *dubia*, nigra elytris pedibusque testaceis. *Fabric.* E. S. II. n. 5. *Herbst* N. d. K. IV. n. 5. t. 37. fig. 5. E. *Sphaeridium ferrugineum.*

Habitat in fungis arborum aridis.

4. T. *Morio*, atra holosericea antennis pedibusque concoloribus. *Fabric.* E. S. II. n. 7. *Herbst* N. d. K. IV. n. 8. tab. 43. fig. 8. h. H. *Strongylus ater.*

Habitat sub arborum corticibus.

5. T. *sericea*, nigricans holosericea pedibus testaceis. *Fabric.* E. S. II. n. 8. *Panzer* faun. germ. II. 4. *Tritoma flavipes.*

Habitat in Bolet. arboreis et in floribus Pomonae.

6. T. *minuta*, nigra elytris pedibusque griseis. *Fabric.* E. S. II. n. 9.

Habitat in aquosis.

7. T. *pilosa*, ovata ferruginea, antennis tibiisque flavis, *Panzer* faun. germ. VII. 8.

Ha-

Habitat in fungis Brunsvigiae.

8. T. *pusilla*, nigra nitida, antennis pedibusque flavescentibus. *Kugelann* in *Schneid.* prompt. V. n. 2. p. 540.

Habitat in Clavaria coralloide.

XCV. Tetratoma (*Hackenkäfer*) *Fabric.* Ent. syst. Gen. n. 109. p. 507.

Palpi quatuor crassiusculi inaequales. Maxilla membranacea bifida. Labium brevissimum rotundatum integrum. Antennae articulis quatuor ultimis clavato perfoliatis.

1. T. *fungorum*, rufa capite elytrisque violaceis. *Fabric.* E. S. II. n. 1. *Panzer* faun. germ. IX. 10. *Herbst* N. d. K. IV. n. 7. tab. 38. fig. 7. 9. T. *dermestoides*.

Habitat in Boletis arboreis et in ligno antiquo.

2. T. *Ancora*, capite thoraceque testaceis, coleoptris nigris: macula communi lobata alba. *Fabric.* E. S. II. n. 2. *Panzer* faun. germ. IX. 9. *Herbst* N. d. K. IV. n. 8. tab. 38. fig. 8.

Habitat in Germania.

3. C. *cinnamomea*, ferruginea, thorace convexo gib-

gibo nitido, elytris punctato striatis, femoribus posticis clavatis dentatis. *Panzer* faun. germ. XII. 15.

Habitat in Germaniae Lycoperdo.

XCVI. Scaphidium, (*Pilzkäfer*) *Fabric.* Ent. syst. Gen. n. 110.. p. 509.

Palpi quatuor filiformes. Maxilla bifida. Labium corneum rotundatum integrum. Antennae articulis quinque perfoliatis.

1. S. *quadrimaculatum*, atrum elytris truncatis: maculis duabus rufis. *Fabric.* E. S. II. n. 1. *Panzer* faun. germ. II. 1. *Herbst* Nat. d. K. V. n. 1. tab. 49. fig. 4. d. D.

   Habitat in fungis arborum et in truncis putrescentibus.

2. S. *agaricinum*, atrum nitidum antennis pedibusque flavis. *Fabric.* E. S. II, n. 3. *Panzer* faun. germ. II. 2.

   Habitat in Boletis arboreis.

3. S. *scutellatum*, ovatum atrum villosum, antennis pedibusque testaceis, elytris truncatis scutello distincto. *Panzer* faun. germ. IV. 11. Natur-

turforscher XXIV. n. 14. tab. 1. fig. 14. *Dermestes hemipterus. Herbst* N. d. K. V. n. 2. tab. 49. fig. 5. *Scaphidium agaricinum.*

Habitat in Germaniae floribus. (Manifeste a praecedenti diversus.)

4. S. *Boleti*, piceum laeve glabrum, antennis filiformibus pallidis, pedibus rufis. *Panzer* faun. germ. XII. 16.

Habitat in fungis putrescentibus.

XCVII. Ips (*Rindennager*) *Fabric.* Gen. Inf. p. 23.

Palpi quatuor aequales brevissimi: articulo ultimo ovato. Maxilla bifida. Labium membranaceum conicum emarginatum. Antennae perfoliatae.

1. I. *bipustulata*, atra elytris macula baseos rufa. *Fabric.* E. S. II. n. 4. *Herbst* N. d. K. IV. n. 5. tab. 42. fig. 5. e. E.

Habitat Halae Saxonum.

2. I. *quadripustulata*, nigra elytris punctis duobus ferrugineis. *Fabric.* E. S. II. n. 6. *Panzer* im Naturf. XXIV. n. 18. tab. I. fig. 18.

Habi-

Habitat in Germaniae ligno putrescente.

3. I. *quadriguttata*, atra nitida elytris maculis duabus albis, anteriore sinuata. *Fabric.* E. S. II. n. 8. III. 19. *Panzer* faun. germ. III. 18.

Habitat in Germaniae ligno carioso et in fungis putrescentibus.

4. I. *ferruginea*, ferruginea elytris testaceis. *Fabric.* E. S. II. n. 9. *Panzer* faun. germ. VIII. 15. *Lyctus dermestoides.*

Habitat in Germania. (Monitu Cl. *Schneider* prompt. V. p. 555. Lyctus dermest. *faun.* huc. revocandus.)

5. I. *nigripennis*, rufa antennis elytris pectoreque nigris. *Fabric.* E. S. II. n. 10. *Herbst* N. d. K. V. n. 1. tab. 49. fig. 12. m. *Triplax russica.*

Habitat in Germaniae Boletis arboreis.

6. I. *haemorrhoidalis*, rufa elytris nigris apice rufis. *Fabric.* E. S. II. n. 11. *Panzer* faun. germ. XIII. 16.

Habitat in Germaniae Boletis putrescent.

7. I. *rufipes*, atra capite thorace pedibusque ferrugineis. *Fabric.* E. S. II. n. 12. *Panzer* faun. germ. XIII. 17.

Habi-

Habitat in Germaniae fungis.

8. I. *aenea*, coccinea elytris aeneis immaculatis. *Fabric.* E. S. II. n. 13. *Herbst* Nat. d. K. IV. n. 1. tab. 42. fig. 9. i.

Habitat in Boleto Salicis.

9. I. *humeralis*, nigra capite thorace elytrorum puncto baseos pedibusque rufis. *Fabric.* E. S. II. n. 14. *Panzer* faun. germ. IV. n. 9. *Dermestes scanicus*. *Herbst* Archiv. IV. tab. 20. fig. 2. *Dermestes scanicus*.

Habitat in fungis putridis.

10. I. *lunata*, nigra elytris puncto baseos lunulaque postica ferrugineis. *Fabric.* E. S. II. n. 15.

Habitat in Germania.

11. I. *rufifrons*, ater fronte maculis duabus elytrorum pedibusque ferrugineis. *Fabric.* E. S. II. n. 16.

Habitat in Germania.

12. I. *pallida*, flavescens antennarum basi oculisque nigris, elytris punctato striatis. *Kugelann* in *Schneid.* prompt. V. n. 4. p. 551.

Habitat Regiomontii.

XCVIII. Diaperis (*Herzkäfer*) *Fabric.* Ent. syst. Gen. n. 113. p. 516.

Palpi quatuor subfiliformes. Maxilla bifida. Labium cylindricum apice palpigerum. Antennae secundum totam longitudinem perfoliatae: foliolis compressis, ultimo ovato.

1. D. *Boleti*, nigra elytris fasciis tribus flavis repandis. *Fabric.* E. S. II. n. 1. *Schäffer* Ic. Inf. tab. 77. fig. 6.

Habitat in Boletis arboreis Germaniae.

2. D. *violacea*, nigro cyanea antennis apice ferrugineis. *Fabric.* E. E. II. n. 2. *Panzer* faun. germ. III. 19.

Habitat in Boletis arboreis Germaniae.

XCIX. Meloe (*Maywurmkäfer*) *Fabric.* Gens. Inf. p. 79.

1. M. *Proscarabaeus*, corpore violaceo. *Fabric.* E. S. II. n. 1. *Panzer* faun. germ. X. 12.

Habitat in Germaniae campis apricis arenosis.

2. M. *maialis*, segmentis dorsalibus abdominis rubris. *Fabric.* E. S. II. n. 2. *Panzer* faun. germ. X. 13.

Habitat in graminosis.

3. M. *marginata*, nigra thoracis elytrorumque margine ferrugineo. *Fabric.* E. S. II. n. 3. *Schrank.* symb. 71. 19. *Meloe hungarus.*
   Habitat in Austria.

4. M. *punctata*, atra thoracis elytrisque variolofo punctatis. *Fabric.* E. S. II. n. 4. *Panzer* faun. germ. X. 16.
   Habitat Brunsvigiae.

5. M. *tecta*, atra elytris abdomine haud brevioribus, antennis medio crassissimis. *Panzer* faun. germ. X. 14.
   Habitat Brunsvigiae in campis aridis apricis primo vere.

6. M. *brevicollis*, atra thorace transverso elytrisque subpunctatis. *Panzer* faun. germ. X. 15.
   Habitat Brunsvigiae.

C. Staphylinus (*Raubkäfer*) *Fabric.* Gens. Ins. p. 84.

Palpi quatuor filiformes. Maxilla unidentata. Labium membranaceum trifidum. Antennae moniliformes.

1. S. *hirtus*, hirsutus niger thorace abdomineque

que postice flavis. *Fabric.* E. S. II. n. 2. *Panzer* faun. germ. IV. 19.

Habitat in Germaniae locis arenosis.

2. S. *nebulosus*, pubescens cinereus nigro nebulosus abdomine nigro, tibiis testaceis. *Fabric.* E. S. II. n. 3.

Habitat in Germania.

3. S. *murinus*, pubescens cinereus nigro nebulosus abdomine atro, pedibus nigris. *Fabric.* E. S. II. n. 4. *Schäffer* Ic. Inf. Ratisb. tab. 4. fig. 11.

Habitat in cadaveribus et in animalium stercore.

4. S. *pubescens*, pubescens cinereus nebulosus abdomine subtus villoso argenteo. *Fabric.* E. S. II. n. 5.

Habitat in Austria.

5. S. *olens*, niger opacus immaculatus capite thoraceque latiore. *Fabric.* E. S. II. n. 6. *Geoffr.* Inf. I. n. 1. tab. 7. fig. 1.

Habitat in Germaniae cadaveribus.

6. S. *similis*, ater nitidus elytris obscuris, capite thorace latiore. *Fabric.* E. S. II. n. 7. *Schäffer* Ic. Inf. Ratisb. tab. 30. fig. 12.

Habitat in Germania.

7. S.

7. S. *picipennis*, ater nitidus elytris piceis. *Fabric.* E. S. II. n. 8.

Habitat in Germania.

8. S. *maxillosus*, pubescens niger fasciis cinereis. *Fabric.* E. S. II. n. 9.

Habitat in Germania, victitans rapina. Adultus totus glaber et niger evadit.

9. S. *dilatatus*, thorace marginato atro nitidulo, elytris fuscis antennis serratis. *Fabric.* E. S. II. n. 12.

Habitat Halae Saxonum.

10. S. *erythropterus*, ater elytris antennarum basi pedibusque rufis. *Fabric.* E. S. II. n. 14. *Schäffer* Ic. Inf. Ratisb. tab. 2. fig. 2.

Habitat in fimo animalium.

11. S. *aeneocephalus*, niger aeneo nitidus elytris pedibusque testaceis, antennis fuscis. *Fabric.* E. S. II. n. 15.

Habitat in Germania.

12. S. *fossor*, niger capite thoraceque obscure piceis, elytris aureis, tarsis anticis dilatatis. *Fabric.* E. S. II. n. 16.

Habitat in Germania.

13. S. *splendens*, capite thoraceque laevissimis

atris, elytris aeneis nitidulis, capite thorace latiore. *Fabric.* E. S. II. n. 19.

Habitat in Germania.

14. S. *politus*, niger thorace elytrisque nitidis, thorace lineis punctorum impressorum. *Fabric.* E. S. II. n. 20. *Schäffer* Ic. Inf. Ratisb. tab. 39. fig. 12.

Habitat in cadaveribus.

15. S. *varians*, ater nitidus punctatus, alis albis. *Fabric.* E. S. II. n. 22. *Paykull* monogr. Staph. n. 33.

Habitat in stercore.

16. S. *nitidus*, ater nitidus elytris testaceis. *Fabric.* E. S. II. n. 24.

Habitat in Germania.

17. S. *fulgidus*, ater nitidus elytris plantisque testaceis, ano subferrugineo. *Fabric.* E. S. II. n. 25.

Habitat in Germania. (An idem cum P. *fulgido.* F?)

18. S. *crenatus*, nigricans thorace marginato, elytris crenato striatis. *Fabric.* E. S. II. n. 26.

Habitat in Germania.

19. S. *striatulus*, niger thorace canaliculato, elytris striatis. *Fabric.* E. S. II. n. 27.

Habitat

Habitat in Germania.

20. S. *strumosus*, niger thorace marginato, elytris testaceis. *Fabric.* E. S. II. n. 28.

Habitat Halae Saxonum.

21. S. *marginatus*, ater thoracis lateribus pedibusque flavis. *Fabric.* E. S. II. n. 30.

Habitat in Germania.

22. S. *fulvipes*, ater nitidus elytris pedibusque testaceis, thorace ovato. *Fabric.* E. S. II. n. 31.

Habitat in Germania.

23. S. *flavescens*, ater pedibus rufis, elytrorum margine flavo. *Fabric.* E. S. II. n. 32.

Habitat in Germania.

24. S. *bipustulatus*, niger elytris puncto postico ferrugineo. *Fabric.* E. S. II. n. 34.

Habitat in Germania. (Magnitudine variat.)

25. S. *analis*, ater nitidus antennis elytris ano pedibusque testaceis. *Fabric.* E. S. II. n. 36.

Habitat in Germania.

26. S. *biguttatus*, niger elytris puncto albido, oculis prominulis. *Fabric.* E. S. II. n. 37. *Panzer* faun. germ. XI. 17.

Habitat in arenosis humidis. (Varietas sequentis teste D. de *Paykull.*)

27. S. *clavicornis*, niger immaculatus thorace rotundato laevi, antennis extrorsum crassioribus. *Fabric.* E. S. II. n. 37. *Paykull.* mon. Staph. n. 33. X. *Staphylinus luno.*

Habitat in Germaniae campis humidis arenosis.

28. S. *fuscipes*, ater thorace subrotundo, elytris pedibusque piceis. *Fabric.* E. S. II. n. 38.

Habitat in Germania.

29. S. *flavipes*, niger elytris antennis pedibusque ferrugineis. *Fabric.* E. S. II. n. 39.

Habitat in Germania.

30. S. *atricapillus*, thorace rufo, elytris fuscis, puncto baseos margineque postico albis. *Fabric.* E. S. II. n. 40.

Habitat in Austria.

31. S. *angustatus*, filiformis ater, elytris apice pedibusque testaceis. *Fabric.* E. S. II. n. 41. *Panzer* faun. germ. XI. 18.

Habitat in Germania.

32. S. *canaliculatus*, flavus capite abdominisque cingulo atris, thorace canaliculato. *Fabric.* E. S. II. n. 42.

Habitat in Germania.

33. S.

33. S. *tenuis*, ater nitidus thorace elytrorumque apicibus rufis. *Fabric.* E. S. II. n. 43.

Habitat in Germania.

34. S. *gracilis*, filiformis flavus ano fusco. *Fabric.* E. S. II. n. 44.

Habitat in Germania.

35. S. *punctulatus*, filiformis ater nitidus capite ovato. *Fabric.* E. S. II. n. 45.

Habitat in Germania.

36. S. *rufipes*, ater nitidus elytris obscuris, pedibus rufis. *Fabric.* E. S. II. n. 48.

Habitat in Germania.

37. S. *rivularis*, niger elytris abdomineque depressis, thorace quadrisulcato, antice rotundato, pedibus ruso brunneis. *Paykull* monogr. Staph. n. 46.

Habitat in Germania.

38. S. *melanocephalus*, ferrugineus capite atro. *Fabric.* E. S. II. n. 49.

Habitat in Germania.

39. S. *crassicornis*, niger elytris lividis, pedibus ferrugineis, antennis extrorsum crassioribus. *Fabric.* E. S. II. n. 50. *Herbst* N. d. K. IV. n. 2. tab. 39. fig. 11. a. *Pselaphus dresdensis.*

Habitat ſub corticibus arbor. coniferar.

40. S. *ſanguineus*, gibbus niger elytris ſanguineis, antennis extrorſum craſſioribus. *Fabric.* E. S. II. n. 51. *Panzer* faun. germ. XI. 19.

Habitat in Germania.

41. S. *floralis*, depreſſus niger pedibus flaveſcentibus, antennis extrorſum craſſioribus. *Fabric.* E. S. II. n. 52. *Panzer* faun. germ. XI. 20.

Habitat in Germania.

42. S. *caraboides*, flavus immaculatus. *Fabric.* E. S. II. n. 53.

Habitat in Germania.

43. S. *rugoſus*, niger thorace elytrisque rugoſis. *Fabric.* E. S. II. n. 54.

Habitat in Auſtria.

44. S. *piceus*, niger thorace depreſſo, lineis elevatis tribus, elytris piceis. *Fabric.* E. S. II. n. 55.

Habitat in Germania.

45. S. *porcatus*, niger obſcurus thorace marginato, elytris elevato ſtriatis. *Fabric.* E. S. II. n. 56.

Habitat in Auſtria.

46. S. *pallidipennis*, ater thorace canaliculato, elytris macula tibiisque flavis.

Habitat in Germania.

CI.

CI. Oxyporus (*Stumpfkäfer*) *Fabric.* Gen. Inf. p. 85.

Palpi quatuor inaequales, antici filiformes postici securiformes. Labium emarginatum cum mucrone. Antennae moniliformes.

1. O. *rufus*, rufus capite elytrorum abdominisque postico nigris. *Fabric.* E. S. II. n. 1. *Panzer* faun. germ. XVI. 19.

   Habitat in Germaniae Boletis.

2. O. *maxillosus*, ater elytris pallidis, angulo postico nigro, abdomine rufo, ano fusco. *Fabric.* E. S. II. n. 2. *Panzer* faun. germ. XVI. 20.

   Habitat in Germaniae fungis putrescentibus.

3. O. *lunulatus*, flavus elytris nigris basi apiceque pallidis. *Fabric.* E. S. II. n. 3. *Panzer* faun. germ. XXII. 15.

   Habitat in Germaniae Boletis.

4. O. *marginatus*, ater nitidus thoracis margine pedibus elytrisque rufis, his sutura maculaque marginali nigris. *Fabric.* E. S. II. n. 6.

   Habitat in Germania.

5. O. *bipustulatus*, ater nitidus elytris macula baseos anoque rufis. *Fabric.* E. S. II. n. 9. *Panzer* faun. germ. XVI. 21.

Habitat in Germania.

6. O. *analis*, flavus elytris basi anoque atris. *Fabric.* E. S. II. n. 10. *Panzer* faun. germ. XXII. 16.

Habitat in Germania.

7. O. *suturalis*, ater nitidus, thorace margine coleoptris sutura apice, puncto baseos, anoque flavis. *Panzer* faun. germ. XVIII. 20.

Habitat Dresdae.

8. O. *merdarius*, ater thorace elytris pedibusque rufis. *Fabric.* E. S. II. n. 11.

Habitat in Germania.

9. O. *thoracicus*, nigricans thorace rufo, elytris fuscis basi albis. *Fabric.* E. S. II. n. 12.

Habitat in Germaniae Boletis.

10. O. *pygmaeus*, nigricans thorace elytrisque pallidis. *Fabric.* E. S. II. n. 13.

Habitat in Germania.

11. O. *flavipes*, niger elytris pedibusque fuscis. *Fabric.* E. S. II. n. 14.

Habitat in Germania.

12. O. *chrysomelinus*, ater thorace rufo, elytris testaceis, margine baseos atro. *Fabric.* E. S. I. n. 15. *Panzer* faun. germ. IX. 14.

Ha-

Habitat in Germaniae Boletis.

13. O. *abdominalis*, rufus abdomine atro nitido. *Fabric.* E. S. II. n. 17.

Habitat in Austria.

14. O. *testaceus*, testaceus abdomine obscuriore. *Fabric.* E. S. II. n. 18.

Habitat in Germania.

15. O. *brunneus*, brunneus capite thoracisque medio atris. *Fabric.* E. S. II. n. 19.

Habitat in Germania.

16. O. *rufipes*, ater nitidus pedibus rufis. *Fabric.* E. S. II. n. 3. 21.

Habitat in Germania.

17. O. *hypnorum*, ater nitidus thoracis margine elytris pedibusque testaceis. *Fabric.* E. S. II. n. 22.

Habitat in Germania.

18. O. *marginellus*, ater nitidus thoracis elytrorumque marginibus ferrugineis. *Fabric.* E. S. II. n. 23. *Panzer* faun. germ. IX. 13.

Habitat in Germania.

CII. Paederus (*Traubenkäfer*) *Fabric.* Gen. Inſ. p. 36.

Palpi quatuor inaequales, antici clavati, poſtici filiformes. Labium lineare integrum. Antennae moniliformes.

1. P. *riparius*, rufus elytris caeruleis, capite abdominisque nigris. *Fabric.* E. S. II. n. 1. *Panzer* faun. germ. IX. 11.

   Habitat ad ripas aquarum, in arenoſis.

2. P. *ruficollis*, niger thorace rufo, elytris cyaneis. *Fabric.* E. S. II. n. 2. *Herbſt* Archiv. VII. VIII. n. 2. p. 180. tab. 48. fig. 5. a. b.

   Habitat in Germania ſub lapidibus.

3. P. *dimidiatus*, ater thorace elytris poſtice femoribusque flavis.

   Habitat in Germania ſub lapidibus. (Caput, antennae, abdomen nigra. Coleoptra dimidiato nigra. Tibiae tarſique picei.)

4. P. *elongatus*, niger elytris poſtice pedibusque fulvis. *Fabric.* E. S. II. n. 3. *Panzer* faun. germ. IX. 12.

   Habitat in Germania.

5. P. *fulvipennis*, ater nitidus elytris totis pedibusque teſtaceis. *Fabric.* E. S. II. n. 4.

Ha-

Habitat in Germaniae fungis putrescentibus.

6. P. *brunnipes*, niger pedibus testaceis. *Fabric.* E. S. II. n. 5.

Habitat in Germania.

7. P. *fulgidus*, ater nitidus elytris plantisque testaceis, capite punctulato. *Fabric.* E. S. II. n. 6.

Habitat in Germaniae Boletis.

8. P. *tricolor*, ater antennis thoraceque rufis, elytris pedibusque testaceis. *Fabric.* E. S. II. n. 7.

Habitat in Boletis arborum putrescent.

9. P. *filiformis*, filiformis niger pedibus piceis. *Fabric.* E. S. II. n. 8.

Habitat in Germania.

10. P. *orbiculatus*, filiformis niger capite orbiculato. *Fabric.* E. S. II. n. 9.

Habitat in Austria.

11. P. *melanocephalus*, filiformis niger thorace pedibusque fulvis. *Fabric.* E. S. II. n. 10.

Habitat in Germania.

AD-

ADDENDA.

I* LETHRUS (*Kolbenkäfer*) *Fabric.* Ent. syst. Gen. 1. p. 1.

Mandibula adunco falcata. Antennae clava truncata, tunicata.

1. L. *cephalotes*, corpore subrotundo nigro. *Fabric.* E. S. II. n. 1. *Pall.* Ic. inf. roff. I. tab. A. fig. 1. *Lucanus apterus.*

Habitat in Austriae et Carinthiae aridis.

45. 46. *Scarabaeus merdarius*, scutellatus muticus elytris testaceis: sutura nigra. *Fabric.* E. S. VI. app. p. 435. *Herbst* Nat. d. K. II. n. 162. tab. 18. fig. 5. *Schaller* in act. soc. nat. cur. hal. I. n. 7. p. 244.

Habitat in Germaniae stercore. (Restitutam nunc speciem vid. l. c.)

19. 20 *Scarabaeus coniugatus*, scutellatus thorace inermi, capite tuberculis tribus medio subcornuto, elytris testaceis striatis, fascia suturaque pone apicem atris.

Ha-

Habitat in Germaniae stercore.

1. 2. *Tragosita caerulea*, caerulea nitida capite linea impressa. *Fabric.* E. S. II. n. 1.

Habitat in Austria nemoribus.

XII. XIII. Cychrus (*Deckkäfer*) *Fabric.* Ent. syst. VI. app. p. 440.

Palpi quatuor: articulo ultimo obconico, apice obliquo truncato. Labium breve corneum cylindricum integrum. Antennae filiformes.

1. C. *rostratus*.

Carabus rostratus. n. 21. p. 48.

2. C. *attenuatus*.

Carabus attenuatus nr. 22. p. 48.

2. 3. *Carabus marginalis*, apterus laevis ater, thoracis elytrorumque margine viridi aureo. *Fabric*, E. S. VI. app. p. 440.

Habitat in Borussia.

106. *Carabus impressus*. Adde Synonym. *Carab. variolosus*. *Fabric*. E. S. VI. app. p. 441.

36. 37. *Carabus axillaris*, thorace cordato ferrugineus, elytris striatis nigris: macula baseos pallida. *Fabric*. E. S. VI. app. p. 441.

Habitat in Austria.

40.

40. 41. *Carabus marginellus*, alatus ater thorace rufo, elytris pallidis: margine nigro. *Fabric.* E. S. VI. app. p. 442.

Habitat in Germania.

46. 47. *Carabus gibbus*, alatus gibbus supra niger subtus piceus, elytris sulcatis. *Fabric.* E. S. VI. app. p. 442.

Habitat in Germania.

112. 113. *Carabus fenestratus*, alatus niger thoracis margine rufescente, elytris truncatis, macula media fenestrata. *Fabric.* E. S. VI. app. p. 443.

Habitat in Germania.

38. 39. *Carabus cinctus*, alatus fuscus capite thoraceque viridi aeneis, elytrorum margine pedibusque pallidis. *Fabric.* E. S. I. n. 61. *Herbst* Archiv. V. n. 26. tab. 29. fig. 7.

Habitat in Austria.

40. 41. *Carabus fasciatus*, alatus thorace rufo, coleoptris flavescentibus, fascia communi nigra. *Fabric.* E. S. I. n. 68.

Habitat in Germania sub foliis putridis, primo vere.

42. 43. *Carabus albipes*, alatus nigricans antennis pedibusque pallidis. *Fabric.* E. S. I. n. 72. Carabus oblongus.

Habitat

Habitat in Germania. (Vid. Fabric. E. S. VI. app. p. 468.)

78. 79. *Carabus vestitus*, alatus viridi aeneus nitidus thoracis elytrorumque margine antennis pedibusque pallidis. *Fabric.* E. S. I. n. 148.

Habitat in Germania.

79. *Carabus nigrita*. Del. Synonym. *Paykull.*

87. *Carabus cyanocephalus*. Adde *Fabric.* E. S. I. n. 154.

114. 115. *Carabus dimidiatus*, alatus ater elytris laevibus abbreviatis pedibusque piceis.

Habitat in Austria. (Statura et magnitudo sequentis.)

114. 115. *Carabus abbreviatus*, alatus thorace rufo, elytris abbreviatis testaceis. *Fabric.* E. S. I. n. 188.

Habitat in Austria.

7. 8. *Cicindela emarginata*, caerulea ore antennis pedibusque rufis, elytris apice emarginatis. *Fabric.* E. S. I. n. 37. *Rossi* faun. etrusc. I. 222. 551. tab. 2. fig. 11.

Habitat in Germania.

6. *Cicindela sinuata*. Adde. *Cicind. viennensis*. *Schrank.* austr. n. 356.

J.

5. 6. *Hydrophilus bicolor*, ovatus supra flavescens, subtus ater. *Fabric.* E. S. I. n. 12.

Habitat in Austriae aquis.

50. 51. *Dytiscus pusillus*, ater thorace elytrisque margine albis. *Fabric.* E. S. I. n. 70.

Habitat frequens in Austriae aquis.

5. 6. *Anthrenus varius*, thorace elytrisque fusco cinereoque variis, corpore cinereo. *Fabric.* E. S. I. n. 6.

Habitat in Germania.

3. *Coccinella impunctata.* Dele notam. — Omnino propria et distincta species est, minimeque confundenda cum C. 24 punctata.

49. 50. *Chrysomela fucata*, ovata atra thorace elytrisque viridi aeneis. *Fabric.* E. S. I. n. 108.

Habitat in Austria.

7. 8. *Altica fulvicornis*, saltatoria aurea antennis pedibusque flavis. *Fabric.* E. S. II. n. 83. *Galleruca fulvicornis.*

Habitat in Austria.

XCI.

XLV. XLVI. Zonitis (*Gürtelkäfer*) *Fabric.* Ent. syst. II. Gen. n. 52. p. 48.

Palpi quatuor filiformes. Maxilla palpis longior, integra. Labium emarginatum. Antennae setaceae.

1. Z. *mutica*, thorace mutico nigra, thorace elytrisque testaceis. *Fabric.* E. S, II. n. 3. *Hübner* im Naturforscher XXIV. 44. n. 19. tab. 2. fig. 11.

Habitat in Austria.

2. *Tillus serraticornis*, ater elytris testaceis. *Fabric.* E. S. II. n. 3. *Rossi* faun. etrusc. T. I. n. 82. Tab. 3. fig. 2. *Dermestes dentatus.* *Panzer* faun. germ. XXVI.

Habitat in floribus Germaniae.

XCI. XCII. Hallomenus (*Hüpfkäfer*) *

1. H. *humeralis*, elytris fuscis, thorace elytrorumque basi rufo testaceis. *Panzer* faun. germ. XVI. 17.

Habitat ſub corticibus arborum et in fungis putreſcentibus.

2. H. *micans*, capite thorace elytrisque fuſcis immaculatis glabris. *Panzer* faun. germ. XVII. 17.

Habitat in Boletis Quercuum ligneſcentibus Harcyniae.

* *Cl. Hellwig* genus condidit et ſpecies communicavit. Sponte ego characteres ſubiunxiſſem, ſi ſpecimina ſuffeciſſent.

INDEX

INDEX GENERUM.

Ly-

www.ingramcontent.com/pod-product-compliance
Lightning Source LLC
Chambersburg PA
CBHW032303280326
41932CB00009B/684